右手粉笔左手书

——陈海燕教育漫笔

陈海燕○著

教育科学出版社

·北京·

作者介绍

陈海燕

湖北十堰市人
1972 年出生
语文特级教师，中学高级教师
《小学教学》 封面人物
生于教师之家
长于校园之内
爱游走
爱冥想
常怀好奇心
得意于讲台上下的诸多偶遇
和意外捡拾
常窃喜在心　　　现为
教龄　　　杭州市余杭区
二十余　　　教师进修学校课程督导处主任
且行且记　　　是个不错的好同志
零章碎篇百余发表获奖　　　有奖为证
曾获
此处省略一百字
喜欢
课堂和小毛头们
云游各地做课及讲座
四十余场
有过
市级电台做主播的经历
曾获
杭嘉湖地区
"最美丽的声音"
等称号

一路行吟（代序）

徐　鹄

　　一路行吟。沿途必是芳草萋萋、生机郁郁的吧。

　　我这样想。

　　这个初夏，我有幸成为《右手粉笔左手书》的第一位读者。初读书稿，感觉到的，便是一位行者的自在歌吟。的确自在，课堂上、田野里、日记中，她都坦率而恣意，心随风动，轻盈快活。有浅唱，有低吟，有凝思，有叹息，也有关乎生命、关乎爱与成长的沉沉叩问。

　　这是一个走在教育路上的思考者的影像纪录。文字无声而心绪涌动。无论是校园内外的一颦一笑，讲台上下的一张一弛，还是师生间的一喜一怒，都透着些轻喜剧的跳跃感和俏皮味。让人在忍俊不禁的同时，又颇感意味绵厚。每一段行走记忆，都有着属于它们各自的情绪轨迹，从来处来，向去处去，牵引着置身其中的我们同喜同忧，感同身受。在陈老师的笔下，我们望见的是生活着、教学着、阅读着、研究着的教师步态，是亲历着、洞察着、比较着、判断着的学者目光，是感念着、浸润着、萌动着、生长着的儿女情怀。

　　也许，还不止这些。"真正的教育者是清澈而愉悦的。"——陈老师如是说。

　　蓦地忆起与海燕老师初相识的2008之秋，在六省市特级教师教学峰会中，来自全国各地和台湾地区的语文教育者们欢聚一堂，做课研讨之际，大家把盏言欢，好不开怀。之后数年，我们杭州、上海两地，常联络不断，时有相聚研磨。同行同心，聊起语文教学，聊起读书生活，彼此常感滔滔尽兴，而陈老师那份对生活、对朋友的挚诚也深深地印在了我的脑海中，凝成了一段弥足珍贵的情谊。

此番书稿在手，恍若好友在侧，正娓娓相叙。文中若干情境，滋味深长，惹人怀想。

我特别喜欢这样的片段：

田野里，小路上，一对师生手牵着手并肩散步，边走边聊，聊方言土语，聊古今诗文，欢声笑语，亲密无间；高铁站，列车旁，一对"书痴诗友"谈诗论道，以文会友，对对子，背诗词，吟诵不停，笑声不断；更有那研修班、小课堂，一群朝气蓬勃、才思敏捷的年轻人，正以"小语"之名相聚，说课，磨课，交流，碰撞，相互砥砺，共同成长……

原来看似平淡的教育生活，竟也可以如此奇丽多姿，如此快意淋漓！

读完书稿，掩卷静思，心中感慨良多，浮想联翩。我在想，什么才是真正的为师之道？陈老师的一路行走带给我们怎样的心灵共振？我在想，在这纷纷扰扰的浮华岁月，今天的我们应该怎样当老师？今天的老师应该有着怎样的担当？

都说爱是教育的基础，"没有爱就没有教育"。任何一位好教师，必定都有一颗仁爱之心。那是一种非功利的、无私的大爱，爱每一个学生，并给予这份爱最恰如其分的温度和力度，去滋养学生的心。陈老师说，"教育的智慧往往来自教师对学生入微的体恤"，"懂得欣赏，教育的每一个角落都是故事"。这是对教育之爱最身体力行的注解。

都知道"学高为师，身正为范"。自古以来，从教的首要条件就是德行端正，学识广博。否则，何以"为人师表"？在当下科技飞速发展的时代，教师更要有"蓄电"意识，永远让自己的头脑保持活水源头状态，惟其如此，才可能成为孩子们的精神向导。要以一颗赤子之心从教，要像陈老师那样，眼界开阔且脚踏实地，见贤思齐，丰美内心。

都认定"立人是教育之本"。今日为师，更不能忘记"立人"这一责任和使命。要为孩子的精神成长打好底子，而这一抹精神的底色，则仰仗师者自身精神厚度的滋养，因此，我们要与学生共同进步，不断在教育生活中为学生和自己寻找新的生长点。让我们的孩子有敬畏、晓仁义、懂感恩，用陈老师的话说，叫"先养育良心，再养育文心"，让孩子们底气厚实地迈向自己的生命之旅。

教育是美好的，同时也是极其琐碎繁杂的。在忙碌的日常工作事务中，保有一份宁和沉静的心态，着实不易。于宁和沉静之外，更能怡然自得、乐在其中，则实在需要一种专注其间、探幽入微的力道和心劲！我感叹于海燕老师的这份怡然与沉醉。或许正是这般境界，才使得她的教育生活如此有声有色、有情有味吧。

在此书稿出版之际，特献上老友的一份祝贺！

更兼切切祝福。

一路行吟，我们在听。

2013 年 7 月 16 日

（徐鹄，上海市写作学会副会长，上海市特级教师，上海师范大学特邀研究员）

自　序

　　1991 年，我师范毕业，初为人师，学校安排我接一个班的数学，我既有些意外，又有些跃跃欲试，虽无一点经验，但那种带着一群小鸟儿撒欢的感觉，让我每一天都过得充满花絮。

　　我经常在家里手舞足蹈地对父母描述自己的"教学盛况"，两位教了一辈子书的老教师，常常捧着饭碗，观摩着一个"菜鸟"的每日播报，那情形现在想来，要多逗有多逗。

　　有一天，我又开始例行"饭桌播报"，说的是自己创编出了一个手操，来帮助孩子们理解"运算法则"，效果很好。我说着说着，忍不住开始"情景再现"，跑到客厅中央，给两位老教师来了个"精彩回放"。这次播报的结果是，母亲含笑赞许，父亲反复玩味，并嘱了我一句——值得写一写。

　　值得写一写？这有什么可写的呢？那个时候的我，是一个自诩狂热的文学青年，如果说写篇辞采风流的散文能让我激动个几天，那么，这种谈"如何教学"的豆腐块文章，在我看来，和科普册子里的"如何种菜"、"如何除虫"同属一类，没劲。

　　后来父亲又提醒了我几次，我都是支吾应付，没有下文。倒是可怜父亲，他把我的几个"亮点"记得很牢，每每聊起，总劝我一句——值得写写。

　　后悔那时年少轻狂，良言不入耳。

　　一晃，几年过去了。我也早不再是教学新手，并由数学转行语文，我上路很快，常常教得快意酣畅，但依然两手空空，只乐不写。

　　真正开始动心要写，是在我教书约 5 年后。

　　我觉得，我想写了。

为什么想写了呢？是因为那段时间，我发现我的班级里会经常性冒出"故事"，故事里的"情节"又太有意思，让我在反复回味和"饭桌播报"之余，强烈地想讲给更多人听，让更多人跟着我乐。

就这样，开始揣着一颗火苗乱窜、怦怦直跳的心，我登上了"不吐不快"的写作列车。

一旦写起来，刹那间就发现：值得写的东西太多了！仿佛是写作为我开了一双天目，我的教室瞬间珠玉满堂。

几个小鬼闹事了，一个题目有了——《谁让你不注意我》；

作文课上有人哭泣，一个思路来了——《例说课堂意外应对》；

教室里乱作一团，我的办法也有了——《我爱三组》《糖衣炮弹》……

越写越激动，写出来的"豆腐块"自己喜欢得不得了，不知是我的水平真的长进了，还是时来运转了，我的文章一下子都找到了好去处，发表的，获奖的，一时间，捷报频传。

当我捧着新鲜出炉的"力作"向父亲讨赞的时候，父亲哈哈笑道：敝帚自珍。

我扮个鬼脸，不好意思地逃走。其实心里想说：老爸，你说得对，值得写一写。

惭愧的是，过了这么多年，我才明白过来，为什么"值得写一写"。

因为，遗忘是不可救药的。

孩子们的一句灵光熠熠的妙语，不记下来，会忘。

脑海里临时闪现的绝妙的点子，不记下来，会忘。

那些在无数磕碰后终于认定的经验，不记下来，也会忘。

会忘记，都会忘记，有时会忘得不留任何痕迹，像一阵风后的小池塘，你看不见当初的一点点涟漪。

而这细细碎碎的感觉，是多么多么的美妙和不可复制啊！她如月光一样地来了，又会如晨雾一样地散去，静夜里我能做的，只是默然伏案，在文字里追赶她们，挽留她们，凝望她们……

这个时期，我骨子里"文青"的调调与教学生活握手言和，我在教育写作里，既找到了职业的尊严，又饱尝了倾诉的快意，既积累了工作经验，又以文会友，结识了很多乐在其中的同道中人，大家惺惺相惜，品文论课，好不畅快。

常常写，也就开始常常读，开始大量阅读教育文章，书籍、刊物、报纸都留心去看，阅读别人，比照自己，见贤思齐。

边读边写，日有进益。

边写边教，启悟颇多。

不知不觉，一路行来，我教龄已然二十出头。时光倏忽，青春的日子杳然远去，但细细品来，却也欣慰：陆陆续续地，我送走了毕业班的几百个学生，与此同时，我也留下了数十万字的文稿。每每文章发表、获奖，或看到学生、同行在我博文下的留言和赞许，我总会感到无比美好和富足，丝丝"小确幸"溢满心扉，更生发出好好教书好好育人的无限力量。

说实在话，尽管比较用心，但限于水平，我一直觉得自己写得不够好。这绝非谦虚，在读了那么多教育前贤和当世高人的文字后，那种高山仰止的感觉令我既叹服又自惭形秽。但我旋即想到，我虽草芥，却也世间无二，忠实而又虔诚地记述下属于自己的"原创人生"，应该也算不辜负曾经的一腔热忱吧！

感谢岁月，感谢那些曾与我共同欢笑的孩子们——我爱你们！

感谢父亲，感谢您不厌其烦说给我的那句金玉良言——值得写写。

陈海燕

2013 年 6 月 8 日

目　录

第二辑 行走记忆

第三辑　字里行间

还好， 有你做伴。

我怀揣着你们颁发的儿童世界通行证，

畅快自由行， 与你们的耳鬓厮磨，

使我不至于忘记只属于这个空间的言语密码，

你们的暗语和密语啊， 呵呵， 我全能听得懂。

还好， 有你做伴。

第一辑　灵犀乍现

每一天，
我的生活里
都会冒出些俏皮的段子。
不太累的时候，
我会无比回味地记下
它们。
当时并不觉得怎样，
多年后自己
再读，
竟有些手不忍释。

记我的学生皮聪聪

写下这个题目的时候，我发觉自己多少年不曾写过这样记某某人的文章了，好像这只应该是给学生的一个习作命题，很低幼。可是，在这一年支教生活快要结束的时候，我很想记记我的一个学生——皮聪聪。我怕世事芜杂，自己很快会将他淡忘；我希望自己能常常想起和他在一起的日子，想起那些值得永远记住的细细小小的感觉……

（一）

我接手的这个六年级班级"人物"太多，孤僻的、暴戾的、怪异的、嘻哈的，弄得我几乎在第一个月"败下阵来"，我的精力都用于和各路"神仙"斗智斗勇，因此，像他这样的正常小孩基本没引起我的注意，只是在翻看作业的时候，会盯着他的名字多瞧一会儿——皮聪聪，这不是童话里的人名嘛，和皮皮鲁、皮诺曹有一拼啊。

过了好久，我才对上号，他，就是那个白白瘦瘦，安安静静，很少表情，看上去顶多像四年级学生的小个子男孩，作业、发言、成绩都很一般的皮聪聪。

是两篇作文让我开始留意他。

一篇是半命题作文《二十年后的_____》。这个主题大多数学生都没发愁，用当时一位同事的话来说就是"胡扯他们最会"。学生们很快都交来了作业。翻看之下发现，一篇篇写得还真是"不短"，内容也十分"好看"，例如，有学生写《二十年后的我》，写自己彼时如何了得；有学生写《二十年后的世界》，写未来如何匪夷所思；有学生写《二十年后的交通》，更是描绘得上天入地，无所不能，种种奇遇，令人瞠目……不禁令我感叹：没有不敢想的啊！

翻到皮聪聪这篇一看，字很一般，题目倒有些不同，是《二十年后的母亲》。一读之下，竟有些恍惚，心口像塞住了什么，有些哽住。

二十年后的母亲

母亲是我最尊敬的人。二十年后我也有本事了，我将会用我挣的钱来孝敬妈妈。母亲将会成为年过花甲的老人，小时候，妈妈为我操了多少心，为我受了多少累，我一定要让母亲享福，我要让妈妈吃好的、穿好的，好好照顾妈妈。

妈妈那时手脚不便，我会帮她；妈妈如果身体不好，我会给她买最好最好的补品；我要陪伴妈妈，一起在饭后散步，不要她再做事，带她到处旅游。

二十年后，我相信我的母亲会在我遇到工作上的困难时支持我，会在我管理家庭时给我帮助，母亲和我之间的感情也会越来越深厚。

幻想着这美好的未来，不由得让我想起小时候疼爱我的年轻的母亲。母亲的确老了，经过风霜岁月的风化，她越来越衰老。

我感到难过，母亲变老了，如果有一天失去母亲我该怎么办呢？在失去母亲后我会变得怎样？想到这些，我很难受。

让我感到慰藉的是——母亲还活着。我还能看见我尊敬的母亲，我还能在有生之年让母亲过得开心。

母亲我爱您，不管是在二十年后还是更久的时间，我会好好孝敬和报答您的。母亲我爱您，母亲。

文章以平实的语言描述了自己二十年后与母亲在一起的画面，多处内心独白，令人动容。很难想象，其他孩子在文字里狂想与嬉哈的时候，他，这个苍白瘦弱的小男生，竟然带着令人感慨的沉沉心绪将母亲置于想象的深处与岁月的尽头，那样伤感地构想未来母亲的老迈和自己的惴惴心结，这样的心思与倾吐，似乎超越了他本身的年龄与阅历，以那样一种浓重的悲喜撞击在阅读者的心坎上，让人感慨。

我在他文章的结尾很慎重地写下了批语，或者说读后感，告诉这个沉静的小男孩，文章很好，老师读了好多遍，并鼓励他加油。

就此记住了皮聪聪，因为这篇文章的缘故吧，我总会有意无意地多看他一两眼，想看看这个沉默的小孩怎么会有这么不同的心绪和念头。观察的结果一无所获——擦肩而过时，他和其他孩子一样羞涩地躲闪；上课听讲时，他和别人一样听听记记；找他谈话时，他同样拘谨聆听……他成绩不好也不坏，其他也无甚惊人之处，看到他课间和同学交谈，音调总是低低的，即使笑，也是悄然的，太温和，少了点孩童的跳闹。

非常忙乱的工作状态，很快让我忘记了对他的注意，班里和他截然相反的"闹腾人"太多，每一天，我都在事故与事故的不断衔接中跟跄举步，很焦很躁，很疲很累。但我告诉自己，我要是连个班级都应付不下来，我就不是陈海燕了，我不仅要应付下来，而且要漂漂亮亮地拿下，走着瞧。

因为不断地想法子，换法子，出新法子，我的班级总算消停了很多，学生们显然对我这个新老师有点"感冒"了，大家的语文学习，尤其是作文兴趣也似乎被我调动起来了，我不断利用各种方式诱导他们练笔，试图在毕业前，让这个分数惨淡的班级"提升"一下。皮聪聪呢，还是那么个老样子，弱弱的静静的，存在于这个"龙虎横行"、"浓墨重彩"的班级。

又是一次作文，老掉牙的命题，《读_____有感》。好多人写《读〈一夜的工作〉有感》，因为这个单元刚刚学完描写周总理的《一夜的工作》。我粗粗翻看了一下，发现写这个主题的几篇文章大都对周总理的"工作劳苦"和"生活简朴"发出了感慨，赞叹了总理为国忧劳，克己奉公，表达了自己的无比钦佩之情。皮聪聪题目也是《读〈一夜的工作〉有感》，不同的是，他这个有感，很有些出乎我意料。别人的有感都是读总理，写总理，赞总理，他的有感是读总理，品妈妈，赞妈妈……

　　……周总理这种对工作负责的态度和对工作的热情不由得让我想到了一个人，一个我身边最亲的人——我的妈妈。
　　我家是做烧烤的，每个晚上，我家里的人都会去帮忙，洗的洗，串的串，我的妈妈是专门烧烤的，总是站在烤炉前烤着肉串鱼串，那烟气十分熏人，并且烟往上直冒，我不知道妈妈是怎样忍受过去的。
　　妈妈工作时非常认真。妈妈烧烤时不是随便放佐料的，而是一边烤一边把握时机放佐料和油，使得吃起来味道很香，非常过瘾。妈妈总是忙得很晚很晚，妈妈每个夜晚都是这样工作的，你们有这样的妈妈吗？

　　周总理的生活也是那么简朴，每个晚上消夜只是绿茶和一小碟颗数很少的花生米，不因为自己是高级领导而特殊准备好吃的，生活那么节俭。周总理生活简朴的精神同样使我想起了一个人，那个人同样是我的妈妈，她同样和周总理一样生活简朴。……

　　一位是我身边最亲的亲人，一位是我最崇敬的国家领袖，我一定要好好学习，并且我会不断地对自己说，不断地告诫自己：'你的亲人在盼望你能够努力做一个真正的人才，你心里最崇敬的人正在盼望你报效祖国、建设祖国。'

　　我一定带着这种信念——努力！加油！好好学习！

不知怎么，读了半辈子读后感的我，突然结结实实地"有感"了一番：这是一个多么知道疼惜母亲的小孩呀，他的克勤克俭的妈妈就这样一天天被儿子看在眼里，疼在心里，藏在了脑海里。要知道现如今，多少孩子羞于谈及自己干苦活累活的父母，多少孩子无视长辈连年累月的辛劳啊！母亲的劳碌让儿子心痛不已，母亲的节俭让儿子感动不已！"你们有这样的妈妈吗？"——孩子在自己的笔下这样无比豪气地称赞了他的妈妈，他的在路边做烧烤的憔悴的妈妈。

我捧着这篇读后感，愣了很久，想了很多。我突然意识到，比教给学生们作文技巧更要紧百倍的是——养育良心。让每个孩子都做个有热肝热胆的人，知道什么是珍贵，什么是良善，什么是感恩，什么是敬畏，什么是羞耻，什么是是非对错……养育良心，从而养育文心！我似乎知道我该怎么做了。

我一时不知该写些什么批语，只觉得，我仿佛得用一辈子的行动来做批注。

那以后，我便更多地注意皮聪聪了，他踏实谦和、克己宽人的优点也逐渐被我所认识，我打从心里喜欢这个静静读书、静静做事的小男生。

（二）

因为是支教，学校安排我住宿舍，那段时间，我白天"随时作战"，傍晚拼命批改，晚饭后，才到了真正属于我自己的时光。

我就散步。

小镇的傍晚，竟也安适。老街上，小河边，大槐树下，到处是出来遛遛的人，有时，我会走进一家幽暗的小书店，瞅瞅看看，或许买上一本，就坐在街边店铺的木板凳上看起来。

那天，我意外买到了彭懿翻译的《鼹鼠原野的伙伴们》，古田足日的作品，大大惊艳了一番，低着头坐在一家杂货铺门口，在昏然的暮色里一口气读完了这本只有几万字但却深深扣牢我心的小说。当我揉着酸痛的脖子，脑海里还在和明良、裕子、洋子老师一道抓虫子、跳伞、乘"炸面圈号"的时候，恍恍惚惚地，我似乎看到一个熟悉的面容，是皮聪聪吧，好像又不是，隐在人群里不见了。很久以后，他告诉我，那是他，他观察了我一阵，看我头也不抬，就忙着帮家里的烧烤摊做事去了。

又是一晚散步，我决定走得远些。我顺着河边，渐渐到了邻近的一个村子，走走停停，走走坐坐，我心里似无所想，又似有所想，迷糊而放松。

山脚、溪流、菜地，好个安静的小村，很多大人孩子晚饭后在附近走动、做事。当我停下来，坐在一块大石头上眺望远山的时候，感觉有人在看我，哦，远远地，另一块大石头上，一个瘦瘦弱弱的身影，是他，皮聪聪。

他在看我。我装作没发现，起身继续东走西逛。不一会儿发现，他在尾随我。

我走到哪儿，他跟到哪儿。我坐下，他也坐下；我起身信步走去，他就远远地尾巴似的跟在后面。

小路上，好多从镇上出来锻炼的人，急急地走着。郊野、老树、飞鸟，我到处观望，眼角余光里，他总在。呵呵，这个小人儿呀。

终于，我装作无意看见了他，热情地招呼：哟，是你呀，皮聪聪，真巧啊！

哦，陈老师，你在散步吗？

对呀，这里真不错，你常来吗？

常来的，这里我都熟的，我给你做向导吧。

那可真好，咱们一道！

我们俩不紧不慢走在田边的小道上，晚风吹送来菜地的清香，小河水在脚边随我们奔走。天色尚明，我们聊起天来。

皮聪聪，你还是说土话吧，你说土话比说普通话好听。

哦，行。

他答应得很坦然，不觉得不好意思。接下来，他用小镇方言跟我聊天的音调自然且自如，似乎更能淋漓地表达他的意思，他说起土话，让我有了一种不熟悉的感觉。我意识到，这才是他的常态。不是课堂上的他，不是教室里的他，是烧烤摊边的他，是妈妈身边的他，是村头溜达的他。由此我也想到，其实我们并不真正"认识"自己的学生。

陈老师，你每天晚上都散步吗？

嗯，基本是的。你呢？哦，对了，今天你不用帮妈妈做生意了吗？

我也不是天天去，今天家里有人帮忙，不用我。

哦，那你出来玩些什么呀？

有时到处跑跑，碰到同学就一块玩。陈老师，你呢，你出来就走走吗？

我呀，主要是走走，有时边走边背些诗词，闲着也是闲着。

哦。皮聪聪很崇敬地看了看我，小心地问：陈老师，那你今天要背哪首诗啊？

我说，遇见你真是太好了，我今天想背《匆匆》，我不是布置大家都背的吗？后天就要检查了，我自己也背了背，正缺一个人帮我听听，纠正一下错误，那我就背给你听吧。

哦，好，我帮你听着。

对了，告诉你，我背得可流利了，我已经能背得像绕口令一样快了，你耳朵可得听真了哦。

好。他点点头，待命状。我开始背起来——

燕子去了，有再来的时候；杨柳枯了，有再青的时候；桃花谢了，有再开的时候。但是，聪明的，你告诉我，我们的日子为什么一去不复返呢？——是有人偷了他们罢：那是谁？又藏在何处呢？我不知道他们给了我多少日子……

停，你漏了一句——是他们自己逃走了罢：现在又到了哪里呢？

哦，是的。是他们自己逃走了罢：现在又到了哪里呢？我不知道他们给了我多少日子，但我的手是渐渐空虚了。

停，但我的手"确乎"是渐渐空虚了。他纠正道。

我没想到给挑出这么多错，也惊讶于他对课文的熟悉，背得更小心了。

　　在默默里算着，八千多日子已经从我手中溜去；像针尖上一滴水滴在大海里，我的日子滴在时间的流里，没有声音，也没有影子。我不禁头涔涔而泪潸潸了。

　　……在逃去如飞的日子里，在千门万户的世界里的我能做些什么呢？只有徘徊罢了，只有匆匆罢了……

　　你聪明的，告诉我，我们的日子为什么一去不复返呢？

待我一口气冲刺结束，他说，陈老师，你背得好熟呀！

我撇了一下嘴说，熟是熟，错误也多呀。

我第一次背也错很多，多背几遍就不会错了。他平静地"开导"我。

那咱们俩一起来背一遍，怎么样？我意犹未尽，兴奋地提议。

好的。

这可得用普通话哦。

嗯。

晚风拂过，我们踏着田埂上的青草，一起背起来——

　　匆匆，朱自清。

　　……去的尽管去了，来的尽管来着；去来的中间，又怎样地匆匆呢？……

　　……默默时，便从凝然的双眼前过去。我觉察他去的匆匆了，伸出手遮挽时，他又从遮挽着的手边过去……

　　……我掩着面叹息。但是新来的日子的影儿又开始在叹息里闪过了……

　　……过去的日子如轻烟，被微风吹散了，如薄雾，被初阳蒸融了……

　　……你聪明的，告诉我，我们的日子为什么一去不复返呢？

当异口同声背完最后一句，两人相视一笑，仿佛世界都是我们的了，整个心胸都充满了文字里的感慨与迷惘，诗情激荡，满口余香。

小小的皮聪聪也满脸光彩，眼眸里的开怀那么可爱，那么惹人疼惜。我忍不住牵他的手，说，来，手拉手，一起走！

他的手可真小，凉凉的，握着非常舒服，我尽可能拉得他自在一点，像妈妈一样想得周全。

他也很开心，嘴角含着喜悦。

我握着他的手紧了一紧，说，哦，今天要谢谢你，帮我背书。

不用谢。他被我牵着走，温顺得就像我的小儿子。

暮色四合，我们顺着小路一路溜达，上小桥，过农舍，看人家圈里的猪崽挤来挤去，鸡鸭在回笼，新结的黄瓜在篱笆上打晃，麻雀在我们头顶盘旋，一会儿又兀自鸣叫着飞远了。他不时用土话跟我讲这户或者那户人家的要事新闻，我惊讶他的脑瓜里竟是什么都存。

不知不觉，我们已玩了很久了，往镇上折返的时候，我突然对他说，你知道吗，我教书十几年来，你是第一个和我散步的学生。

没等他反应，我又接了一句，也是第一个和我牵着手散步的学生。

他睁大了眼睛听着我说，随后露出了一个非常珍重的笑。我想他是明白我想说——喜欢你，跟你一道很开心。

陈老师您天天散步吗？他问。

差不多天天吧，哦，对了，昨天我散步的时候也遇到咱们班同学了。

谁呀？

翁进、李文靖、张雅丽他们几个，我也和他们一块儿聊天了。

你们牵手没？

我没想到他会这样问，笑了，说，没牵。

他似乎有些满意。

皮聪聪，你这个姓好特别，好少见呀。

嗯。也不少见啊，我们语文书上不是有一首皮日休的诗吗。

对呀，我怎么忘了。玉颗珊珊下月轮，殿前拾得露华新。

他接着吟道，至今不会天中事，应是嫦娥掷与人。

喜欢皮日休的诗吗？他还有一首很棒的，叫《汴河怀古》。我吟给他听——

尽道隋亡为此河，至今千里赖通波。若无水殿龙舟事，共禹论功不较多。

是讲什么的？他问。

我细细讲给他听，越发觉得这孩子好让人喜欢。

聊着聊着，他问我，陈老师，你最喜欢哪本书？

我一时不知道该如何同这个小大人谈我喜欢的书，便反问他，你呢，你最喜欢的是哪本书？

他即刻答道，《狄仁杰断案记》。

哦？为什么喜欢呢？我问。

因为这故事引人入胜啊。他的表情一下子非常生动，话匣子哗地打开，不再出语谨慎。他绘声绘色地描述了一个离奇章节的故事脉络，讲述的时候那苍白的小脸似乎都蒙上了一层惊险的光影，他睁得大大的眼睛和他讲述的话语，传神地表达着他阅读时的内心感受，讲到某个血腥杀戮情节，他说——那极其悲惨的一幕，惨绝人寰！

我惊异于他的用词和语气，此刻，他完全沉浸在故事的讲述中了，可以想见，他阅读时是多么的投入，他的内心情感是多么的丰沛啊！

敏感而细腻的孩子。我感叹。

我们经过一家蛋糕房的时候，我说，我请你吃个点心，请赏光，挑一个吧。

他连声说不用不用。

我说，就给我个机会呗，下次你请我吃你家的烧烤。

他沉默了一会儿，说，那就买两块吧。我很意外。只听他，你一块我一块，咱们都吃。

啊，我再一次被这个小孩重重"电"到了。

好个绅士的小男生！

我接过他递来的点心，再看他的眼神可真是更不一样了。

我们吃完糕点，在晚风中挥手告别的时候，皮聪聪说，陈老师，上上个礼拜天晚上，你是在一个杂货铺门口看书是吧？

我说是啊，我好像也看到有个人很像你。

嗯，是我。他说，本来想去和你打个招呼的，你一直在低头看书，我就走了。我想跟你说，我从那天起，也天天晚上看书。

哦。真好！你可真不简单。希望以后散步能再遇上你！

嗯，老师再见。

再见，走路当心。

这一晚的偶遇，这一路的畅聊，可真是意外的收获，我从不曾有机会这样亲密地和一个学生聊上一整晚，在生活的时空和自然的怀抱里，展现在我眼前的皮聪聪和大半年来我认识的那个教室里的皮聪聪是多么的不同啊，同样，展现在皮聪聪眼前的我，肯定也是一个非常陌生和新鲜的"陈老师"。我们和学生朝夕相处，可却极少耳鬓厮磨；我们和学生天天见面，却难得放下面具；我们和学生时时交谈，却远不是交流……更遑论心灵交汇！我们缺了什么，我们少了什么，我们有那么多相聚的时间，却更多地在指正、教导、斥责甚至是讥讽中耗过。学生呢？畏惧我们，忍受我们，肯定也厌倦我们。

我并没真正了解过哪怕一个学生啊！我难过地想到。

我又对自己说，好在，有过今晚，有过这一番心思和念头，一切都会好起来的，一定。

你要加油了。我告诫自己。在这个繁星点点的春日的夜幕里。

（三）

因为皮聪聪，这段日子，想法真多。我一边紧锣密鼓地改进教学，一边意犹未尽地将自己的感触写成了一些文字，投了出去，不久收到编辑的电话，通知说，稿件录用了。

我第一时间把这个好消息告诉了皮聪聪，皮聪聪一听是关于他的一篇文章，很惊讶，说，陈老师，发表后能给我看看吗，我说当然。

也许因为有了和皮聪聪等一些孩子的接触，我逐渐发现自己对学生、对班级、对教学有了一些新的想法和变化，这些变化具体说不太确切，至少感觉自己在面对问题和事故状况的时候，心态比以往平和冷静了很多，跟学生交流的时候，语气也随和亲热了许多，我也不再会因为一些小事去苛责他们了。那段日子，我捧着苏霍姆林斯基的文字，读了又读——

一个好教师意味着什么？首先意味着他是这样的人，他热爱孩子，感到跟孩子交往是一种乐趣，相信每个孩子都能成为一个好人，善于跟他们交朋友，关心孩子的快乐和悲伤，了解孩子的心灵，时刻都不忘记自己也曾是个孩子。

我热爱教育工作，因为它的主要任务是认识人，我在工作中首先去认识人，观察他们内心世界的各个方面。

从儿童进学校的第一天起，就要善于看到并不断巩固和发展他们身上所有的好的东西。

我们的职责是全面地发展每个学生的个性，发现他的禀赋，以便使他享有一种多方面的完满的精神生活。

······

我的老朋友皮聪聪依然是我关注的对象，忙碌的课间，我们擦肩而过，相视一笑，仿佛较之以往更有其深意，彼此心底都是欢喜的。看到他作业本里的造句说"认识了生活中的陈老师，让我受益匪浅"，我笑了。

似乎也感觉这小鬼和以往相比有了一些变化，是发言更大胆了，活动更积极了，还是课间玩耍的时候笑得开怀了呢？我说不清楚。

我非常忙，忙着让这个"乌烟瘴气"的班级"斯文一点，优雅一点，书卷气一点"，我的宏图大略是——全民背诗。

我不能让"养育文心"成为一句梦话。我要让唐诗宋词包围他们，环绕他们，融化他们，改造他们，我坚信，塞满一肚子诗词的人成不了阿飞。

我开展多项活动，每日一诗、课前诵诗、诗词接龙、诗王争霸，弄得满教室都是"念念有词"的文人。

背诗与阅读，我全面铺开，天天抓，日日诵，月月比，班里开始有那么点书香味了。

不疯魔不成活，我自己也是天天背，时时背，分分秒秒都在背，背诗背词背散文，因为我要随时接受学生的背诵挑战，我输不起。

每天清晨，当我豪情万丈地把一首首新诗书写在黑板边侧并带着他们大声朗诵时，我的心里充满了无限美好的诗情和满溢的幸福，我觉得我在做一件多么美妙的事情啊，我为他们做，也是为我自己的心做。

皮聪聪则是我的粉丝，教室里，他总是那么开心地听我吟诵、讲解和赞美，眼眸里满是敬服和充满生机的光芒。他也成了班级里背诗的榜样和我最忠实的小助手。

那段日子，我多么的心满意足啊，带着孩子们天天吟诗。

壮怀激烈时我们念——

男儿何不带吴钩，收取关山五十州？请君暂上凌烟阁，若个书生万户侯。

凭栏怀古时我们念——

何处望神州？满眼风光北固楼。千古兴亡多少事，悠悠。不尽长江滚滚流。

陶然若醉时我们念——

渡水复渡水，看花还看花。春风江上路，不觉到君家。

悲从中来时我们念——

弃我去者，昨日之日不可留；乱我心者，今日之日多烦忧。

快意疏狂时我们念——

五花马，千金裘，呼儿将出换美酒，与尔同销万古愁。

……

真是一段金不换的好时光啊！我天天都在琢磨诗词曲赋，风花雪月。

有一天课间，我正在盘算当天该写首什么诗给大家背，皮聪聪走了过来，递给我张条子，上面抄着：

孟 夏

（唐）贾弇

江南孟夏天，

慈竹笋如编。

蜃气为楼阁。

蛙声作管弦。

这首诗语言明白如话，读来上口，又切合当时初夏的时令，再合适没有了。我冲皮聪聪一抱拳：谢了！他粲然一笑，转身走了。

我经常为寻找适合孩子们读的诗词发愁，每日一诗，不能断粮啊，我问皮聪聪，上次你那首诗是从哪里找到的？

他递给我一本书——《少儿读唐诗》。我翻开一看，还真是本好书，里面选编的唐诗都特别适合小孩子读，有崔道融的《溪居即事》、罗隐的《鹦鹉》、雍裕之的《芦花》，等等。我当即向皮聪聪借了来，我打算好好看看这本书。

真是本不错的书，选编的唐诗都特别有味道，很适合孩子们来读背。我边读边把特别中意的诗抄录下来，打算带到班里给学生们欣赏。抄啊抄，抄到后来，我打算不抄了，因为好诗实在太多，抄不过来，再则，书里还有比较详尽的注释也是我需要的，我想干脆向皮聪聪借了这本书来，当作我们班的古诗读背教材，皮聪聪当然会同意的，就这么办。

谁知第二天，我跟皮聪聪说起这个想法的时候，他咧着嘴说，啊？陈老师，这书是我租来的呀，一天一毛钱，周五就到期了。

我一听，傻了。我只好说，那就再借我看几天吧。

这一借又是几天，有几首特别好的诗我看了又看，几乎能背了，像李峤的《中秋月》、袁枚的《题画》、王维的《少年行》，等等，真真是读了又读，发现这本书除了诗好、注释好以外，插图也精美，而且字号也大，不伤眼睛，太适合小学生阅读了，我真是爱不释手，想到马上就要还回去了，真的很不甘心，于是我找皮聪聪商量：这样吧，班里活动实在需要这本书，你去跟老板说，我买下了，按定价付钱。

皮聪聪一听，立刻说，老板肯定不卖的。

那怎么办呢？

我们俩四目相对，发愁。皮聪聪也替我急。

要不这样吧，陈老师。皮聪聪一脸赴汤蹈火的神情。我就跟老板说，书丢了，我赔。

我一听大喜：还是你聪明啊！

我赶紧掏出 10 元钱交给他，想想又说，再给你 5 元，如果他要罚款，就再赔 5 元。

皮聪聪点点头。我说，实在没法子，害你撒谎，真对不起你。

他摇摇头，说没事，我放学就去。

我突然有些不放心：你能行吗，不要和他起争执啊。

放心好了。他说。

一夜惴惴不安。第二天，皮聪聪递给我 5 元钱，说，成了，用了 10 元，这 5 元还给您。

我拉过他来，窃喜地问他，你当时紧张不，咋跟他说的？

不太紧张，有一点点，我就跟他说书丢了，赔给他10元。

老板咋说?

他说，10元不行，要再加钱。

那你咋说?

皮聪聪把脸一拉，表演给我看：我也不客气，说你这书都旧成这样了，还敢加钱啊，我按书价赔你算你赚了。老板一听，没词了，就收我10元。

啊，看不出，你临危不惧，处变不惊，厉害呀!我用手弹弹他的小胸脯，又一次对他刮目相看。

我没接过那5元钱，而是高兴地说，这5元，是你争取回来的，奖励给你!

他使劲摇头说不要，把钱塞我怀里，跑了。跑远了，回头冲我笑了一下。有点顽皮的样子。

我有些不安，不知道自己是不是在教小孩做坏事，看着彻底归我了的这本诗集，欢喜占了上风。

后来的日子，皮聪聪替我"智取"的这本诗集在班里发挥了巨大的作用。那一整个学期，我们都在读背里面的古诗，每当我陷入疲劳或是背诗活动进展不畅令我灰心的时候，我都会提醒自己，加油啊，不用好这本书，对不起我的皮聪聪啊。于是，我便又鼓起十分的干劲，带着孩子们投入到新一轮的诗词竞赛中去。

真的是感觉越来越好。孩子们随着我饱尝诗词的盛宴，我们以腹有诗书为荣，以心有灵犀为荣，以温良恭俭为荣。班级里粗俗闹腾的人少了，斯文有礼的人多了；惹是生非的人少了，知耻明理的人多了。

我欣慰地对自己说，养育文心，不是不可能!

我看到班里孩子们进步飞速，无限感慨之际，一首发自心底的诗被我一气呵成——

我的宝贝我的家
——献给六四班全体同学
陈海燕

走进教室，/就走进了我温暖的家。/七十六个孩子，/七十六朵可爱的花。/花香四溢，/绚丽无瑕，/仿佛在对着世界说：/看，我们是春天里最美的嫩芽!

　　走进教室，/就走进了我温暖的家。/家中有宝贝，/我是宝贝们的妈。/你中有我，/我中有他，/仿佛人人都在说：/瞧，多幸福的一家!

孩子们高兴极了，读着老师专门写给他们的诗歌，乐得不知怎样才好，有的都呆住了。他们读了又读，那个幸福劲啊，没法说。

谁知第二天，我竟也收到一首诗——

<h3 style="text-align:center">我们的妈妈我们的家</h3>
——献给亲爱的陈老师
皮聪聪

　　我们的教室，/就是我们温暖的家。/家中陈老师，/就是我们的妈。/她和蔼可亲，/她美丽无瑕，/仿佛在对世界说：/看，我是幸福的妈妈!

　　我们的教室，/就是我们温暖的家。/家中有姐妹兄弟，/我们像春天的花。/你帮助我，/我帮助他。/仿佛在对世界说：/瞧，我们是幸福的一家!

真是有情有义的孩子啊。我读着小小的皮聪聪写在作业本里的这首诗，心里充满了说不尽的欣慰，想到关于他的那点点滴滴，竟感觉他像个超凡脱俗的精灵，那样灵动地闪在我的记忆里，藏在我的心坎里。

　　……

聚散有期。随着孩子们的毕业考，我一年的支教生活也即将结束。在全班的毕业合影上，个子小小的皮聪聪蹲在第一排偏右离我很近的一个位置，那因为强烈的夏日阳光而眯缝着的眼睛，那微微皱着的小眉头，看上去，都是那么熟悉和可亲，让我想起了很多——那个牵着手散步的黄昏，那个杂货铺前的下午，还有那因为两篇作文而初初留意他的日子……

还好，有你做伴

孩子们在排队批作业。队伍长了，中间几个男生就开始不闲着了，打打闹闹。我急着批完这份练习，实在顾不上管。

教室里乱哄哄的，眼看就要翻了天。我指着最闹腾的那一片吆喝了一嗓子："那是谁？周琦是吧！你站到队尾去，一个人静静！"

周琦不去，小干部们把他"护送"了去。

顿时，天下太平。

耳根清净了五分钟，有同学来报："陈老师，周琦说你是怪兽！"旁边一个孩子表情夸张地补充说："他说你是——大怪兽！"我心里不爽了起来，但看看眼前这两个报信的人，他们似乎很期待我的"不爽"，于是突然之间，我说出了一串自己也想不到的话："怪兽？怪兽满可爱的呀！哈哈，还好不是老巫婆！"奇异的是，说完这句没打草稿的台词，我发现自己心里的不爽全没了，我还扮了个鬼脸，报信的俩人面面相觑，失望退场。

批作业的队伍越来越短，终于，最后一个，周琦。

胖墩墩的他向我走来，走得很慢很慢，批好离开的时候，我听到他说："我也是大怪兽。"

"我也是大怪兽。"——什么意思？是说给我听的吗？我本能地抬了下头。他眼睛看着别处，那神情像是在道歉，又还留着些小男生的牛气。看来，刚才他听到了我说的那些话。

"还好，有你做伴。"我笑着低声说，"看来，我是幸运的大怪兽哦！"他没再说什么，转身下去的时候，我瞥见他唇边忍着的笑意。

我也是大怪兽。好多天之后，我都还在回味这句话。

孩子的语言多么奇异！孩子的内心多么天真！"我也是大怪兽。"我感觉这朦胧的表达里藏着些特别动人的味道——

似乎是一个微妙的小情绪：抱歉，老师！

似乎是一个稚拙的小念头：消消气，老师！

……

我在心里说，孩子，谢谢！

不知怎的，我竟又想到了自己的那一句：还好，有你做伴。

是啊，忙碌中，还好，有你做伴；琐碎中，还好，有你做伴；疲惫时，还好，有你做伴……

还好，有你做伴。我就成了可以同你勾勾手的"大小孩"，相信，很多很多年后，如果你还愿意跟我勾勾手，我一定是那个乐得满脸开花的"老小孩"。长不大的我，有一天会目送你长大离去的背影说，不讲信用的家伙，说好永远在一起。

还好，有你做伴。我可以学着和你们一样拥有一颗跃动的心——时时留意天的蓝，水的清，枫叶的火红和一棵狗尾巴草的茁壮，替受伤的鸟痛，为夭折的羊哭，怜恤街边的每一只小狗，恨那些该恨的，爱那些值得爱的。

还好，有你做伴。使我时常留意修炼自己——白雪公主的善良、功夫熊猫的淳厚、阿凡提的机智、猪猪侠的幽默，都是你们的最爱。有时候，我真希望自己是集一切能量于一身的超人，给你们一份你们期待的惊喜，带你们到田野里去上课，放你们在河沟里撒欢，烤玉米、刨花生，翻检出属于小孩的所有快活。

还好，有你做伴。我可以常常对自己说：注意哦伙计，不火爆，不麻木，不僵硬。预备笑一个，一二三，茄子！不错不错，刚才是试拍，再来一次，一二三，大茄子！犯错误的捣蛋鬼，出状况的糊涂蛋，有什么可恼的呢？我偏不气。好点子咱有的是，勾勾手，跟我走。

还好，有你做伴。我怀揣着你们颁发的儿童世界通行证，畅快自由行，与你们每日的耳鬓厮磨，使我不至于忘记只属于这个空间的言语密码，你们的暗语和密语啊，呵呵，我全能听得懂。

还好，有你做伴。

可爱小瞬间

　　每一天，我的生活里都会冒出些俏皮的段子。不太累的时候，我会无比回味地记下它们。当时并不觉得怎样，多年后自己再读，竟有些手不忍释。那些真切的记述，是我生命的剪影。就让我永远记得吧，那些喷香的小脸蛋，那些噘起的小嘴儿，那些活蹦乱跳的身影……

找　　话

课间，一个学生凑过来。

"陈老师，你今天穿新衣服了！"

"是啊，我穿新衣服了呀！"我笑着捏了一下她的红脸蛋儿。

"那……那你为什么要穿新衣服呢？"小家伙没话找话说。

"是啊，我为什么要穿新衣服呢？我今天为什么要穿新衣服呢？让我好好思考一下！"我"思考"着。"明白了，因为我今天心情特别好哇，因为你们今天特别乖呀。因为——"我故意压低了嗓音，凑着她的耳朵悄悄说，"因为，老师想得到你的赞美呀！"

她笑开了花，小舌头使劲舔着嘴唇。

"陈老师，你的头发好像鸟窝呀！"另一个小鬼说道。旁边凑过来一群笑嘻嘻的小脸。

"啊？是吗？像鸟窝呀。鸟窝好哇，鸟窝是小鸟的家呀，鸟宝宝们可以飞进鸟窝呀！"我也找话。

这一说不打紧，"鸟宝宝"马上出现——小家伙们扑棱着"翅膀"，"飞"着，"转"着，"叽叽喳喳"叫着，冲向"鸟窝"。

我捂着头发逃回办公室去了。

窗外的张望

每天放学，办公室窗外总会有人在张望，回头一看，肯定是我班里的学生。问他们有什么事，他们笑笑说没有，傻傻地，憨憨地，瞅瞅我，跑了。

我对着他们欢跳的背影笑了。心里说，谢谢。

我知道，只有喜欢一个人才愿意多见到她，多一次，再多一次，也不嫌腻。

后来，他们会试探地走到我身边，在我改作业的时候围观一阵，不说什么话，只和老师凑得很近。

再后来，我"严肃"地问："你们有什么事呀？"他们你看看我，我看看你，一脸羞怯的笑，很不好意思，胆大些的说："看看你呗！"我说："看看陈老师还是不是早上给你们上课的那个老师，是吧？"哈哈都笑了。

大千世界，我们何其平凡，能有人将你如此地宝爱，再平凡的人生也熠熠生辉了吧！

我抚平学生作业上的一角折痕，喝了口水，开始批下一本。

种瓜得瓜

近日，我感觉张代宁这孩子对于诗词已进入了相当的境界，状态如下——

时不时有人来告诉我，张代宁背的古诗数量达到几十首了。

下课的时候，我看见张代宁在座位上念念有词。

张代宁经常问我一些关于诗词的问题，比如，某句出自何人，某句某字怎么有两种说法，田园诗人中你更喜欢谁，等等。

不久，他又开始热衷于给我推荐他最近特迷的一首什么诗，什么词，什么曲，而且一说起来，口若悬河，手舞足蹈。

他还不仅仅满足于推荐，经常抄录一两首送给我，颇有"英雄爱英雄"的"惺惺相惜"状。

张代宁突然成了班里最热门的话题人物，有学生造句时写："我们班的张代宁不仅背诵了很多古诗，而且还准备向陈老师发起挑战。"

我笑了。

张代宁是在一次古诗背诵比赛中"一举成名"的。

学期初，我发现学生们古诗积累量少得可怜，曾经当着全班同学的面一口气给他们背诵了100首古诗，在众人惊讶的目光中，我对他们说，肚子里不装个一两百首古诗算不得文化人，陈老师能记住，你们年纪小，记性好，肯定能超过老师！一个月后，看谁能挑战陈老师！

一个月后的比赛中，各组都派出了高手对决，张代宁以68首轻松夺冠，全班的羡慕并没让他满足，他真的想向我挑战了。

最新的消息，张代宁背的古诗已突破100首大关，我完全相信。来向我报信的男孩好像比当事者还兴奋，同时很同情地说，陈老师，你被他超过了，咋办啊？

我说，糟了，糟了，我要哭了。

老师的生日

我们班的学生好像对我的生日格外感兴趣，分别采取了当面问，写纸条问，电话问以及查找身份证等多种办法，但都无疾而终，有一个女孩还因此对我有意见了。

"老师，你把生日悄悄告诉我一个人吧！我不告诉别人！我特别特别想送你一个生日礼物！"

"啊，是吗？真的要谢谢你啊，这么关心老师！你好好读书，好好背诗，那就是给我的最好的礼物啊！"

之后，孩子们时不时地还是会追问不休。终于，那一天，11月24日，我34岁的生日，在不知不觉中到来了。

上午连续的两节语文课下后，我在黑板边写当日的作业安排，徐浩凑过来说："陈老师，我想知道您生日是哪一天啊？"

"今天。"我边写边说。

"不可能！你骗我的！求求你了，我真的真的好想知道你的生日呀！告诉我吧！"

"真的，我的生日就是今天，11月24日。"我故作平静地说。

许多人闻风凑上来，问徐浩："老师说她的生日是哪天？"徐浩哭笑不得地说，老师说是今天。

"咋可能？蒙你的！"众人嘲弄地丢来一句。

我忍住笑，说："真的是今天，你们偏不信，我有啥办法！"

小鬼们一哄而散，不理我了。

当爱掠过头顶

　　每每想起那一天的下午，我的笑便抑制不住地浮上嘴角，并在心里这样地夸着自己："嘿！真有你的！"

　　那是春天的一个午后，天气实在是好，阳光明媚、暖风轻扬，读书声不断的教室里站着懊恼愠怒的我。学生们正读着课文，听听，我都示范了好几遍了，他们还是读得有气无力干巴寡淡，除个别学生稍有些表情外，多数人均神情麻木，不为所动，这可是一篇笔酣墨饱的抒情大作啊！难道真是孺子不可教、朽木不可雕？今天我还真不信这个邪了？读书声停了，又一遍读完了，结束了任务的小学生们坐在那里疲疲地望着技穷的我，窗外，阳光正好。讲台上的我忽然间心头一动，有主意了！

　　挺直了身子，舒展了笑容，我啪啪拍了两下手掌，大声地说："不错！孩子们！这一遍读得很有进步，相当流利。如果再练一遍的话，我想会让老师对你们刮目相看呢！"学生们被我的表扬感染了，他们兴奋地相互看着。"听着——"我神秘的表情让所有的人都静下来，"下面我们来个竞赛，一个特别的朗读竞赛：你们读的时候，我就走到你们身边去听，谁读得好，声音美，有表情，我就在你的头上轻轻摸一下，大家说好吗？""哇！好耶——"性格顽皮的孩子们立刻坐正了身板，一副应战的神态。"说干就干，预备，开始！"随着我的口令，书声又起。

　　我走下讲台，来到第一排第一个学生身边，俯下身去，凑近他认真倾听，脸蛋红扑扑的他显然很在意我的观察，而且我能感觉到，他正在期待着我的抚摸。还犹豫什么呢？我郑重地伸出手在他微黄的头发上抚了一抚，汗涔涔的呢！不知是太用劲还是紧张的。我发现，周围的孩子们都在用余光关注这第一"摸"。我继续走到第二个人、第三个人身边弯腰倾听，每一次，当我弓下身子将自己的耳朵凑近他们，耳边的那个声音便会格外地充满情感，我欣喜地伸出手轻轻地抚摸他们的头发、额头，或者辫梢儿。步子在移，书声在继续，环顾四周，听听！琅琅的书声中充满着一种不可名状的激情，我知道这力量来自我温暖轻柔的手，我被一种纯洁的幸福萦绕着，有些陶然。突然，我注意到，那少数几个没被抚摸的孩子，他们羞羞地边读边不时地用眼角在瞟着我，看样子非常希望我走向他们，我意识到，自己差点犯下了一个严重的错误。为什么不能摸摸他们呢！读得不太好又怎样呢？尽力了呀！他们期待奖励、向往优秀的想法总归是值得肯定的吧！为什么要吝啬这举手之劳的褒奖呢？我加快了脚步走到他们身边，依旧弓下身子认真倾听之后郑重地摸了摸他们的头发、脸蛋或者是小小的耳垂。书声还在继续，我似乎感觉比刚才更加激越，我知道，现在教室里的每一个人都正以前所未有的激情进行着这场朗读，这美妙的声音是自我水平的展示，也是对老师褒奖的回馈，他们在领受这一抚摸的同时，也领受了老师的肯定和赞许。

常常在思索，教育是什么？又觉得这样大的命题似乎不是我这样平凡的人可以参悟的。随着教龄的增长，我逐渐在与学生的厮守中明白了一些味道——教育是要教会学生去学习，更重要的是，教育要教会学生充满智慧与情趣地去爱、去欣赏！而作为师者的我们，又应当如何来以身言教呢？行动是最好的教化，放下一份尊者的威势，只把自己和他们当作这人世间、凡尘里两个偶然有缘相识相聚的人，以一个大朋友的先知去帮助他们成长，以他们一尘不染的童真来洗涤自己内心多年积淀的尘埃，相信他们给你的会更多、更真。

预祝老师成功

学期初，我收到班长送来的一个信封，一看之下，忍俊不禁——

六六班教师评价细则

加分表现：1. 上课时微笑加2分；2. 教学方式新颖加3分；3. 作业布置有趣加3分；4. 关注每一个学生加4分；5. 和学生聊天或游戏加3分。

减分表现：1. 下课拖堂减1分；2. 发火减5分；3. 占课（挤占体、音、美等课）减4分；4. 当众揭短减2分；5. 上课接听手机减2分。

备注：以100分为底线，一个月由学生评价一次，总评110分以上为优秀（有奖），108分以上为合格，105分以下为不合格（要写检讨）。预祝老师成功！

老天！这完全是"学以致用"嘛！平时我为他们制定的各类评价表浮现在了脑海中。小不点们要量化自己的老师了！我笑起来。我向《六六班教师评价细则》吹了一口气，这能难得倒我？

课像往常一样一节节地上，日子像往常一样一天天地过，一个月下来，我被通知，经班委会慎重核算，本人当月考核成绩为109分。109分？刚及格？有没有搞错！我冲到班长那里讨说法。

班长慢悠悠地掏出个小本子，一页页地翻，一分分地算，你几月几日拖堂了，几月几日吵人了，哪一天的课上手机响了……流水账记了好几页。"你们怎么光记坏事不记好事？"我问。"好事记在我这儿，"副班长凑过来说，"要看吗?""算了算了,应该记在一个本儿上好查看嘛!工作没方法!"我嘀咕了一句撤回了办公室,翻箱倒柜找出皱巴巴的《六六班教师评价细则》,看了很久。

第二个月,几乎是枕戈待旦,我的工作既要确保无误,又要力图创新,既要形式多样,又要趣味十足,一手防减分,一手快捞分,两条腿走路,成绩果然喜人,当月评分高达 137 分,获得"神秘奖品"一个以及班长率领全班同学给予的一阵热烈掌声。天哪,这该是我这辈子得到的最最意外的奖品——一个超级小巧的奖杯,一个用粉笔手工雕刻而成的奖杯!啊,真是独具匠心哪。粉笔细的一头雕成了杯座,粗的一头雕成了杯口,通体遍布纹饰,镂空的杯中盛满了春日的阳光,那小小的杯身在我的掌心光彩熠熠。小鬼们是用什么工具雕刻得这样可爱呢?小刀?笔尖?更或者是花针?妙啊!

办公室里,把玩着"粉笔奖杯"斜靠在椅子上的我,有些惊叹,有些欢喜,有些疲惫,有些感悟,还有一点点的美妙,我不知道下月战绩如何,但我知道这样一路走下去,会走向一个很不同的天地,尽管这路看似无奇,走好却也不易呢!既有缘与这群小人精同行,何尝不是我生之幸,就让这段行程精彩些吧!为什么不呢?

接下来的日子果然精彩纷呈,孩子们在刻薄地扣分的同时似乎越来越依恋我,很多时候,我已忘了自己是他们的老师,混迹于他们之中,恣意谈笑,无话不说,心年轻了许多,人也俏皮了许多。不过,有的时候,总忍不住急火攻心,面目狰狞,身边有学生在拉我的衣角:"不能再发火了!本周你已发了两次火,再发你就要不及格啦!"说真的,我总是很感激这样特别的体恤,火气总是不扑自灭,还会忍不住逗逗这孩子:"谁说我要发火?火在哪儿?哪儿有火?你这'小操心'!"

真的,回头想想,是孩子们教会了我许多,是这份《六六班教师评价细则》给了我一段缤纷的、不平凡的日子和一份为人师、为人友的快意。

定格偶然

我，一群六年级孩子的语文老师。叽叽喳喳的笑闹声中，学生们早已习惯了我天马行空、兴之所至的教学方式和我对他们的宠爱与温情，正如他们所说，他们爱我犹如老鼠爱大米，这一点，我十分相信，因为情感是可以"闻到"的。在过去的那些快乐的教学时光中，有几次小小的"偶然"还真让我们师生念念不忘。

老师失音了

嗓子一天天地哑下去，直到那一天，我发现自己几乎失音了，但孩子们这一次的习作完成得实在出色，我期盼来到他们中间分享这种成功的快乐，再说，嗓子问题于我已是见怪不怪的老毛病，其他老师也忙，我不想麻烦谁顶课，可这节课怎么上呢？铃已经响了……

含着喉片，怀抱一大摞习作的我走上讲台，迎面是学生们那晶亮的眼睛。啊，有了！就这么这么这么办！

环顾众人，无语，众人莫名，窃窃私语。师莞尔，转身，执粉笔于黑板疾书——"今日为师喉痛失音，请依以下指令上课，OK？"众人愕然，旋即欣然，振臂回应："OK！OK！OK！"好像老师的耳朵也失聪了似的。老师大手一挥。他们个个可比往日乖巧，马上肃静，凝神注目，只待军令。

"指令一：组长快速分发习作。"指令写毕的同时，四个组长已一溜小跑上台分发习作，底下秩序井然，远胜往日。

"指令二：四人一组交流，公推一名'最佳'。"学生依计行事，互换赏读，再无一人絮语，之后，小声议定一名种子选手。（教师于台上窃喜）

"指令三：各路'好汉'起立，入主英雄榜。"各组的"种子"们或羞或喜地相继起立，教师将其姓名与文章题目书于黑板，并编以序号（此英雄榜也）。

"指令四：自选点播佳作，以手势示之。"指令一出，众人以手势回应，教师一看，选4号李祥如的作品《我看铁木真》一文者众，当下在黑板敲击圈画出"4号"，4号选手领命上台，一脸兴奋，接着，读文。完毕欲下，师阻。

"指令五：众人评议，自行点名。"4号立即明白："请大家多提宝贵意见！请你，付智鹏。"众人各抒己见，点评可谓精到。小作者自由点名发言，教师则相机将重要提示书于黑板，最终，4号感谢大家的帮助，在掌声中欢跳下讲台。与此同时，众人点播下一篇的手势已然如林……

如此循环往复，一节课不知不觉已经要结束了，教师在黑板上写道："大家辛苦了，Bye！"众人呼叫："老师辛苦了！Bye！"

独角戏进行时

这天早上的语文课安排在后两节，一迈进教室，我就感到情况不对，首先是人稀稀拉拉没几个，其次是在座的人也都力倦神疲，一副瘫软状态。"人呢？"我问。"刚刚考完数学，上厕所去了！"班长答道，不知是谁又补充了一句："都把人考焦了！""嗯！是的！"多人应和，企图获得同情。"你们歇会儿吧！等人到齐了再说！"我一边不得已地说，一边考虑这班"残兵败将"如何开课。显然，这场大考实实把他们给累坏了，接下来，想必任你讲个天花乱坠，他们也不会有精神了，可今天要上的《詹天佑》一课，我已准备了很多天，费了不少的心思呢！总不能不上吧。

不一会儿，外面的学生们喘息着晃了进来，好容易人才到齐，他们或靠或趴或歪，似乎在用他们的体态告诉我——我们累，我们没精神！"好了，不能再这样了。"我在心里说，"得想办法让他们的眼睛亮起来。"

"同学们，"我清了清嗓子说，"我看大家也都累了，这样吧！现在你想趴就趴，想靠就靠，只要你自己舒服就行。带上耳朵，来听一次老师自问自答的独角戏课吧！"学生们对于老师的体谅颇为感谢，一听有个什么独角戏，眼中顿生几分神采。

师：上课，亲爱的孩子们好！

师（扮生）：亲爱的陈老师好！（此乃该班语文课惯用问候语）

师：啊——大家今天气色不错啊！请坐。

（看着我一个人亦师亦生，自说自话，学生们笑了，听课的精神头随着第一轮的笑声露头了）

师：今天我们要上的这一课叫《詹天佑》。有没有人会写这三个字啊？

师（扮生）：我！老师我会！（配以激动的举手动作）

师：好，陈海燕同学上来写！你今天表现得真积极！好学生！（生哗然而笑）

（师扮生，板书课题）

师：谁来说说，小陈同学写得怎么样？

（正欲再度师扮生，只见台下小手如林）

师：黄思达，你说！

黄思达：詹字写错了！

师：哦——可不是！这个小陈同学真是个小马虎，把詹天佑的詹字写错了。（生笑）黄思达，你能上来改正一下吗？

（黄思达欣然上台，将错别字改正过来）

师：这下对了吗，同学们？

生（全体）：对啦！

师：齐读课题两遍。

（全班不由自主地齐读了两遍）

师：声音真好听！有没有人知道詹天佑是谁？

师扮生：老师！我！老师！

师：哎呀！小陈同学，你刚刚已经发过一次言了，把机会让给其他同学，好吗？

师扮生：（听话状）好吧！老师。

（学生陆续有人举手）

师：李司琪，你说说。

李司琪：詹天佑是我国著名的铁路工程师。

师：对！看来你预习得不错！还有人补充吗？黄核熙。

黄核熙：詹天佑生活在清朝末年，他主持修建了我国第一条铁路。

师：真不错！你不仅说得对，而且声音又洪亮又流利！请坐！还有谁了解相关内容？

（师环顾，无人应对）

师：小陈同学，你刚才不是想发言吗？来，再给你个机会！

师扮生：好咧！老师，我这儿有一份关于詹天佑的资料，我把它存在电脑里，我为大家演示一下吧！

师：哇——你可真有办法！快上来吧！

（师扮生上台，大屏幕演示配有詹天佑图片及文字资料的PPT，并配以介绍，学生们看得津津有味）

师：同学们，让我们用掌声感谢小陈同学为我们带来的精彩介绍！

（掌声遂起，包含着无比的兴奋）

师：接下来，请大家自由读课文，边读边想詹天佑在修筑京张铁路的过程中，克服了哪些困难？注意生字读音，在感触深的地方做几处批注，并标记出自己不理解的词句。好，开始——

（学生们似乎已毫无倦意，兴致勃勃地投入了自学，教师不禁喜上心头。教学一路展开）

独角戏演着演着，逐渐成了群角戏。这种过渡，是那么妥帖自然，不着痕迹，所谓兴之所至，不吐不快吧！学生们被这种新奇的学习方式所吸引，不知不觉融入其中，这是教师始料未及的。原以为一节课教师自己串下来，学生能听多少听多少，毕竟他们累极了，没想到，不出十分钟，全班已进入一种前所未有、令人欣喜的愉快学习状态。这可真是"无心插柳柳成荫"啊！之后的日子里，学生们还常常戏称我为"小陈同学"。

回顾过往的日子，像这样发生在语文课上的一次次"偶然"，让我和学生们是如此回味，这小小花絮印刻在我们师生的记忆中，每每想起，总还能嗅到当初的那份激情与欢娱。作为一个教师，引导学生求知并不难，难的是如何让你创设的求知之路，充满更多、更美、更值得学生终生受用和再三品味的意境与情怀。

新班见面会

上课铃响了。就要迈进 301 班教室的时候，我竟然有点紧张。

你在紧张什么！你这个从教 19 年的老油条。

我在心里嘲弄了自己一下。然后就让自己出现在了该出现的那个位置。

门口。

讲台。

讲台正中。

稳稳地放下手里捧着的课本。顺手把散在讲桌边上的两截粉笔无比准确地丢到盒子里。弹弹粉尘。再弹弹粉尘。

静默。约三秒。

我知道他们都在看我。

好了。抬眼。我轻笑了一下。我要看看你们了，看看即将和我耳鬓厮磨朝夕相处日日过招天天切磋或许还要斗智斗勇的——你们了。

各路英雄果然不俗，端坐如钟，目光炯炯，神色肃穆。

武林聚盟，也不过如此。

好，是我要的感觉。

也别总绷着啦。我听见自己说——

"嗨，大家好！我是你们的新语文老师，就让我先来个自我介绍吧。"

声音洪亮，音质也不错，手势适当，表情"含糖量"也够。表扬自己一次。

我注意到他们的眼睛里开始燃起一小簇的火焰。

继续。

转身。板书：自我介绍。

超大的字号让他们有些惊愕。

容不得他们惊愕，我压低声音无比神秘伴随手势地说：

"有没有发现，新老师的字写得特别——"

"大！"

准确对接。声震屋瓦。

孺子可教。

"那么，为什么老师要把'自我介绍'写得这么大呢？"

个个苦思。

其实，我自己都不知道为什么。只是顺手一豪迈，就写得超规格地大。

就让孩子们费费脑细胞吧。

字为什么大为什么大？为什么大呀为什么大？

谁知不一会儿，就小手招展了。

"我觉得老师是为了让我们坐在最后面的人都能看清楚每一个字！"

从实际功用切入。不错，表扬。

"我想是因为老师性格特别的开朗！"

从性格分析入手。聪明，鼓掌。

"我知道，老师是想试试我们班一整块的黑板好不好写！"

全场笑翻。

从想不到的犄角旮旯找说法。人才，热烈鼓掌。

……

结束了关于大字的专题研讨，我进行了小结：

"同学们说得都很有道理。我的字之所以写得这么大，的确因为我性格特别特别开朗。每一天，我都是快乐的，我的心里面装满了五彩缤纷闪闪发亮的欢乐小泡泡，这些欢乐小泡泡多得啊，都快装不下了，有的时候，就会从我的心里、我的眼里、我的脑子里，一个一个地冒出来，飘啊飘，飘到哪儿去了呢？原来，飘到和我同样快乐的小朋友那里去啦！也许啊，你，就能接住一个呢！所以，要是让我写很小很小的字，那我的心就会感觉很沉很沉，像压了一块大石头，喘不过气来。希望大家和我一样，每一天都做一个快快乐乐的人，把字写得大大方方！大家说，好不好？"

"好！"个个眼睛放光。

继续戴高帽——

咱们班真是卧虎藏龙啊。卧虎藏龙知道是啥意思吗？

知道！知道！

你说，啥意思？

就是一个电影呗。

也对，坐下。

好，接下来，举行答记者问，你们想知道我的什么就提问，我有问必答。

你的姓名。你的年龄。你的星座。你的孩子。你的QQ。你的电话。你的教龄。你的家。你的……

下课铃响的时候，我还在"记者"的围攻下挣扎，我请他们放了我。我渴了，允许下次再交代。下课。

老师，下节是什么课？

课表上不是写着美术嘛。

是不是你上？

怎么会是我？我只教语文的呀。

我好希望每节课都是你来上啊。

我捏捏这个小甜嘴的红脸蛋，说，下节语文课很快就会来到的，再见宝贝儿。

边记边想

◆ 让自己更像个孩子，容易找到共同的言语状态和情绪节奏。

◆ 当灵感噼啪闪现的时候，要把握住彼时彼地空前绝后的交流时机。

◆ 应更敏锐、更密切地关注某些沉默的角落，因为那里很可能是今后工作的重点和难点。

老师的脖子怎么了

"丁零零——"

铃声里，我抱着全班的作业走进教室，心情很糟，昨天的作业情况不是一般的差，字歪歪扭扭，丢三落四，张牙舞爪，一本比一本有"特点"，一本比一本挑战情绪底线，更有甚者，到现在还有几本没交。晕倒！

走上讲台，放下作业的时候，我对自己说：稳住啊你，调整情绪。

情绪这东西，哪里是说调整就调整的，我喊了声"上课"的时候，觉得自己声音很干涩。

"老——师——好！"

他们的声音倒是声震屋瓦！那亮晶晶的眼睛，那无邪的笑容，完全不知道自己老师此刻内心的雷霆万钧。

投降，我投降。真的不忍心吼他们啊，那些红脸蛋，那些亮眼睛。

我的怒气在孩子们清澈的凝视中遁形。

我平静了很多。

还是"聊聊"吧——

"大家有没有发现陈老师今天有什么不同？"我问。

"不同？没有啊！"他们上下左右打量我。

"再看。"我脖子僵硬地转动了两下。

"啊——老师的脖子怎么了？好像……转不动了！"他们瞪大了眼睛，颇显惊讶。

"是啊，"我说，"老师的脖子僵了，转不动了！"

"那……为什么？"众人眼睛瞪得更大了。

"唉，本来呀，昨天我这脖子还是好好的，可是后来……"

"后来怎么了？"

"后来，我们办公室的几个老师一道批作业，三班的金老师、二班的胡老师，还有我。批完作业，她们的脖子好好的，我的脖子就转不动了。"

"为什么？"大家问。

"是这样，我们三个老师开展'批作业比赛'，她们很快批好就走了，我批呀批呀，批到放学都没批完，我只好背个大包，把作业扛回家批。晚饭前，批呀批，晚饭后，批呀批，最后，我坐在床上，熬到半夜批完所有作业的时候，咦？我发现——我的脖子转不动了。"

全班愕然。

"老师，这叫颈椎病！"一个小鬼表情夸张地喊，"我奶奶也有！可痛了！"

众人做怜惜状。

"唉，难受！脖子痛，批作业比赛……也当了最后一名。"我叹。

众人眼波黯淡。

"为什么陈老师作业批得这么慢呢，你们知道吗？"我问。

"陈老师，我知道！因为乱画作业的人多！"平时很文气的郑敏悦愤愤地说，"你看也看不清，就慢了！"

看着小姑娘体恤的神情，我点点头。

"还有，"课代表金胜佳也激动地站起来，"好多同学不按时交作业，作业总也收不齐，老师只能等着，就更慢了！"

我望向全班："觉得她说得对的人请举手！"

手举了一大片，竟然也包括那些乱画作业和不交作业的人，只是，他们的手举得缩缩的，眼神躲闪，很难为情。

好，难为情就有门儿！我心里突然有了股力量。

我"发愁"地说："唉——怎么办呢？今天下午，我们三个老师又要进行'批作业比赛'，唉！我啊……真是难为情死了！"

我一脸"惆怅"。

"老师，我一定好好写，让你赢！"一个声音说。

"老师，我也好好写，让你赢！"

"我也认真写！"

"我用最好的字写！"

"我也是！"

"我也是！"

"今天你一定能比赢！"

大家争先恐后地给我打气，欲救我于水火。

我咳嗽了一声，说："好，相信你们！现在……我脖子痛死了，根本没力气去比赛，有人给我揉揉就好了！"

"我！"

"我！"

小手如林。

"那么，这样吧，谁先又快又好地写完今天的作业，就先来给陈老师揉揉，好吧？"

大家百米冲刺般地点头。

好，行动。本子发下去了，简短的讲解和布置之后，开写。

后来情况还是让我大吃了一惊。

我知道他们这次会认真写，但是没想到认真之后的作业，几乎"脱胎换骨"。

不敢相信自己的眼睛——

小柯的，干净！

周琦的，工整！

凌震鸣的，力透纸背呀！

就连平时乱作一团的斯亮和大林的作业，都让人眼前一亮。我从来不知道那几个"刺头"的字，能写得如此挺拔舒展，活像一个长期脏兮兮的懒汉瞬间梳洗成了个翩翩少年。

——哦，认识他们两年了，我何曾真正了解过他们！

我叹。我惊讶于自己的发现。原来，我从不曾真正看过他们"用心"写字呀！也许，很多方面，我都没有真正看清楚过他们吧。

小家伙们这样快、这样用心地写，是为了早早来给老师揉脖子呀——你瞧，周琦肉鼓鼓的小手开始给我"按摩"了，自创的手法，好痒哦！小柯的黑手伸向我的后颈，冰凉地一边捏一边问我舒服吗。还是女孩子们揉得好，嫩嫩的温软的小手轻轻地按捏着，和我靠得那样近，鼻息直扑向我的耳根，我的后背贴着她们怦怦的心跳，我叹一声好舒服，她们更带劲了。

第二天一早，我告诉他们，这次批作业比赛，我赢了！孩子们一阵欢呼雀跃，就像拿了个团体冠军一样兴奋！

"不过嘛……"我"忧虑"，"不知道我这个批作业冠军能保持多久？我的脖子能舒服多久？三班金老师和二班胡老师可说了，她们是不会认输的！"

"老师别怕！我们会让你赢的！"

"我们会加油，让他们追不上我们的！"

"我们每天给你按摩，让你有力气去比赛！"

"谁乱写，就把他赶出去！"

"我天天超认真地写！"

"我们一定赢！"

"一班必胜！"

"一班万岁！"

后来的日子，小鬼们果然没有食言，我们班级的作业情况焕然一新，速度和质量可以说是一日千里，我看在眼里，喜在心头。孩子们还经常问我办公室里老师们批作业比赛的"战况"，每每描述起来，小鬼们都听得惊心动魄，唏嘘不已。他们也常常观察我的脖子，常常听到小干部们在提醒某个同学"你想让陈老师的脖子转不动是吧"，"你想让陈老师比赛输掉是吧"，让人忍俊不禁。

每当一些小鬼作业又开始滑坡，我只需要走到他眼前，"疲劳地"捏捏自己的脖子，他肯定会意地抬起头，难为情地用眼神告诉我："哦，抱歉，今天我一定会写好！我改。"我便摸摸他的小脑瓜或者拍拍他的肩，鼓励地笑笑。我想，我不用再说什么了。

年深日久，我的颈椎病其实已成痼疾，但当孩子们用他们温暖的小手揉捏着问我"还疼吗"时，我总说，哦，好多了，宝贝，你这一揉啊，一点都不痛了呢！接着便是一片灿烂的开怀的笑。每当这时，我总觉得幸福是这样真切地浓浓地缠绕在我的四围，除了孩子们，我无力再去想其他的什么。

师和生，到底是什么？我在心里问。是锄和苗吗？是水和舟吗？是人和梯吗？……我看更像穿越时空的一段奇异的"相逢"——自己和自己。作为老师，把眼前的孩子当作那个穿越而来的幼年的自己吧，那个傻傻的自己，那个走神的自己，那个贪玩的自己，那个倔强的自己，那个不停犯错的自己，那个需要大手拉一把的哭泣的自己……学习和成长的道路上，用我如今的心性去调理那个毛躁的"自己"，用我如今的情智去诱导那个任性的"自己"，用我如今的境界去点化那个蒙昧的"自己"，用我疼惜自己的心去呵护那个蹩脚的"自己"……如此想来，还有什么想不通、解决不了的呢？讲台上下，只是自己和自己的凝视；作业本里，只是自己对自己的批阅；每一次"洋相"，只是自己和自己的玩笑啊。如此而已！

愣愣地，想到这儿，我摸摸自己的脖子，扭一扭，继续开工，批作业。

谁让你不注意我

这个让人牙齿痒痒的李小洋啊，真叫我这个新上任的班主任不省心！这不，又有任课老师来"反映"他了——上课半天了才慢悠悠地晃进教室，一整节课又是插话又是说笑，扰得四邻不安不说，还公然在作业本上给自己改了个名字叫"李小狼"……

"反映"过他李小洋的可不仅仅是任课老师，你瞧吧，学校食堂的师傅啦，打扫卫生的大爷啦，包括隔壁班级的学生啦，各色人等都与他"交情不浅"，一旦有人找到我这个班主任这儿来，我就知道准没好事儿！

真搞不懂，他是怎么回事——他好像特别喜欢和老师顶撞，故意违反班纪班规，把课堂秩序搅乱仿佛是他的一件"乐事"，起个"坏头"好像能给他带来无比的快意和满足。你瞧，跟他谈话吧，他认错，认错之后又不改，之后再犯错，再认错……唉，无限循环何时了？

偶然的机会，一篇名为《孩子为何"人来疯"》的短文突然引起了我的注意。心理专家说，幼儿常有"人来疯"的表现，家里来了客人，他们会格外地"坏"一些，"娇"一些，"浑"一些，家长不明就里，要么斥责，要么碍于面子迁就，其实，孩子之所以有这种"人来疯"的表现，主要是因为他们想引起父母的"注意"，他们不喜欢外人成为家庭的"主角"，他们想成为父母每时每刻的"焦点"。有经验的父母应提前给孩子安排些"重要任务"，让他当个"小主人"、"小招待员"什么的，让他能有"事"干。

看到这儿的时候，我忽然想到他——"李小狼"，该不就是"人来疯"吧？

经过有意识的观察和了解，几天后，我正式地确诊他为"校园式人来疯"，经仔细排查，班里有如此症状的还有几人，不过症状有轻有重而已，"病因"大致相同——家庭比较复杂，父母极少关注，学习相对困难，性格十分好动。细想起来，他们的种种"表现"也只为引起老师和同学们的"注意"而已，毕竟是孩子，毕竟是小孩子，在家庭和课堂怎么都成为不了"焦点"的他们，只能用另外的一种方式显示自己的"存在"啊，他们渴望有人"注意"，渴望能当一回"主角"，哪怕是"坏角"、"丑角"！深想下去，我不禁汗颜——自己的学生竟这样病态地生活着，扭曲地成长着！我对自己说，一定不能再这样下去了。

赶紧要做的第一件事是和这几个孩子的父母取得联系，争取引起他们的重视并得到他们的支持。经我几番家访，效果还好，几位父母均表示愧对孩子并愿意改变态度，另外，还有一个父母不在身边的，看来只能靠我多花些心思了。

第二步，联络其他任课老师，说明情况后达成一致共识——尽量多"注意"他们，多给他们一些"展示机会"，并尽快帮助他们获得"成绩"，还将随时地宣传他们的"进步"。当然，很重要的一点，一旦他们"症状"有反复，一定要对症下药，切忌打击，以免前功尽弃。约定已毕，众位便分头行动。多日后再聚，果然交口叹好。在各自行动的同时，老师们还经常交流"战术"，且战且研。如此半年有余，汇总起来，经验已是一套一套的，什么"激将法"，什么"诱导法"，什么"亲密接触法"，那真是各人有各人的招，而且不同的人还得用不同的招。是啊，学生可不是从一个模子里捏出来的，摸不准脾气你就搭不准他的脉呀！

如今，"李小狼"们已然能够关心班级，体谅老师，也能够在老师和同学们的帮助下参与学习，偶有"事故"，接受意见后也能逐步改过，尤其是特别喜欢和老师聊天嬉闹，这不，一下课李小洋就喜欢抢着替我抱作业，还边走边问："老师你说我这节课表现咋样？"我总忍不住想逗逗他："表现嘛，还行。不过，我说你这头发可该剃剃了，要不，可真像只李小狼啦！"

举手·摇手·挥手

刚下课，我正忙着收拾课本、挂图呢，看见从身边蹭过的王晓，忍不住伸出手捧住他胖嘟嘟、红扑扑的脸蛋逗着问："刚才上的课好玩吧？开心吧？"他嘴一嘟冒出一句："不开心死了！我举了好多次手，你一次都不点我！游戏也不点我！"我一惊，连忙低头认罪："哎呀，真的吗？陈老师犯错误了呀！怎么连我们可爱的王晓举手都没发现呢！对不起，真对不起呀！"旁边的几张小嘴巴也应声嚷嚷起来："也没点我！""是的，也没点我！"我惨了，接连赔罪，点头如捣蒜，又补充说："班里人太多，确实也不可能每个人每堂课都发言是不是？""可有的人你就点过两次！""啊？是吗？哎呀，举手的人一多，老师也有点分不清点过谁没点过谁了。好！下节课我一定擦亮我的火眼金睛，争取不点重了，尽量让大家都有机会，这样可以吧？"王晓眼珠一转，凑过来说："老师我有个办法——点过的人举手，没点过的人摇手，不就分清了？""不错！好主意！就这么办！"

捧着书本走出教室的时候我想到，其实长期以来，因为班容量过大而造成的上述问题已明显地暴露出来，学生多了，分到每一个人头上的机会自然也就少了，小手如林的时候，老师不得不面对大多数孩子的失望（尽管我们也在尽量地想办法平衡）——所以，王晓的这个办法不能不说也是一个"点子"呢！只是，不知好使不？

第二天一上课，我就跟学生们说清了新"办法"及其好处，大家跃跃欲试。新课开授不久，问题出现——发过一次言的人想着老师不会点他了，就不再举手了。我说："同学们知道吗？举手，不仅仅表示'我想发言'，还包含着很丰富的意思呢！瞧，老师看到你举手了，不仅知道你听懂了，这个问题你会，还知道了你听得很认真、很愉快，甚至很兴奋、很激动，何况，你还有可能获得再一次展示和发言的机会呢!"听我这么一说,班里又恢复了"状态",举手的举手,摇手的摇手,我眼观六路,耳听八方,忙着乐着很快上完了课。

几天后又有人来找我,说:"老师,摇手还不够!"我问:"怎么了?"他说:"你看,我都摇了两天了还是没被你点到!"我没词了:"那,那你说咋办?"他有备而来:"好办!两天没被点到的,举高点挥手好了!"看他那两眼放光的样子,我忍着笑点点头夸着:"好小子,你比老师聪明啊!"从此,摇手又晋级为挥手。

如今,咱的课堂可是风景独特,我的眼睛也格外的忙——优先"挥手"的,照顾"摇手"的,还要兼顾"举手"的,更要盯牢"垂手"的,每一个学生的状态都一目了然,我也可以有侧重、有目标地开展活动,小鬼们戏称我是"手长",有时,我也让他们上台点人答题,过过"手长"的瘾,品品"手长"的味儿。平日里,小脑瓜的各色"点子"依然层出不穷,在不断地给我提出这样那样"意见"、"建议"的过程中,课堂越来越活跃,班里的学习气氛也越来越浓,更重要的是,他们学得更开心了,我也教得更有味了。

我爱三组（外二则）

进班，乱糟糟，我皱眉。

一机灵鬼忙领诵："山中问答——"（本班刚刚培养起课前诵诗的习惯）众人稍愣遂接："问余何意栖碧山，笑而不答心自闲。桃花流水窅然去，别有天地非人间。"一首飘逸雅致的诗让他们读得声震屋瓦，还偷偷地乐乐地观赏着老师脸上的"阴转晴"。小鬼，知道自己老师好这一口！

诗毕，又有些乱，吵吵嚷嚷的。我一拍巴掌："大家看我站在几组？"

"三组！"

"我为什么站在三组？我为什么单单只站在三组呢？"

众生无语。

我在三组踱来踱去，煞有介事："因为呀，我发现三组同学最欢迎我来上课。瞧！他坐得多好！看！她笑得多甜！三组在用他们的行动对我说——欢迎陈老师！我们都爱陈老师！"

三组人个个觉得长脸，愈发身姿如松，目光如炬，一览众山小。他们的老师心里说："不过是没办法现抓一个目标来瞎夸，你们还真当自己很牛啊！"他们的老师嘴里说："看看，这可不是瞎夸，好就是好！我看看还有哪个组欢迎老师到他们组站一站！"

不用说，班里顿时军容整肃，一人妄动，万人唾弃，哪个组都不想让老师看扁了。此时不开讲，更待何时？

本人朗然开讲。

糖衣炮弹

今天，我用甜言蜜语轰炸了几个目标，效果很好，具体状态如下——

李亦城打哭了同桌的女生，泪淋淋的小女生哭得噎气，跑来投诉，课后我将祸首带至办公室，一路众人尾随，轰了几次，还跟着，一脸坏笑，一看，也都是几个"人物"，他们似乎对老师"教育"学生的过程很感兴趣，想看到点什么精彩的情节。

全轰走了。

小李态度强硬，无悔更无畏，我一时火起，恼了，猛一回头，窗户上几双眼睛正看好戏般地幸灾乐祸。脑瓜一缩，又不见了。

我突然打算软攻一下，一试之下，果然好使，三句好听的就把他炸平了——你看你多聪明啊，人又长得精神，还是个值日小组长吧，表现一直很不错的啊。今天的事你觉得自己有一点点错吗？有，嗯，很好，老师希望你能给同桌道个歉，你看能行吧。

小李频频点头，人也软了，气也平了，理也屈了，错也认了。一切，都解决了。真是夸多人不怪。谁听了猛夸自己的话还硬挺呢！

再说胡健"胡大侠"，从一清早我就开始给他灌甜汤，灌得小胡今天听课也不闹腾了，作业也不拖欠了，还自告奋勇替我跑了几趟腿，课要结束的时候，我又在全班大大地表扬了他一番，真个是人逢喜事精神爽，胡健小脸绷着，说不出的庄严和神圣，让他心里偷着乐去吧。

但，据我的经验，糖衣炮弹通常效应不长，往后会怎样呢，兴奋劲过了怎么办呢？算了，明天又是一轮新的太阳，明天，我还会炮制出效力更强的炮弹，不相信摆不平你们这些小东西！

"静" 字的故事

带过小学低年级的老师都知道，低年级的学生纪律观念薄弱，天真、稚气，还有些任性。

记得有一次上课，我都在讲台上站了好半天了，底下依然是说的说，闹的闹，"气象万千"，这可怎么办？我告诉自己要镇静。我灵机一动，想出个办法。我突然背转身，面向黑板，一动不动。过了一会儿，学生们渐渐安静下来，好奇地看老师在干什么。等到完全安静，我缓缓地转过身来，说："同学们，你们知道黑板上方贴的是个什么字吗？"学生们抬头看看黑板上方，摇头（因为他们还不识字），其中一个叫张静的小姑娘站起来说："是'静'字。"我说："对！是'静'字，安静的'静'。这个'静'字啊，刚刚跟我说了几句悄悄话，你们想不想听啊？"学生们齐嚷："想！"我神秘地说："'静'字跟我说啊，她很想念以前在这间教室上课的那个班的小朋友，那些小朋友从不在课堂上大嚷大叫。可是，现在换了你们来这儿上课，吵得她直想飞出这间教室，去找原来那群守纪律的小朋友。'静'字还说啊，她只愿意跟守纪律的小朋友做伴，老师来看看，咱们班有没有愿意和'静'字做朋友的好孩子，愿意的请举手！"唰——全班学生坐姿端正地全都举起了小手。我满意地笑了，教学开始进行。

由此看来，孩子们是有荣辱观和自尊心的，面对窘境，当老师的不能慌，更不能火，应迅速地抓住时机在不着痕迹的评价中引导和规范学生的行为，指导班风学风。

啊， 老师送的书

　　总有家长对我说："老师啊，我的孩子在家不爱读书，孩子们最听你的话了，你说说他吧！"其实，为了培养班上学生的阅读习惯，一直以来，我可是下了不少功夫，又是动员，又是鼓励，甚至个别谈话，但总有一部分学生热情不高，干劲不大，怎么办呢？这问题困扰着我。

　　一个偶然的机会让我有了个崭新的想法。那一天是节班会，其中有个小环节是我为几个有进步的学生发奖品小本子，当几个孩子羞羞怯怯上台领小本子的时候，他们的样子吸引了我——恭恭敬敬接过小本儿，捧着，笑着，轻抚着，宝贝似的看了又看。我突然想到，如果，捧在他们手里的是书会怎样呢？这个想法真让人兴奋！

　　在不久之后的家长会上，我和家长们就孩子阅读的问题达成共识，并有了一个令人忍俊不禁的"秘密约定"——每位家长购买一至两本适合孩子阅读的好书存放在我这里，由我选择适当的机会或奖或送给这个孩子（当然，这一切孩子是不知情的）。尽量压低嗓音的我兴奋地安排着。此时此刻，孩子们都在操场上欢闹嬉戏，哪里知道门窗紧闭的家长会上所发生的这一切呢！

　　很快地，我收到了第一批书。瞧，《安徒生童话》《格林童话》《伊索寓言》《克雷洛夫寓言》，还有冰心的《繁星·春水》，泰戈尔的《新月集》，彩色配图的《爱的教育》……真是太好了！我决定今天就送出第一本书，先送谁呢？李楠好了，这个猴子一样灵巧又坐不住的男孩子，《爱的教育》就是他的妈妈刚刚送来的。不知他会是什么反应？

　　一节语文课就要结束的时候，我对大家说："孩子们！这一节课，四组的李楠听讲进步了，发言很积极，坐姿也端正！"所有的目光都集中在了李楠身上，李楠坐得越发端正了，小脸红红的，嘴角全是掩不住的笑。

"为了表扬李楠，老师想送给他一份礼物！"

　　啊？礼物！居然还有礼物！孩子们羡慕极了，紧盯着我，想知道这礼物会是什么？而我卖着关子，慢悠悠地拿出了一个漂亮的纸袋。

　　"来！李楠，来看看老师的礼物！"那孩子受宠若惊地走上台，兴奋地接过礼物，在我的示意下，在所有孩子羡慕的目光中，他小心翼翼地打开纸袋，更加小心翼翼地拿出了里面的东西，居然是一本书！大家都很意外。

　　"喜欢吗？"我含着笑悄声问李楠。他使劲地点着头，爱不释手地捧着这个来自老师的礼物。

　　"来，李楠，给大家读读书名！"我说。

　　"爱——的——教——育！"稚嫩的、小男子汉的声音是这样的清脆，这样的愉悦。

　　我对李楠说："老师把这本《爱的教育》送给你，希望你能和它交上朋友，也希望在下一次语文课上，你能给同学们讲一讲书里的故事，好吗？"

　　班里的每一个孩子都在竖着耳朵听，带着无比的羡慕，还有一丝丝的嫉妒。我心里想：火候到了。我问："同学们！你们想得到老师的礼物吗？""想！想！"声音震耳欲聋，充满了热望。我清了清嗓子，郑重地说："孩子们！老师喜欢和那些爱读书的学生交朋友，如果谁表现得好，我就送给谁一份礼物！大家说好吗？""好！"全班异口同声地嚷道，个个志在必得。

　　那以后，隔三岔五地，我就"送"书给学生，每一次相送都伴随着一次心潮的涌动，送书的人情深意浓，受书的人大喜过望，在每一个细小的环节中，我传递着为人师者的苦心，体味着师与生情意交融的分量，一时间，我竟无比地感慨。

　　又有家长来交流了："老师啊，您的方法实在是高！这书经您这么一送，成宝贝啦！白天看，晚上看，上厕所都看！还不许别人摸别人碰，又包书皮又夹书签，嗬，那叫一个爱！这不，我又给您秘密送'粮食'来啦！"边说边喜滋滋地递给我两本书。至今，他已送来过三本书，全让孩子消化了，怎么能不乐呢！

　　班里的"小书虫碰头会"每周必开，孩子们在会上侃侃而谈，聊书，聊作家，聊读书的乐事趣事，还可以借书、换书，每次的主持人都是他们自己约定，我也只是以一个书虫的身份参加，有时也大谈特谈自己最近看到的一个好故事，或者声情并茂地朗诵一首好诗，孩子们总是特别为他们的老师捧场。我每次发言总是掌声雷动，置身在这样的掌声里，我常想：要多抽时间读书啊，不然，下一次没吹的了！我也总是见缝插针地表扬那些读书有进步的孩子，时不时地为他们加加油、鼓鼓劲。在不知不觉中，孩子们已把书当作了最亲密的伙伴。

看着孩子们一天天走进书的世界，读起书来乐此不疲，我欣慰；听着家长们欣喜地说起孩子的变化，谈起孩子读书时的痴态憨态，我陶醉！现在，很多孩子不仅仅满足于读老师送的书，还主动要求家长买书，读书已成为他们生活的一部分，被他们视为最好的娱乐——这情形不正是当初我梦寐以求的？

耳边时常回响起孩子们惊喜的那一句：哇，老师送的书！

亲爱的孩子，当多年后，你知晓了这个小小的、不足道的秘密，老师相信你已"腹有诗书气自华"！

一个让人冒汗的问题

晚饭后，电话铃响起。

"陈老师，您好！我是汪鑫。"原来是我才送毕业的学生，那个瘦瘦小小的汪鑫。

"噢，是汪鑫啊，你上初一了吧！学习怎么样啊？"

"我现在学习一般。陈老师，我有个不懂的问题想请教您。"

"哦？有不懂的问题呀，你可以问你们现在的老师啊！"我说。中学孩子的问题我是否答得上，实在没谱。

"以前你跟我说过，以后有什么困难还可以找你的！"他又说。可不是？当时他们毕业前，我确实说过这话，可他的问题要是"问"住了我，那我脸上还真是挂不住。可，怎么好拒绝呢？难道说自己有可能不会？说不出口。

"那——那你先说说不懂的地方吧，我要是答不确切呢，明天你再去问问你们老师，行吧？"我硬着头皮说。又想到自己书架满满，平时也算勤学不倦，专业知识还算过硬，应该不至于完全答不上吧，试试看吧！从没这样心虚过。

接着，他说他给我念首诗，令我冒汗的是，我竟然一句也听不懂，当时我就想，今天可真是要"跌份儿"、"掉底子"了！我的心跳加快，脸上热辣辣地，真是如坐针毡，又如同芒刺在背，唉，待会儿该怎么办呢？真是"书到用时方恨少"哇，我从来没像现在这样恨过自己"读得太草，记得太少"。当他念到"更笑胡儿，容若纳兰，艳想秾情着意雕"的时候，我好像溺水的人突然抓住了救命绳，老天！终于听懂了一句，幸亏多年前读过，对句子有点印象，总算能有点"说头"了。

他念完后让我给他"讲解讲解"，我首先告诉他，这不是诗，而是一首词，然后指出当中读错了一处，"更笑胡儿"这句之后是"纳兰容若"，而非"容若纳兰"，又简单地给他介绍了一下纳兰容若乃清代著名词人，名性德，字容若，这首词是柳亚子的作品，词中将历代几位诗词大家与毛泽东主席做了比照，盛赞了毛主席的才情，大致如此，不知满意否？汪鑫听得很认真，说让我讲慢些，他好记两句。听我讲解完了之后他礼貌地道了谢，和我再见。我对他说，不错啊，现在学习这么用心了，真是进步了，有空来玩啊！

放下电话的时候，我感到自己经历了一场不小的"虚惊"，我庆幸自己侥幸脱险的同时，羞愧地想到，其实关于那首词，所幸自己曾了解过一点，刚好也就略懂那么几句而已，实在对不住学生的那一声谢。是啊，看来一个老师不及时"充电"是不行的，也是危险的，想想看，曾有多少次，因为一时之间答不确切学生的问题而草草搪塞，之后又没有仔细研究并给予答复，那是对学生的犯罪、对自我的欺骗呀！我们是教师，也是一个普通人，虽不可能读遍天下书，也不可能是一个全才，但如果我们勤于学习，善于积累，就能少一点临时抱佛脚的尴尬。当然，如果我们真的不知道，我们也应该坦然潇洒地与学生相约一起来找寻答案，在如今这个信息量超大的时代，老师与学生一样，都只是一个"新建文件夹"，都是一个学习者的身份，我们应该要做好的是"平等中的首席"，因此，教师只有"学而不厌"，才可能更好地"诲人不倦"啊！

"臭" 脚丫应用题

这是一次小范围语文公开课，主讲的是六三班肖老师，听课的是我们全体六年级语文教师，可能为了镇场，该班班主任教数学的毛老师也在场旁听。两个男教师统领的班级就是不一样，课前歌都唱得铿锵雄壮。

这堂习作课是指导"写人"，肖老师首先让同学们说一说自己印象深刻的人物，大家畅所欲言，好多学生提到班主任毛老师。我们听课的人都冲毛老师笑笑："你看你形象多好！"毛老师也在笑。接着，肖老师又启发同学们说的时候要"抓特点"。肖老师说："比如说，好多人都喜欢毛老师，那毛老师的特点是什么呢？"学生们兴奋地一致嚷嚷说毛老师的特点是"幽默"，我们听课的又都一齐瞅向毛老师，毛老师意外地成为全场焦点，推了推眼镜，满脸是不好意思地笑。

"那，你们是怎么感觉到毛老师'幽默'的呢？万兴，你来说说！"肖老师点起一个精瘦的男生。

万兴眼睛骨碌转了一下，说："毛老师上课的时候特幽默！"

"具体说说。"肖老师继续引导。

"比如说有一次下午上数学课，天挺热，毛老师一进教室就闻到一股臭味儿，毛老师问哪来的这么大臭味儿？同学们都指着郑浩说，是他，他把鞋给脱了！毛老师让郑浩赶快把鞋穿上。那节课学的是'比例'问题，毛老师说——假设郑浩排出的刺激气体有 2000 立方米，由于一、二、三组的位置不同，受到的污染也不同，他们的比为 5∶3∶1，求每组受到的污染是多少立方米？"

全场笑开了。大家都望向毛老师，毛老师也忍不住在笑。讲台上，肖老师大大肯定了这个"鲜活事例"，又鼓励大家都要"善于观察，善于选择素材"。课堂气氛十分活跃，讲的人，听的人，旁观的人，都很愉快。肖老师继续下面的教学环节，可突然出了个岔子。有人报告说——老师，郑浩哭了。

大家一起看郑浩，真的，他在哭，趴在桌上，哭得肩膀直抖呢。肖老师很意外，赶紧走过去问他怎么了。郑浩只是哭。肖老师想了一下只好说："我想郑浩同学可能是有些不好意思吧。没事的，谁没出过点错呢！大伙儿早就原谅你了！好了，不哭了啊。"肖老师安抚完郑浩，想快点转向正题。可，郑浩仍然哭，还哭出了声。

大家愕然。肖老师见事已至此，索性说："那郑浩你说说，到底为什么哭。"郑浩抹着眼泪站起来哽咽地说，那天他上学路上经过一家餐馆，谁知里面突然泼出一盆脏水，把他的鞋全泼湿了，他到班上把鞋脱了，想晾干，谁知大家都说臭死了，毛老师编了"臭"脚丫应用题，大家全笑他，今天公开课又提这事，他受不了。

原来事出有因！没人再笑了。同学们都感觉冤枉郑浩了，肖老师感觉刺激郑浩了，坐在后面的毛老师更是感觉自己无意间伤害郑浩了。听课的老师们也都若有所思。肖老师拍拍郑浩的肩请他坐下，说："委屈你了，不过大家都没有恶意，小误会。同学们！这不也是个意外的收获吗？提醒我们做事情要多了解、多调查、多分析啊！好，言归正传，继续前面的话题……"学生们又开始发言。

课堂恢复了原有的活跃。可，握着听课本的我，却愣愣地，沉沉地，想到了很多——

"多了解、多调查、多分析"，这熟得不能再熟的一句老生常谈，今日听来却滋味浓重！

是啊，我们当老师的，每日穿梭在孩子群中，每天周旋在学生堆里，我们也总提醒自己：注意啊，要用心，要尽力，要洞察每一个细节，要呵护每一颗善感的童心。可，为什么当我们回眸之际，却总发现遗憾，却总心存歉疚呢？循环往复的劳碌使我们疲惫，每天要面对的事琐琐碎碎，匆匆之中多少情节错位，桩桩件件敢问孰错孰对？学生，这充满活力不断变化的生命体，每一个人都是绝无雷同的独版故事，做他们的老师，领受他们凝望的同时，好好地透过他们的眼睛，洞悉其内心并给予温润的滋养，便成为我们最大的使命。可我们做到了吗？很多时候，我们以为自己做到了，我们以为自己不仅做到，而且做得相当漂亮，洋洋洒洒之间，多少真相我们没有机会知晓，多少真话我们不曾用心细听！就让我们再一次提醒自己吧——注意啊，要用心，要尽力，要睁大眼睛去看每一个细节啊，毕竟覆水难收。

谁能帮我写封信

班里的学生们对我特好，不仅仅是因为我对他们也特好，还因为——我是一个来自六百里外的支教老师，在他们看来，独在异乡的我更需要他们的照料与保护，所以，个个尽显"地主"之风，让我常常忘记了自己是他们的老师而无比依恋他们对我时时处处的关照。不多时，我们就亲如家人了。

女儿还小，昨晚来电话说想我了，还说，希望我能给她写封信，因为，从没人给她写过信。我说，好的宝贝，等着吧。

毕业班的教学是忙碌而紧凑的，几天过去了，信还没来得及动笔。

这一天语文课上，我带着孩子们欣赏的是北京作家肖复兴的散文《荔枝》，这篇浸润着浓浓亲子情的文章让我们师生一读再读，一品再品，唏嘘不已。快下课的时候，一个孩子定定地看着我问，老师，你想你的孩子吗？我摸摸她的脑瓜说，想啊，怎么不想，她和你一样可爱呢，也是个女孩。话题一下子转移到女儿身上，大家问长问短，很感兴趣。我突然心头一动，一句话冒了出来："老师有个困难，不知道谁能帮我个忙？""老师你说！是啥事儿？我们来帮你！"大家嚷嚷着。"地主"们的仗义劲儿又上来了。

"噢，是这样——"我告诉他们，我女儿想了解一下我目前生活工作的这个地方，这个学校，以及班里学生们的情况，可我老是抽不出时间写。我"作难"地说："唉，谁能帮我写封信呢？"

"老师！我帮你写！""老师，我写！"众人欲救我于危难，豪气干云。

"那好，今晚就写这封信好了，明天我瞧瞧谁写得让我满意，就寄谁的信！"我说道。心里夸着自己，高，实在是高。

对于明天信的质量，我其实没抱多大幻想。要知道，从接这个班的第一天起，我就发现，该班语文学习状况很让人揪心，字丑句乱文不成篇的人比比皆是，学习习惯相当欠缺，为了迅速改变这种状况，激发孩子们学习的兴趣，我可是下了不少工夫，动了不少脑筋，所以，每天忙得连写封信都顾不上，好在，以心换心，学生们似乎被我的干劲感染了，如今，班风学风都大为改观了。这次，信写成啥样倒是其次，能有这么多人热情参与，可不就是最大的收获？要知道，平日让他们动动笔有多难！

第二天一早，"信"收到了。让我不敢相信的是，全班竟无一人拖欠，花花绿绿的信纸看得我眼花缭乱。一看之下，我又"作难"了——写得好的太多了，真不知该寄谁的。瞧！张谷雨的信——

"雪儿，我的好女儿，你好吗？我是你的妈妈，我猜想你现在一定很高兴看到这封信吧！你在家要听爸爸的话，等以后有时间了，我会带你到我现在教书的地方来玩。在你没来之前，我先给你介绍一下这个地方吧——这里叫竹溪，有山有水，虽然没有城里那么大，那么繁华，但我在这里很开心，因为，学生们对我很好。我们的校园不大，院子里有几棵桂花树，开的花可香了！……好了，妈妈还要批改作业，下次妈妈再给你写信，现在已经进入冬季了，注意别感冒，多穿几件衣服，特别是早上要戴上手套，我会想着你哟！"

看！皮聪聪的信——

"亲爱的宝贝儿，首先妈妈祝福你快乐。你不要怪妈妈不陪你过圣诞节，因为妈妈工作忙，需要给你的大哥哥大姐姐们上课。我准备了几个小玩意，回来时带给你，你会喜欢的！我在这儿挺想你的，想你给妈妈背唐诗的样子，想你天真可爱的笑容，想你快乐生日时候的甜蜜时光……"

这一封是夏志伟写的——

"亲爱的妹妹，你好，我对你并不熟悉，但是我听你妈妈，也就是我们尊敬的陈老师经常提起你，从陈老师口中，我得知了你是一个活泼可爱的好孩子。我现在读六年级了，六年级的几个班中，我们班是最差的，经常有几个调皮的学生闹得课堂不能安静，也包括我。但陈老师不嫌弃我们，把我们当作自己的孩子，我们也把老师当作知心朋友。老师给我们开展了许多既有趣又能丰富课堂的语文小游戏，像成语接龙、讲故事比赛、背书比赛、朗读比赛、编故事比赛等等有趣的活动，我们玩得可带劲了……"

一看下面这歪歪的字，就猜出是调皮鬼熊雄写的——

"哈哈，我是快乐而又年轻的圣延（诞）老人，今年的圣延（诞）节我会让你过得很开心而且很奇妙的！先让我施点法术带你飞到你妈妈身边看看吧——这里青山绿水，胜（盛）产茶叶，山下的学校就是你妈妈工作的地方……"

肖丹的信居然写在大树叶上——

"嗨！你好，我是传递快乐的绿叶仙子肖丹，今天主要是将你妈妈的情况传递给你！你妈妈陈老师在那里过得很好，虽然班里常有人惹她生气，给她添乱，但那只是少数人，大多数人都把她当妈妈看，她不仅是我们尊敬的老师，还是我们心中的偶像，她能背200多首诗，发表过许多文章呢！我真替你高兴，因为你有这样一个了不起的妈妈！……"

还有一封配着"插图"的信——

"……我的女儿，这里空气真新鲜，学生们带我转遍了山里的角落，这儿有你喜欢的许多小动物，牛呀、猪呀、羊啊什么的，我打算下学期把你也接来，你一定会大开眼界的！……"

……

一封又一封，令我目不暇接。男孩写的，女孩写的，"天使"、"仙子"们写的，角度不同，风格各异，有的软语温存，有的诙谐幽默，奇思妙想令人刮目，字里行间的暖暖情意让人动容，我坐在信堆里"听"着孩子们"替"我说话，"替"我回忆，"替"我感叹，心中百感交集——他们笔下那个可亲、可敬又可爱的美好形象是我吗？我曾在他们淘气的时候大发脾气，我曾对他们的学习灰心沮丧，我还曾……孩子们却只记得我的好！多日来的辛劳和压力，此刻全化作了一股暖流涌上心头。

是啊，孩子们多么淳朴，多么细腻，多么善解人意啊！这一气呵成的七十六封信，无论是长的，短的，流畅的，还是不太通顺的，此刻在我的眼里，篇篇都是佳作，字字都是珠玑，它们正闪着光，凝着爱，跃动着情意，环裹着我，慰藉着我，无限地感动着我。看来，胸中有真情就一定能写出好文章！可不是嘛，言为心声，有感而发啊！刹那间，对于习作教学的思路我好像也豁然开朗起来。

我定定地、愣愣地坐在桌前，想了很多很多，也盘算了很多——下节课就来开它个"一封家书"欣赏会，顺便点评一下信的书写情况，对了，我也可以写上一封《致我的七十六个孩子》的信，写好后念给学生们听听，真的，我现在就能想见他们听信时的陶醉样，说写就写！至于以后嘛，我还得多捕捉一些稍纵即逝的"灵感"，多发掘一些"堂而皇之"的"理由"，逗小家伙们多写几篇好文章，多感受一些生活的精彩，也多留存一些毕业前的美好记忆，这样，当一年后我与他们挥别的时候，才是真的有资格再对他们说一声——我，爱你们！

欢迎陈老师回家

　　我自己也没有想到——我，这个来自六百里外的支教老师，会在半年里和学生们好成这样，我喜欢和他们在一起嘻哈玩乐。他们也因此更黏我了，挺好。

　　他们不知道从哪里听说我要到邻近学校去上节公开课，竟在课上七嘴八舌愤愤地要求："别去！老师别去给他们上课！"我问："咋了？为啥别去？"又都不说话了。一个胆大的笑着说："他们说，怕那里的学生表现太好，你喜欢上他们，不回来了！"我笑了，说："保不准哦，要是真喜欢上的话嘛，我就留那儿。""不嘛，不嘛，求求你了。"众人一齐夸张地叫着。我说："那就给你们个机会，看这两天表现得好不好喽？""放心，绝对好！""谁敢不好轰他出去！"他们决心满满，口气很大。

　　他们的担心是有原因的。

　　别看我跟他们整天打成一片，他们也黏我，其实，这个班的课是相当相当"不好上"的，"逗他们玩"的过程，我其实也是相当操心、相当费力的，为什么呢？因为，这是一个声名远播的"著名班级"。

　　如果不带这个班的课，我可能永远也不会知道"乱班"究竟能"乱"到什么程度。接班不到一周，我就开眼了——这上课哪儿叫上课呀？说话的，下位的，喝水的，还有吵吵打打的，甚至还有上讲台冲老师做鬼脸的，无奇不有，肆无忌惮。一节课下来，老师能心情平静地走出教室那几乎是奇迹，被该班学生气走的老师一个接一个，在岗的也都处于硬挺状态。班级"名声"可大了，学校也十分头疼。而我，来这儿支教接的正是这个班，这个闹心的"问题班"。怎么办？我问自己。

　　得想法子，先下手为强。我开始行动了。趁他们对我这个新老师还有点新鲜感，我先上了几节让他们感觉"很好玩"的语文课——学一学，乐一乐，歇一歇，赛一赛，在学习中穿插游戏，在游戏中开展竞赛。他们挺兴奋，我的幽默细胞也被激发出来了，时不时地说个笑话，把他们逗得哈哈笑，教室里的气氛常常被我煽乎得热火朝天，当然，我还得密切地盯紧那几个思想容易溜号的人，一发现有个"风吹草动"，我必须在第一时间"拎"他们一下，发言啦，板书啦，等等，并大大地夸奖一番，弄得他们不好意思折腾。

我打仗似的过着每一天，日日总结心得，研究战法。

在与他们边接触、边观察、边想办法的过程中，我发现，班里的学生都知道自己班"名声不好"。我问："谁说你们不好了？"他们说："各科老师都说我们最差！"说的时候，露出些沮丧和不平。这个细微的神情提醒我，他们并不服气和甘心呀！我说："怪了，我怎么没发现你们差呀？瞧，咱们班读书的声音又响亮又优美，上课发言多积极，大伙儿对老师又好，每天上课开开心心的，咱们哪儿差了？"他们显然很少听到如此美誉，不太适应地愣了一下。我又说："要说缺点，谁没有？我看咱们班主体是好的，同学们的整体水平可以说也是相当不错的，我昨天还跟办公室里的老师说咱班好呢，纪律好，思想活，热情高，可是——"他们都紧张地望着我："可是啥呀？""可是人家都不信，说我吹牛！你们说气人不？"我"怄气"地拍了一下讲桌，心里夸着自己：灵感啊，可以当演员了。

"小瞧人！""哼！气人！"众人鼻子都气歪了。

"可不是？真气人，"我说，"我当时就跟他们说了，牛皮不是吹的，火车不是推的，你们要是不信，可以到我们班来瞧瞧！已经说定了，明天一早，老师们都来咱班听课，咋样？怕不？"

"不怕！来就来！怕个啥？""是的，谁怕谁？"瞧，志气来了，个个做保家卫国状。我笑了。

不用说，第二天的语文课来了个超水平发挥，军容整齐，既灵活又有序，发言踊跃，思路开阔，整节课可圈可点，给我，也给他们自己挣足了脸，从此，班级名声大震，士气空前高涨，我又趁热打铁地开展了多项语文活动，也就是他们说的"游戏"，什么成语接龙、故事会、过目不忘赛、朗读擂台、课本剧表演啦等等，人心凝聚，学习效率极高。

可没几天，班里那几个活宝又捅娄子了！打架、旷课、欺负残疾同学……我忍不住地火了，发大脾气了。女孩子们在日记里说，陈老师发起火来可真吓人啊！的确，一时间，我感到身心俱疲，很累很累。

几天后，去邻校讲课的事按计划进行了，之后，我又去了几所更边远些的学校，参加了教学交流活动，辗转一周后返回。不知班里情况怎样，我还一直操着心呢！刚跨进校门，我就听见有人在叫："陈老师回来啦！陈老师回来啦！"一看，楼上一排小脑瓜在向我使劲挥手呢，我也仰着脸冲他们微笑着挥挥手，一会儿工夫，男生女生一大群已飞奔到了我身边，团团围住我，有的问这问那："你去哪儿了？都七天了！""好怕你不回来呀！""是的！我们以后再也不气你了！保证！"有的则兴冲冲地望着我笑，拉我的，扯我的，还有抱我的，引得路人侧目。我被簇拥着上楼进了班，一个女生说："陈老师，你看！"黑板上写着一行大大的字——"欢迎陈老师回家！"字旁还舞动着一串美丽的彩色花边。

还能说什么呢，我突然感觉眼眶一热，欢迎陈老师回家，好暖人的话！欢迎陈老师回家，多难得的情意！是啊，有人念着是多么幸福，被人需要是何等满足。

"丁零零——"上课铃响了，我深吸了口气，缓步走上讲台，舍不得擦去黑板上的那句话。

一首写给学生的诗

翻开一本用破了的旧语文书，十一册课本，在目录那页的空白处，赫然写着一组句子，红色墨水的字迹，散乱而激扬，跃动的情感一气呵成，连字里行间些许的涂改也透着兴奋和欢喜——这，是一首小诗，一首我为学生即兴而作的小诗，一首淌自心底，有感而发的小诗……呵，那一段日子仿佛又出现在我的眼前。

炉火正旺，办公室里的老师们正围坐在炉边，静静地批改着各自班上的作业。我，这个来自远方的支教老师，也早已习惯了山里的一切，和大伙围坐在一起，凑在火边改作业。可，静不下心改。

笔老是停下来，老是想笑，上午教室里黑板上的那句话让我一直兴奋到现在——

这不，我奉命到更偏远的一个山里学校去"送课"，一去几天，不知班里的小鬼们怎样了？有没有惹乱子？有没有啥"情况"？要知道，这可是个相当"不省心"的班。我急急地赶回学校。

近来我有个发现，孩子们越来越黏人了，下课时，他们总是淘气地拽我，拍我，拉我，扯我，甚至"欺负"我，不过，我真的很喜欢这种不分彼此的感觉。要知道，开学初刚刚认识他们的时候，面对这群野马似的孩子，我还曾苦恼地问过自己，这样的乱班可怎么教？要知道，为了扭转这个著名的"问题班级"，我下了多大工夫，费了多大脑筋，吃了多少苦头，琢磨了多少办法，才有了今天的"战果"呀！现在，学生们一天见不着我，就会到处找，我似乎也离不开他们了，瞧，走了不过几天，却感觉特别想见到他们。

我想明星出场无非也就是这种效果吧——"陈老师回来了！陈老师回来了！"欢呼，叫嚷，拥抱，问这问那，好像我出了趟国。我被欢喜的孩子们牵拽着、拥簇着进了教室，然后，看到了黑板上大大的一行字——"欢迎陈老师回家！"全班同学热烈地有节奏地齐呼着："欢迎回家！欢迎回家！"我受宠若惊，缓缓地恍恍惚惚地迈上熟悉的讲台，环视一张张可亲的脸孔，感觉有泪要涌出……

火苗在跳跃，火光在闪烁，炉火边的我愣愣地坐着，陶醉着，重温着，感慨着。是啊，远离家庭，远离亲人，在这里，班级可不就是我的家？学生们可不就是我最亲的孩子？仿佛有千言万语，此刻不吐不快，抓过一本语文书，随手翻开一页，就着手中改作业的红笔，我情不自禁一气呵成地写下了一首粗糙但无比快意的小诗《我的宝贝我的家——献给六四班全体同学》。

读了两三遍，自己很感动，有了个决定。

当我把这首小诗抄录在黑板上，并告诉学生们这是我送给他们的新年礼物的时候，当我迎着孩子们惊喜崇拜的目光，清晰地真挚地大声朗诵这首诗的时候，我仿佛听见了自己心底里的声音。

教室里静极了，我全身心地、感慨地朗诵着这首生平第一次写给学生的诗，语调之温柔，令我自己叹为观止。

孩子们全都愣愣地，听傻了。我说："怎么？连点鼓励都没有啊？""哗——"热烈的掌声骤然响起，潮水一般漫来，那一张张兴奋的小脸上写满了惊喜和感动，洋溢着说不尽的甜蜜和满足。

"别光拍手啊，"我说，"诗人热切地等待着读者们的评论呢！"

"老师，我！""老师，点我！"小手都举得老高老高，有的甚至站了起来。点谁呢？有了。

"啊——好滋味我要慢慢品尝！请大家把你的感觉写在一张可爱的小纸条上，明天让我一个人悄悄地读一读，好吗？"

"好！好！老师，我可以把这首诗抄下来吗？"

"老师，我可以给你写首诗吗？"

"我也要写诗！"

教室里一下子忙开了，抄诗的，作诗的，还有评诗的，下课铃响了没一个人出去。我笑了。

第二天竟然下雪了，山中苦寒，桌上放着的是孩子们刚刚送来的"小纸条"，大大小小，花花绿绿，果然可爱。我像个丰收的农夫，开始愉快地品尝果实。一"尝"之下，竟是五味杂陈。

第一张——

　　"今天将成为我终生难忘的日子。陈老师写了一首使我感动至深的诗，献给我们这个被别人称为'乱班'的六四班。以前，我们班同学经常把陈老师气得不说话，可是，就一句'欢迎陈老师回家'竟然使陈老师为我们写了一首诗，相对而言，我觉得我们不配得到这首诗！我很惭愧……"

　　谁能想到，这竟是最淘最皮的夏志伟写的。我从不知道，在他满不在乎的外表下竟有着这样细腻的一颗心。我突然感到，我以往对学生们的了解，仅仅是个皮毛啊。

　　哦，一张绿色的小条，是赵楠的——

　　"听着老师的诗，我的内心有很大的热气散发到全身，你看我们的老师和我们大家多么亲近呀！并且，我觉得陈老师是一个多么有诗情画意的人啊！我长大一定要像她那样。"

　　我笑了，多可爱娇憨的小女生！下一张条儿上的字很纤细很清秀，不用说，准是张岚的，这个话少沉默的孩子会说些什么呢？——

　　"这是我读过的最深情、最让人感到温暖的诗。老师说，这是她送给我们的新年礼物，可是，我不这么认为，因为，我的生日快到了，我觉得老师的这首诗好像是为我准备的生日礼物一样。这首诗是我今年收到的最好的礼物！下面的小诗送给您——《谢谢您，老师！》。一首诗/一首深情的诗/一首诗/一首温暖的诗/一首诗/激励我不断前进/谢谢您，我的恩师……"

　　嗯，很有点诗的感觉，不错，生日快乐啊，我亲了一下卡片，接着换了另一张，竟然是杨敬文和皮聪聪两个男生合作的——

"今天，天气非常冷，但我们的教室却暖融融的。以前，从没有老师送给我们诗，我们班是别人瞧不起的差班，但陈老师却为我们写了一首诗。我感到老师对我们是真心的，'你中有我，我中有他'多么深情的一句话！老师每天要改很多作业，很累，却还满脸笑容，还老对我们的父母夸我们的优点，我们不好好学习怎么对得起老师！新年之际，献给您一首诗，作者：21世纪大诗人皮聪聪，插图：著名画家杨敬文，题目：《我们的妈妈我们的家——献给亲爱的陈老师》我们的教室，/就是我们温暖的家。/家中陈老师，/就是我们的妈。/她和蔼可亲，/她美丽无瑕，/仿佛在对世界说：/看，我是幸福的妈妈！/我们的教室，/就是我们温暖的家。/家中有姐妹兄弟，/我们像春天的花。/你帮助我，/我帮助他。/仿佛在对世界说：/瞧，我们是幸福的一家！"

小家伙，还挺会套用嘛，行！活学活用也是个本事呢。

看着，想着，乐着，感动着，好像往日的思虑，多日的劳乏也都一扫而去了。

接着又读了很多纸条、卡片，很多首诗。没想到一首诗竟然引来了这么多首诗，超值啊。每一首都让我不胜唏嘘，感慨不已，最后，感觉最深奥的诗句，出自胖小子李波鬼画符的一串字——

"我的心跳就是老师的世界/老师的心跳就是我的世界……"

乍一看，莫名其妙，仔细一品，很有味道、很有水平啊！

纸折的仙鹤，树叶做的书签，手绘的圣诞老人……孩子们的礼物占满了我的小桌，也占满了我的心。

窗外，雪正飘飘，远山逶迤，长空寥廓，望不见远方我的家乡，但此刻，分明的，我被浓浓的亲情围裹着，缠绕着，浸润着，陶醉着。品尝着这种亦师亦友水乳交融的纯纯情意，我庆幸自己和孩子们的这一场缘分，我感谢孩子们赐予我的生活的情趣和意想不到的灵感，我也相信，如能拥有一颗坦率、真挚、感恩的心，无论是教学抑或生活，都将会好诗不断，风景无限。

老师，我不想说真话

那一天的黄昏刮着些小风，我正拎着包走在家访的路上，身后慢吞吞跟着的是我这次家访的对象徐龙，他愁眉苦脸，一副大祸临头的样子。

"陈老师，别去我家了吧，我错了，请你原谅我！"徐龙不止一次地这样对我说着。我也不止一次地对他说："徐龙啊，不是跟你说了吗？老师这次去你家，绝不是告状和问罪，主要是和你父母沟通一下，看看后一段时间怎样配合起来帮助你学习！"我又补了一句："我还打算跟你父母说说你最近的一些进步呢！"

他的脸上依然是惨雾愁云，他的愁是有原因的。

几十分钟前，他正站在我的办公室里，面对我"为什么要抄袭作文？"的质疑强词夺理，一双大眼傲然迎视着我，无悔且无畏。而且，关于在课堂上大嚼口香糖、随意调笑、沉迷网吧、拖欠作业等等，他都能理直气壮地给出自己的一套说辞。

再后来，他对抗性地沉默。看着眼前这个桀骜不驯的男孩，想到他一身的"问题"，我断定他身后的家庭"不简单"。对于刚刚接手的这个班级，学生们的情况我了解得并不多。想到这里，我伸手掸了掸他肩膀上蹭的灰，柔声问他："家住哪儿？离这儿远吗？"看他表情松弛了些，我又说："老师想到你家里去看看呢！"

一听这话，他顿时很紧张，不迭声地冲出来一串："陈老师我错了！请你原谅我！我不应该抄袭作文，不应该上课吃口香糖，不应该拖拉作业，不应该破坏纪律！我以后再也不敢了，请你原谅我！"

他的反应让我只有一个感觉——他怕我去他家。所有的认错只是迫于这种恐惧而已。他此刻的慌乱与前番的无所畏惧简直判若两人。

"你很怕我去你家？"我问。

"是的。"他埋下了头。

"告诉我为什么？"

"我爸会狠狠打我的。"

接下来，在我的追问下，他讲到了关于他家庭的一些情况——家里开个公司，自己是独子，父母很宠爱，尤其是父亲对自己的学习要求很高，每天晚上都检查作业，辅导学习，要是听说在校表现不好，一定会动怒并且动手的。我又问起他抄袭作文的事，他说家里给买了很多课外书，自己懒得读，作文写不出，只好抄一篇了事。

我对他能敞开心扉和我交谈感到欣慰和振奋，他一再地请求我不要去他家更让我感觉到很有必要家访一趟，和他父母好好沟通，共同来帮助这个急需帮助的孩子，这帮助当然不是打。

他继续请求甚至是哀求我别去家访，为了让他明白我的好意，我向他保证绝不提犯错误的事，只跟他父母商议一下后期如何帮助他。

看我去意已决，他很沮丧且不安。天知道，等十几分钟后到了他家里，我方才明白——这孩子为什么不愿意我来。

小街尽头昏暗的灯光下，我看清了那块破败招牌上的字"油坊"，一位干瘦的妇女在向我们来的方向张望。徐龙走过去说："妈，这是陈老师。"徐龙妈妈有些不明就里，愣愣的。听到声音，徐龙爸走了出来，四五十岁的样子，黑黑的脸，油油的外衣和双手，他热情地招呼我进去坐的时候和儿子对视了一下，徐龙躲闪地走到一边，不知所措。

店里摆满了油桶油缸油罐，几乎插不下脚，众人忙乱了一阵才找了把椅子让我坐了下来。接过一杯茶水我说："哎呀，可能耽误你们生意了！不好意思！"徐龙爸说："哪里话！"随即警觉地问："是不是徐龙不好好学习了？"同时剜了儿子一眼，按照我们之前的约定，我首先跟徐龙爸汇报了一下徐龙近来较为良好的表现，比如参加班级卫生监督岗啦，有时能够不懂就问啦，等等，但徐龙爸好像一直等待着我转折性的下话。

我说："是这样的，徐龙爸爸，一家一个孩子，谁不希望他好？我想了解一下徐龙在家的表现，以便能更好地帮助他。"

徐龙爸伸出四个手指头："老师，我有四个呢！俩丫头俩小子！"

啊？徐龙不是说自己是独生子吗？我惊得连忙望了徐龙一眼，这孩子羞得无地自容。

在接下来与徐龙父母的交谈中，我才知道了，他们一家来自外地农村，租来的这两间小屋既是店又是家，徐龙是个超生的孩子，两个姐都已出嫁，徐龙爸妈包括他哥都小学没毕业，辅导不了他学习，生意也忙，很少和他交流。他自己也不争气，贪玩，有时爹妈外出进货，让他在店里卖油，他就把卖油的钱拿去上网或者乱花掉了……

我听着，一时真不知该说些什么，让人吃惊的是——徐龙对于自己家庭的介绍居然是"虚构"的！

可，为什么呢？

我沉默地望了望徐龙，迎着他那难堪而又哀怜的眼神，我似乎又一下子都明白了——是啊，在独生子女小公主小皇帝成堆的今天，自己居然是个超生家庭的老四，这说得出吗？卖油的爹妈又老又没文化，这说得出吗？家里脏乱得插不下脚，这说得出吗？自己每晚趴在一张破板凳上写作业，这说得出吗？这些，都说得出吗？说不出，说不出啊！优越的家庭，温馨的亲情，独子的地位，父母的关注，这都是他可望而不可即的呀！透过他的眼神，我分明地听见他在说——"老师，请原谅！我不想说真话！"

刹那间，我看到了一个青春期少年羞涩的自尊，看到了这孩子对于生活的一种绝望的憧憬，也看到了一个学习上无助、精神上无依的孤独灵魂！我更看到了自己工作的疏漏和方法的简单！是啊，当了十几年的班主任，以塑造灵魂的"工程师"自居、自豪，甚至自傲，有多少次真正"深入"了解过自己"熟悉"的学生？带了无数的班级，做了无数的思想工作，又有多少次是浅尝辄止，是在真相之外沾沾自喜、自鸣得意呢？羞愧啊，面对徐龙，我不禁又怜惜又自责。还是想想自己能做些什么，能补救些什么吧！

我喝了口茶，解围地说："徐龙，你不是说你有不少课外书吗？拿几本给老师看看好吗？"谁知他站起来窘迫地搓着手，对我说，其实他没什么书，仅有的一两本早不知扔哪儿去了，找不到了。说完就再也不敢看我了。我一时语塞。

在后来的谈话中，看得出，徐龙很怕我会揭穿他。我心情复杂地完成了这次家访，此时已是万家灯火了。

告辞的时候，我特别关照徐龙爸妈，一定要鼓励徐龙学习，徐龙是个灵活又重感情的孩子，希望他们今后能抽出时间多跟孩子交流，多关注一下他，少让他上网打游戏，以后我会每天给他补习的。临走时，徐龙低声说他送我，我说不用了，并悄悄交代他，明天放学时留一下，我会送他几本特别好看的故事书。另外，我又加了一句，当父母的不容易，要争气！

不知怎的，夜风中的我突然也想对自己说，当个老师不容易，更不"简单"，也要争气。

右手粉笔左手书 ——陈海燕教育漫笔

重温受批评的滋味

一场计算机应用能力考试即将来临，几日来，我忙着备战，耗在电脑旁急得是不眠不休，这不，练着练着又蒙了，我赶紧向孩子爸求教，他过来给我讲解完后撂下一句："你连这么简单的都不会呀！不知道你是咋学的！"一听这话，我突然很"受伤"，正想狠顶他一句，又猛然感觉这话耳熟，哦，对了，这不是教室里面对学生时我嘴边常挂的话吗——"你连这么简单的都不会呀！不知道你是咋学的！"

想到这儿，我一时语塞，暗暗吸了口凉气，木木地、愣愣地坐了很久，感觉不是滋味儿。

是啊，仔细想想，多少年没有受过批评了？我几乎已经忘记了受批评的滋味和感觉了呀！身为成人的我们，似乎生活在一个远离"批评"的空间，一旦有了错误或者不足，朋友给你的是婉言相告，领导给你的是提醒和暗示，同事们给你的可能只是一个含蓄的眼神，从脱离学生身份的那一天起，我们就已经和直白的"批评"永远地作别了呀！有着职业自豪感和神圣感的我，自我要求一直很高，教师忌语里的什么"傻瓜"、"笨蛋"等等我从来不说，也不耻于说，对自己教学语言的纯净有着相当的自信，然而，"你连这么简单的都不会呀！"这句不知曾被我说过多少遍的话，这句口头禅一样无意识的感叹的话，此刻听来，却如此刺耳！

"你连这么简单的都不会呀！"——这顺嘴的一句，这看似平淡的一句，细想起来，言下之意实在很多，批评有，嘲讽有，指责有，居高临下颐指气使更有。我不禁汗颜，并极力地回忆搜索起类似的"不是批评"的"批评"，什么"你怎么还记不住？""我对你已经无话可说了！"等等，这些往日不经意的话经我此刻一"过滤"，感觉确实颇具"杀伤力"，联想到当时学生听后的那种自卑无助的眼神和手足无措的样子，我诧异于自己内心的粗糙和良善的缺失。

是的，在工作的忙乱中，我们一次次原谅着自己的"小节"；在生活的奔波中，我们一天天支付出自己的激情。面对灵动鲜活、至纯至真的学生，我们的确是需要给自己"加加油"、"提提神"了！

感谢今天的意外"刺激"，感谢此刻的"受伤"体验，重温了受批评的滋味后，我庆幸自己又能以一个孩子的心境去感受、去体味了，我不禁想到，"换位思考"对于教师来说是多么的必要和重要，疲惫的日子里，不要忘记给自己情感的土壤浇浇水，不要让自己的心日益"坚硬"、日渐"麻木"，让我们做一个敏感而细腻的人，这样，才真的有资格与敏感而细腻的孩子们为伍啊！

右手粉笔左手书——陈海燕教育漫笔

一言既出

又是一个新的学期开始了，我的心情好得有些莫名，可能是一种职业冲动吧，那种接新班，带新生，与他们一起开始一段崭新生活的感觉让我跃跃欲试。

几个照面打下来，学生们显然是被我吸引住了，他们毫不掩饰对我的好感，并且不断地用目光、话语、动作等孩子的方式来亲近我。

"真好！"我对自己说，同时我告诉自己还要加油。趁热打铁，在一次晨会上，我对全班五十三名学生说："孩子们，快乐就像一支神奇的魔棒，它能使我们的课堂成为乐园。我决定，从今天起，每一天都微笑着走上讲台。如果我忘了或者做得不好，请大家提醒我！"哗——是掌声！孩子们的回应让我感到这个决定是多么的英明。好了，接下来就是要言出必行了。

几天下来，我感觉到，微笑进课堂对我来说似乎毫不费力，因为，这是我一贯的作风，更何况，我是一个能够沉醉于教学的人，我感到自己在荡漾着笑声的气氛中更能捕捉教学的灵感，学生们在逐渐熟悉我教学特点的同时，更惊异于我不拘小节、恣意言笑的性格，这使得我的语文课更加的谈笑无忌，热火朝天。

好景不长，一连几次的作业批改，让我乐不起来了，部分学生的一些问题逐渐暴露出来——拖欠作业、卷面潦草、课外无阅读习惯等等，我感到有一部分学生习惯性地在应付学习任务，甚至多次提醒依然屡教不改。

丁零零，又上课了，我心事沉沉地走到教室门口，想到曾经的承诺，只好强颜欢笑地走上讲台，但不知怎的，笑容很快凝滞在嘴角。

不久，在学生的周记中，我读到了这样一些话——"敬爱的陈老师，您知道吗？自从这学期认识了您，班里的同学有多么开心。大家都说我们的陈老师是世界上最可爱的老师，您对我们的爱像泉水滋润着每一个同学的心，您的每一节语文课都让我们回味无穷，别的老师上课前都对学生说：'同学们好！'可您每天都对我们说：'亲爱的孩子们好！'我们高兴地回答：'亲爱的陈老师好！'这让我们多么欢喜呀！您的笑容让我这个胆小的女孩也全身放松了。可是最近，您的笑容怎么少了呢？而且也不像原来那样灿烂那样美了，有的同学说，您的笑容像是装出来的。为什么会这样呢？我们多么希望您再变回原来我们刚刚认识的那个陈老师……"类似的文章，还有好几篇，读毕掩卷，真是百感交集。

孩子们的话语多么真诚，他们肯定我一切的优点，感谢我给予他们的欢乐与温情，更把自己的心里话向老师表白，他们爱我，他们爱那个笑靥如花、神采飞扬的我！可最近，我的表现确实有些退步了啊！想到这里，我思绪难平，怀着一份自责与歉意，我决定好好反省一下。

又是一天的晨会，我微笑着走上讲台，清了清嗓子，迎着学生们晶亮的目光，我打开一页信纸，朗声读道："工作反省——"啊？老师也写反省？学生们惊讶。"近一段时期来，由于工作中遇到的一些问题，我的教学态度不够热情，我对同学们的笑容也少了，由此造成了一些不良的后果，如影响同学们的学习积极性、影响教学质量、影响了师生感情等。这些不良后果让同学们不快，让老师自己也烦恼，并且丝毫不利于教学问题的解决，同时也严重违背了我在开学初对大家许下的'微笑进课堂'的诺言，常言道，言而无信，不知其可！老师不想做一个言而无信的人，更不想因此而影响了咱们师生在点点滴滴中建立起来的纯洁美好的情谊。亡羊补牢，犹未晚矣，既然已意识到了问题，我决定要努力改进，在今后的日子里，请大家看我的行动并给予我一如既往的支持……"在学生们惊异的目光中，我一口气念完了这篇反省。教室里静极了，随后，哗——我诚恳的表态让全班同学不禁激动地鼓起掌来，听！掌声多么热烈！在领受这掌声的同时，我更加深切地感觉到，这其中包含了学生们对我多少的期许和鼓励啊！

随后的日子，我针对不同的问题各个击破——拖欠作业的，我找你谈话，帮你分析作业畏难原因；书写潦草的，我请你细看优秀作业，美丑对比，相形见绌；没有阅读习惯的，我在全班范围内开展"读书擂台赛"，激发斗志，将你卷入"人人读书、读书光荣"的洪流……每一次谈话，每一项活动，微笑都是我的开场白。一次次，当心急火燎、身心倦怠时，我都在心里告诉自己："微笑！微笑吧！这是你工作最好的润滑剂！"日子在一天天地过去，在真诚的交流和激励中，"问题"逐渐不再成为问题，而我，也在全身心投入工作的过程中，悟出了一句话：微笑着面对生活，生活也会微笑着面对你。

第二辑　行走记忆

记得当时年纪小，
我爱谈天你爱笑。
有一回并肩坐在桃树下，
风在林梢鸟在叫。
……
不知怎的，
想起了这几句歌词。
我想，没有什么
比年轻时候一同成长
更美好的事情了。

我曾那样注视过你

我常常想，在一个人的成长过程中，来自同伴同事的影响是巨大的，因为朝夕相处，因为耳濡目染，更因为一种无处不在的潜移默化的熏习。

我常常庆幸一件事情，庆幸自己那时没有因此误入歧途。我师范毕业参加工作的第一位师傅姓房，说是师傅，其实不同学科，我教数学，她教语文，我俩搭一个班，她是班主任。由于是新手上路，很多事情，我都学着她的样儿做。她教书有些年了，管班有一套，我摆不平的事情，她总能轻松搞定，因此，我对她颇为叹服。看我态度还好，她也对我倾囊相授。有一天，我正为班里一个爱捣乱的"皮蛋"极度闹心，房老师见了，附耳传授我了个"绝招"，一听之下我暗自心惊，或许是我还太"嫩"，我觉得自己的心都有些哆嗦——因为房老师告诉我，掐拧耳朵某部位非常疼但可以不留下任何痕迹，她百试不爽，人见人怕。天哪，我傻愣愣地好久回不过来神，只记得自己混沌中竟恭维了句"房老师您真有经验"。我捧着这"绝招"无措，甚至在自己耳朵上进行了测试，最终的结果是，我觉得我根本下不了手，若干天后，我像吃了个苍蝇一样地在心里小结：不能这样做。也就是从那时起，我在心里和这个师傅再见了。

我职业生涯的第一个师傅竟然……所幸我的脑瓜子还转了几转，没有顺着她指引的方向前进。但我很快就发现，其实，我已经很像她了，训学生的口气，瞪学生的眼神，暴躁的脾气和凌厉的声调。

好在我很快走出了这种状态，我在用心地工作和不停地思考中渐入佳境，我找寻到了一个教师如鱼得水的窍门，我品尝到了与孩子们耳鬓厮磨的甜美，我庆幸自己有一颗足够柔软的心，能用来疼爱我所有的孩子们；我还庆幸，我有一双算得上敏锐的眼睛，可以看清前行路上的沙石瓦砾与芳草碧茵。

在此期间，我也学会了观察，学会了一种对身边人的深深的注视——学校里有那么多同行，有年长的，有年轻的，有资深的，也有和我一样是菜鸟的；有的老师多才多艺，有的老师默默无闻，有的老师慢条斯理，有的老师雷霆万钧，有的老师披星戴月，有的老师举重若轻，有的老师用心在教，有的老师用力在教，有的老师乐此不疲，有的老师疲于奔命……不一样的同事，不一样的类型，我总能在有意无意的注目中，在若隐若现的思索中，渐渐沉淀自己的判断，在一次次的接触中，感受只属于他或她的种种特点。我的注目让我看清了一个事实——绝大多数老师都是非常可敬的，他们身上有着这样或者那样的特长和优点，值得我一辈子细细学习；绝大多数老师又都是非常可爱的，他们各异的性格里都包裹着热爱教育、热爱孩子的无比醇美的情怀。我为自己能和他们并肩共事深感幸福。

边看边学，边学边看，一晃，我教龄有 5 年了。我也由新教师成长为领导和同事们看好的"重点苗子"，其间完成了从教数学到教语文的转折性过渡。我带的班级斩获荣誉无数，我个人也取得了市级优质课一等奖、市级论文一等奖等好成绩，我的心像饱胀的风帆，感觉天宽地阔。在这种状态下，我进入了一个飘飘然的阶段。

就在这个时候，我注意到了她，学校的另一个"重点苗子"——莉。

应该说，那段时间，我的成绩比她稍好，我在总体态势上略胜她一筹，但莉为人亲和，工作出众，种种优异表现让我颇为欣赏，很快，我们在并肩战斗中成了惺惺相惜的好友，彼此常感"英雄所见略同"，相得甚欢。

她总来我办公室找我，我也总到她办公室看她，要好的感觉就是总想黏糊在一起。那一天，我又去找她，正赶上她跟班里一个学生谈话，我就坐在一边看报纸等待。前面谈了些什么我也没关注，等得有点急了，我抬头望向她那里，只见他们的谈话即将结束，莉站起来，对这个学生说："那我祝你成功！来，握个手吧！"她伸出手迎向那还有些害羞的孩子的手，用力地握了握，说："你一定行的！加油！"那一刻，这个男孩用力抿了抿嘴唇，用那样一种庄严而又深深感动的眼神凝视着他的老师，仿佛要抑制着不让泪水流出，他用力点了点头，哽咽着说了句老师再见，离开了办公室。

这一幕画面带给我强烈的刺激——"那我祝你成功！来，握个手吧！"多么真诚而富有感染力的话语呀！多么热切的眼神呀！孩子在老师温暖的一握中饱受激励，心潮激荡。有了老师的一句"你一定行的！加油！"，还有什么战胜不了的困难呢？反过来问问自己，我，在工作中常自诩优秀，我有过跟学生这般贴心的交流吗？我有过跟学生这般浓厚的情谊吗？我跟学生握过手吗？我为学生鼓过劲吗？——没有啊。我满足于把班级管理得纹丝不乱，我沉醉于把学生调理得服服帖帖，我习惯于领受学生对我的敬畏，可是，和今天的这一幕相比，我感觉我和莉在教育境界上的差距何止是千里万里！我还在教书匠的层次打转转，而莉的状态，已然上升到教育艺术的高度，已然上升到师生心灵共振的层面，境界呀！最让我惭愧的还不仅仅是这些，要知道，这个小男生我也教过，换句话说，莉是从我手里接的这个班，而我，教了这班孩子一年多，从没在他们眼睛里看到过刚才这种动情的目光，从没和他们一道感受过刚才这种动心的场景，唉，差距呀！

从那一天起，我收敛起了心头所有的飘飘然，饬令自己全面反省，与此同时，我也更密切地注视那些值得注视的人与事，身边更多同事的精彩瞬间也被我点点滴滴收入眼底、藏入心底、融入灵魂里，成为自我滋养自我修正的心灵鸡汤。我感觉自己带班的风格在变，自己看学生的眼神在变，自己讲课的语调在变，自己的心气也在一点点地变。

因了这层敬慕，我也就和莉走得更近，没好意思同她说起自己的心思，只是更多地留意她工作的方式方法，品味她处事的一举一动，她那对学生对同事对家长的一腔赤诚令我唏嘘和感佩，越发坚定了要向她多学的决心。因为年纪相仿，又都是单身，我俩在一起话题很多，关于服装，关于对象，关于梦想……俩人很快成了闺蜜。

两个热衷于教学的年轻人最经常的话题，当然还是班级、课堂、学生。记得有一次，我们又在一起侃班级，说起自己的班级自己的学生，俩人都有说不完的话，好像抢着介绍自己的宝贝，越说越爱，她说起自己班里一个女孩如何出众，作文如何精彩，书法如何拔尖，叹道真是个人才，我立刻兴奋地说我班里也有一个好宝贝，超级出色！朗诵冠军、作文冠军、演讲冠军、书法冠军、唱歌冠军……好得不得了。我大赞特赞，感叹中又带着些自豪。聊到最后，莉叹了口气，幽幽地说了句，其实啊想想看，教这样的学生也没啥意思！——我听了她这话，非常意外，愣了好一会儿，方嚼出话中真味：学生什么都好，老师能给予他们的就很少很少了。我又一次真切地体味到了莉的不凡，看到了自己与莉的差距！自己满足于学生出色，而莉追寻的是教育价值的体现，因此也就可以更深刻地理解了，为什么莉对待班里的学困生那么有耐心有爱心，甚至百折不挠，不离不弃。她关爱每一个孩子，尤其关注那些有特殊需要的弱势孩子，她是要把时间和感情更多地捧给那些最需要的孩子们。我做得怎么样呢？境界上是不是又差着一大截呢？

就这样，莉再一次拉升了我的精神高度，升华了我的学生观、价值观，给了我心灵深处又一次的冲击和荡涤。

时间过得真快，在这样的比照、揣摩与体悟中，我们俩都迅速地成长起来，几年下来，我俩相继都评上了省级优秀教师、省级骨干教师等荣誉，在学校里，也成了不分伯仲的中流砥柱，在各自的年级组发挥着重要的辐射作用，我们感到既幸福，又充满激情，俩人也越发珍惜彼此的心意。尤其是我，为有这样的一个朋友感到高兴。

记得一个忙碌的学期后，我们迎来了快乐的暑期旅行。多么兴奋啊！甩掉一身的疲惫，奔向奇丽大自然！天蓝水绿，幽谷寻芳，我们一百多号老师全都变成了开心的小孩，笑着，闹着，走到哪里都是欢声，大家开心极了。来到一处深山胜景，真美啊，那树，那天，那落叶，那溪流，那虫鸣，那鸟语……大家纷纷拍照，赞叹，有的跑上跳下，下水踏浪，边玩边闹，边吃边喝，不亦乐乎！我独自走向一处宁静的幽谷，心里想着，这般清幽的景致闹腾过去岂不可惜，让我静静享受吧。好一处幽深的所在！密林，冷沁沁的空气让人暑气全消，身轻如仙。深呼吸，啊，这醉人的空谷幽香！想不到的是，蓦然一瞥，溪流边，我竟看到了莉。看样子，她是先我一步而来，她正舒服地坐在溪边的石头上，没有发现我的到来。她托着腮，望向溪流的眼睛陶醉地眯着，宁静的脸庞上浮现出些许隐隐的笑意。

我没有叫"醒"她，免得扰了她一场清梦。但她那向着溪流凝神的样子，永远地印刻在了我的脑海，如同一帧小清新的快照，带着山野之风，携着天籁之音，定格在了那年那个暑假的那一天里——庐山，1996。

一次不期然的遇见，更像是两个相爱的人于心灵后园的一次美好遇见。我说不出自己为何如此感慨，我想，茫茫人海，能相知相惜总有些因缘的吧。心有灵犀，或许可以解释这一切。

做教育的人，该有一颗怎样明澈的心呢？我想，这该是一颗能静能动的心，静时如莲，暗自芬芳；动时如火，暖彻心房。这种芬芳，由内而外，氤氲在你途经的所有地方，引路人驻足，沁人肺腑；这种火焰，由外而内，点燃你注视的所有人，蓬勃而有力，燃烧不息，升腾不止。

我庆幸，在我行走的路途中，一直有你，有你们，或静或动，总给我以启迪，让我看到自身的伤疤和补丁，让我升腾起见贤思齐的心劲，让我知道，教育，可以这么美好。

我曾那样注视过你，在你不曾知晓的时刻。

我曾那样注视过你，曾经一样有梦一样青涩。

谢谢你。祝福你。

右手粉笔左手书——陈海燕教育漫笔

致我曾经的同事孙老师

    孙老师，下面这些话，我从没同你说过，觉得矫情，说不出口，但一直在我心里，想告诉你。那天，指导孩子们写"感动"主题的作文，突然间有一种冲动，想着是不是可以……那么，就让我试着用孩子的视角、孩子的心情和孩子的口吻来写一篇"下水文"吧，也许只有这样，我看到的，听到的，想到的那么多的感觉，才能找到一个合适的表达和释放。

歇歇吧，老师

    就要走近您的病房了，老师。

    我们的脚步越来越慢了，老师。

    病房的走廊是这样洁净，就像您常领着我们诵读的那条林荫小径。

    病房的走廊是这样空荡，就像您不在的日子里我们没有着落的心。

    可以想见，一会儿推门的情形——

    我们拥在您身边，而您，会嗔怪我们花费了这么多时间走来这里，您的口头禅肯定又来了，"多好的时间啊浪费了"……

    您知道吗，孙老师，看上去，您实在是平凡的，貌不惊人，胖胖的身形，素朴的衣着，但您却像一团火，像一个神奇的磁场，吸引着我们围绕在您身边，哪怕您的唠叨，我们都愿意听。

    没有人相信，您这个信息技术课老师，每天魂牵梦绕的事情竟然是带动更多的孩子诵读国学经典。

    读《论语》，读《大学》，读《孟子》，读《千家诗》，读《声律启蒙》，读《笠翁对韵》……您说了，腹有诗书气自华！

您领着我们读，领着我们背，领着我们比赛。您对每一个诵读的孩子说，真了不起！

从教室到计算机房，排队走去的路上，您规定，边走边背《论语》。

每日课前，先来一首唐诗。

上课结束，再背一首宋词。

放学离校，全体来一段《三字经》或者《弟子规》。听，"父母呼，应勿缓。父母命，行勿懒。父母教，须敬听……"

您在校园的各个角落张贴倡议"经典诵读"的海报，并不时更新，让每一个孩子、每一个班级都感受书香。

您牺牲休息时间，利用暑假，冒着酷暑，自费到北京、南京等地，参加两岸大型"国学经典读友会"，了解海峡两岸读经活动的新动态，了解国学普及的新举措。酷日炎炎，您挥汗如雨，却甘之如饴。回来后，您那样高兴地笑着对我们说，收获很大呀！台湾小朋友都读得很好呢，咱们要加油了！

您不满足于在自己的班级里开展国学普及活动，您号召全校同学都来参与。为了吸引大家，您设计了"经典诵读考级冲关比赛"，您向全校同学承诺：每周二、四的中午十二点整，想要考级的同学到三楼露台找孙老师，只要通畅地读出某章节，就算考过一级，考出一级，会有奖励。

多少个中午，您守在三楼露台，接待来自全校各班级的考级的同学，他们排着队，等着读或者背给您听。您笑眯眯地听着，不时纠正几个字或者几句话，最后总忘不了拍拍孩子的头说，棒！好样的！

也有很多时候，露台上没有一个孩子来，但是，我们看到，您依然站在那里，等在那里，守在那里，风里，日头里，甚至是雨里，等着、盼着或许有孩子要来读给您听。

全校同学都知道，学校有个孙老师，读经的孙老师，国学发烧友孙老师，能背很多很多经典的孙老师。也有人说，您是疯狂的孙老师。

的确疯狂。您竟然在自己居住的社区也办起了免费"国学推广班"，您在校门口和社区都贴出了海报，告诉双休日愿意读经的孩子和居民，到孙老师居住的小区公园集合，免费教学！

社区的人都知道了，社区有个孙老师，读经的孙老师，国学发烧友孙老师，能背很多很多经典的孙老师。也有人说，您是另类的孙老师。

另类吗？您又笑了，您说，不患人之不己知，患不知人也。

您组织我们参加市里的国学知识大赛，很多同学获了奖，您却说，辅导老师就不要写我了，写班主任好了，他们都很支持的哦！

走到哪里，您都夹着本书，要么《论语》，要么《孟子》，我们知道，您一是要自己读，二是随时检查我们读。您对那些不解的眼神说，读经多好哇，提神，补气，滋润呀！

我知道，您是要我们做一个真正的中国娃。

您说，老祖宗的话说得多好啊，背吧，现在背了一辈子忘不了！

读，读，读。

背，背，背。

我们因您而斯文，校园因您而儒雅，社区因您而风度翩翩。

您开怀的方式真的很老土，您挥着手说，孩子们，今儿高兴，再来一段吧！我起个头——老夫聊发少年狂……

可是……

很久没有海报了，很久没有考级了，很久没有读经比赛了，甚至，连您的课也没有了。

您消失了。

是的，您病了。

听说，这病，不轻，很不轻。

当生活中最熟悉的一段旋律戛然而止的时候，力道是非常大的。没了您的笑，没了您的骂，没了您遍布校园的大大小小、花花绿绿的海报，我们还有些不适应了。

三楼露台上，您在哪里？

想您。

又很怕来看您。

……

但我们，还是来了，没有带鲜花、水果和什么礼物。

每人带了本书，约好了，每人背一段给您听，很熟练，很熟练，您肯定特满意。我们还想好了，要对您说——好好歇歇吧，老师，三楼露台有我们几个顶上呢，您放心。

……

就要走近您的病房了，老师。

我们的脚步越来越慢了，老师。

病房的走廊是这样洁净，就像您常领着我们诵读的那条林荫小径。

病房的走廊是这样空荡，就像您不在的日子里我们没有着落的心。

……

老师，我们来了。

孙老师，两年了，不要怪我这么久没来看你，其实，我，我们，孩子们，都——想——你。

后记： 今天刚刚得到消息，孙老师去了，昨晚。朋友说，天堂里没人读经，所以把孙老师叫去了……也许吧。

右手粉笔左手书 ——陈海燕教育漫笔

研"读"六人组

我们二年级语文教研组一共六人，几近退休的宋，正当壮年的刘，刚由数学转教语文的易，漂亮聪明的小徐，稳重可人的大徐，外加一个爱开玩笑的陈——也就是我，这个六人教研组的小头头。在每周一次的教研活动中，我们总是围绕教学实际问题畅所欲言，既严肃又活泼，既直率又亲密，每次活动结束时，大有恨短之意。

一次教研活动中，小徐说："研来研去的，我看不如来把书好好读一读。有时一忙起来，书还没读熟就要去上了。"我说："是的！我同意！其实我老早就想来练读书了，怕你们反对没提。"大家一听，表情各异，刘好奇地问："咋读？"我说："就读下一个单元课文，一人选一篇，自己练，然后挨个儿读，大家听了之后评一评，怎么样？""我看可以！"小徐马上说。刘迟疑了一下也说可以。"我怕读不好啊！"易有点勉为其难地望着我。"又不是参加比赛给你打分，怕啥？"小徐为易打气。我环顾了一下大家，煽动说："来！挑课文吧！没事的！"翻到第二单元目录，小徐很快挑了一篇《月亮湾》，刘挑的是《古诗两首》，易反复比较挑了一篇《蚕姑娘》，大徐说："我也读《月亮湾》吧！"我说："好读的都被挑了，我读啥呢？"众人说："不好读的才见水平！读《快乐的节日》吧！"我做了个受委屈的鬼脸，大家一阵笑。"宋，你呢？""我听你们读就行了，我就不读了。"大家一听不干了，叫嚷着："都得读！都得读！"刘替宋拿主意："就读《古诗两首》，短得很！"宋微弱地抵抗着，翻开了书。

"好！开始练！"我愉快地说。我翻到《快乐的节日》开始出声地入情地练起来，开始有几位还不好意思出声，后来，大家都放开练了，就都扎实地准备起来，毕竟，待会儿要挨个儿读，读不好是有点难为情。听着朗朗的读书声，似曾相识，但，这又是多么新鲜呀！

片刻之后，我说："可以开始了吗？谁先来？"无人应声。我说："小徐读得好，小徐先来吧！"小徐清了清嗓子开始读："月亮湾……"大家打断她说："站起来读！站起来气顺！"小徐笑着站了起来，开始读："我的家在月亮湾，月亮湾是个美丽的村子……你们不要都盯着我好不好？"大家笑起来说："你在教室里读还不是好多人盯着你！"小徐又读起来，不愧是朗读高手，抑扬顿挫，声情并茂，读毕掌声一片，我说："我觉得第二自然段后面还应该读得热烈一点，读出桃花灿烂的美。"大家让我试试，我一试，都说好。刘说："得记住，指导学生读的时候也要注意这一块儿。"大家都在书上做了个记号，然后都练了练这一部分。之后是刘读，刘音色敞亮地读了《古诗两首》，大家鼓掌。小徐说："'随风潜入夜'这一句好像应该读得轻一点，陶醉一点。你们听——'随风潜入夜，润物细无声'。"大家也试着读起来，品了一品，肯定了小徐，并在书上做了记号。轮到易读了，她紧张得不行，使劲地深呼吸，拍胸口，说："比在教室里读还紧张！"大家都说："不紧张！开始读就不紧张了！赶快开始！"易很认真地读《蚕姑娘》，读一会儿，我们叫一阵好，还有人在提示："表情！表情！"她渐渐不慌了，情感也出来了，读得可真是不错！在热烈的掌声中易呼了口气坐下来。大徐说："该我了！"她读《月亮湾》，吸取了前人的经验，读得很顺，大家说不够兴奋和喜悦，让她再来一遍，她就面带笑容地读，声音美多了，她自己也很高兴。就在宋要读《古诗两首》的时候，突然打下课铃了，宋说不读了，大家说："把门关上，读！"宋一读之下十分惊人，她原来有着这么亮的音色，大家一片唏嘘，说和她平时说话的声音一点也不一样，挺好听的，就是个别字音有点没咬准，语气有点小问题，瑕不掩瑜，掌声为宋响起来，宋摆摆手笑了。最后，我读了《快乐的节日》，大家说真有激情，某某地方语气还要斟酌，我看了看表说："回头再练，要上课了，同志们，撤！"

　　那以后，读书成了我们教研活动的保留项目，大家越读越放松，越读水平越高，由最初的独诵，发展丰富为后来的多形式朗读，如齐读、引读、分角色读、表演读等等。大家以读书作为集体备课的序曲，引发教学的灵感，相互品评切磋，交流沟通，大大地促进了教学。而深入的研"读"也使我们二年级语文教研组享誉全校，如今，这已成为校内外同行们争相效仿的特色活动。

喜欢了二十二年的一首诗

　　1991 年春天，我师范即将毕业，学校课程以实战训练为主，老师们经常布置的一项作业就是上课演练。上课演练其实就是自己备好课，在讲台上开讲，只不过台下听课的都是同学和老师，比较滑稽，很多同学不适应，不是晕场，就是笑场，班主任非常不满，要求大家严肃对待。

　　上课演练中比较重要的一环常常是朗诵、讲故事或者表演，那个时候，我窃喜的是，家里有一本宝典——《现代儿童文学精品赏析》，哪里来的想不起来了，很厚的一本，里面全是好东西，诗歌、故事、剧本，中国台湾的、新加坡的、中国香港的……太多了，以我当初的眼光看来篇篇不俗，都是上课演练的好"子弹"。相比同学们展示的诸如《神笔马良》之类老掉牙的桥段，我的训练成绩总是一路领先，我知道，这就像如今导演票房不错时常说的那句"本子好"。

　　好本子绝不能糟蹋。每选定一个训练篇目，我总是"全方位打造"——先吃透文本意蕴精髓，再对每个句段进行精心的表演设计，精细到每一个语气词的拿捏，精细到每个句子的体态语呈现，精细到句与句、段与段之间停顿时间的把控，精细到每一段背景音乐的遴选，精细到进场退场方式的设计……总之，几近疯魔。之后再以狂轰滥炸之势将其背熟，熟到几乎"绕口令"的程度，开始进入模拟演练阶段。对着镜子练，对着录音机练，对着父母练，对着被窝练，对着梦里的自己练……当我在班里展示作品，大家交口称赞的时候，我心里说，我累死的脑细胞你们哪里知道有多少。

　　记得有一周，新演练任务布置下来，班主任说，本次演练项目是"儿童诗朗诵"。我心头一动：我最喜欢的那颗子弹终于要派上用场啦。

　　台湾诗人张晓风的作品《我希望我的房间是……》。

真真是一首好诗。我已经记不清自己曾无限爱慕地朗读过多少遍了，每读一次，都是余香满口，身心俱醉，那字里行间跳跃着的一份奇幻、纯美和娇憨，让我浮想联翩。更让我惊异的是，表达，居然可以这样恣意而为，天马行空。

　　在那个几乎读不到什么好的儿童诗的年代，我认定，这是个一望而知的好东西。我喜欢到无以复加，大叹：一顾倾城，再顾倾国。

　　我记住了一个令我无限怀想的名字——张晓风。

　　当我再一次捧读这首作品《我希望我的房间是……》，我感觉和以往任何一次捧读不同的是，我正用裁缝凝视好布料的眼神在打量这一行行我已经十分熟悉的文字。

我希望我的房间是……
张晓风

　　其实，我很喜欢我的房间。

　　那是一间有墙壁、有门窗、有小床和小枕头的屋子。
　　妈妈常把房间收拾得干干净净，
　　爸爸也常来教我做功课。
　　而且，我的故事书、玩具也都放在那里。
　　还有，嘘——小声点，
　　我还有些别人不知道的秘密宝藏：
　　就像一个螳螂卵啦，
　　路上捡来的半只眼镜架子啦，
　　五颗跟阿美换来的玻璃珠和三只新蝉蜕下的空壳啦……

　　可是，有时候，我希望我的房间跟现在不一样。

　　我希望我的房间有轮子。
　　这样，我就可以开着它跑，
　　我要开着它一直跑到我搬了家的朋友那里，跟他一起玩。

我更希望我的房间长了翅膀。

这样，我就可以飞到很远的地方去，

我要去看一看在美国念书的舅舅和在日本做生意的表叔。

他们看到我一定吓一跳

——而我却只笑一笑，

不告诉他们我怎么跑去的好方法。

有时候，我希望我的房间是一艘大船，

我自己是船长，很神气地站在船头，对水手大声说：

"走！我们到钻石岛去装一船钻石回来。"

我也希望我的房间是一艘潜水艇。

这样，我趴在窗口就可以看见许多只大章鱼、大鲨鱼、电鳗、珊瑚、龙虾。

——也许还有美人鱼呢？

还有，要是我的房间是太空梭，那该多好呀！

我要穿好太空衣坐在里面，等着出发到火星或冥王星。

我已经想好了太空梭的名字，叫"全垒打一号"。

我也希望我的房间是原始人的山洞。

黄昏的时候，我从森林里打一只全森林最凶的野猪回来，

让妈妈烤给大家吃，可是野猪牙我要自己挂在胸前。

偶然，我也把我的房间假想成一座大皇宫。

我穿着织金的衣服，戴着金皇冠，坐在金宝座上。

——不过，那样不舒服，金帽子太重，一定压得我脸上发红。

我特别希望我的房间是一间魔术小屋。

墙壁是太妃糖，窗子是巧克力糖，枕头是面包，毯子是鸡蛋煎饼，

水龙头流出的全是橘子汽水！

哇！那该多好！

有时候我躲在房间伤心。

因为我想象我的房间是一座高大坚固的城堡。

而我是一个打败仗的英雄，

明天就要被人拉去杀头了。

可是我一定不投降，大英雄是不怕死的。

天气冷的时候，

我真希望我的房间是一个圆圆的茧。

而我是一个变了蛹的蚕宝宝。

舒舒服服地躺在绵绵密密温温柔柔的白幕里。

天气热的时候，

我又希望我的房子是爱斯基摩人的冰宫。

每一面墙都是冰砌成的，

那一定比冷气房还凉快，

——而且不要交电费。

把房间假装成学校也很好玩，

我做校长、老师和小车司机。

洋娃娃和狗熊都变成了学生，

我还开汽车载他们上学去呢！

所有的幻想之后，我最最喜欢的还是

——我的房间，我现在的房间。

白天有妹妹陪我玩积木，

晚上，有妈妈在里面讲故事，

早晨，有爸爸叫我起床的一个平平凡凡的小孩子的房间。

还是那句话，好本子绝不能糟蹋。我凝想着如何通过我的表演诠释出这首诗全部的神韵，绝不能辱没了这么好的诗，我决定了，如果实在拿捏不好，我宁愿选择放弃也绝不夹生上场，不能让这首诗因为我蒙羞。

全力以赴吧。

认真设计，刻苦练习，反复揣摩，不放过半点瑕疵。那时候真笨啊，都不晓得把诗从书上抄下来，就直接在这大部头厚书上勾画表演提示符号。舒缓的地方画波浪线，顽皮的地方画一串小圆点，奇幻的地方画气泡泡，停顿的地方画乐谱里的小节线，长时间停顿的地方标个休止符，动作设计嘛，那鬼画符的标注，只有我自己能懂。

练了不知道多少遍，早背熟了。心里有了点谱，但总感觉作品本身太晶莹，我演绎不出全部的神采。

展示的结果还是不错的。当我深呼吸朗诵完最后那一节"所有的幻想之后，我最最喜欢的还是/——我的房间，我现在的房间。/白天有妹妹陪我玩积木，/晚上，有妈妈在里面讲故事，/早晨，有爸爸叫我起床的一个平平凡凡的小孩子的房间"，掌声雷动。我感觉自己整个人都化作气泡，蒸发了，消弭了，虚脱了。

我恨自己薄情。这本曾带给我无限滋养和荣光的宝典，在后来毕业、工作、评职称、找对象、结婚等等人生琐事的磕磕绊绊中，遗失了。

曾经有好多次，当我训练学生们参加朗诵比赛，为找不到好作品捉襟见肘无比发愁的时候，我总是想到这首诗，想着要是能找到这首诗来给孩子们排演，该多好啊。可是，找不到，就是找不到了。岁月无情，当年烂熟于胸的句子，也早已遗忘。唯一记得的，是曾经那么地喜欢过它，追慕过它。

时光倏忽，转眼到了网络满天飞的年代。我也从十八九岁的师范生变成了不苟言笑的中年老师，在烦琐的工作和生活间隙，很少能再想起曾经的那首诗和曾经的那段心情。但每每无意触及，总会愣愣地呆坐凝想片刻，恍若隔世。

曾经众里寻她。但，可以找到的时候，却没了心情。今天中午，不知是触动了哪根神经，我在电脑里搜索了一下，竟然搜到了这首久违的诗《我希望我的房间是……》。

其实，我很喜欢我的房间。
　　那是一间有墙壁、有门窗、有小床和小枕头的屋子。
　　……

　　好熟悉的句子！好熟悉的感觉！
　　只是和我第一次读它隔了整整二十二年。
　　依稀记得当初读它时自己的表情自己的语气和那种对自己豪情万丈的期许，我不敢再开口朗读，怕自己沧桑的声音不再拥有当日的灵动。
　　只默默地看。看到每一行，都是记忆。我的圈点勾画，又都浮在眼前。

　　天气冷的时候，
　　我真希望我的房间是一个圆圆的茧。
　　而我是一个变了蛹的蚕宝宝。
　　舒舒服服地躺在绵绵密密温温柔柔的白幕里。

　　我想，张晓风的这首诗于我，就是一个茧，一个可以让我"舒舒服服地躺在绵绵密密温温柔柔的白幕里"的关于青春记忆的茧，白而有质感。
　　一首诗。喜欢了二十二年的一首诗。
　　好好收藏吧。包括记忆。

教育叙事伴我行

现在都在写教育叙事，好像是个新鲜事物。多年以前，我在读并试着写这类文字的时候，没想到有一天它会叫作教育叙事。只觉得，那些所谓高深的理论文章不是我们一线教师该去摆弄的，细碎地悠悠地闲话一段师生逸事，才是我们做得来而且做得好的呀！

记载的动机往往来自我们对那人那事的一种咀嚼，彼时彼地的起承转合是这样地让我们不忍忘却，这样地再三回味，于是，我们决定记下这故事，记下故事里自己的心情与故事落幕后的思索。有时真的不曾想起自己是在写什么教育叙事，键盘敲下的时候，俨然一部小说的开篇，心中充溢的是讲述的快意与回眸往事的深情。

爱与机智是教育叙事永远的主旋律。有感于课堂上的几次意外插曲，我写出了"课堂上的偶然"系列叙事，《老师失音了》《独角戏进行时》《神奇的一摸》《一言既出》等等；班级管理中的小故事更多，《老师，我不想说真话》《举手·摇手·挥手》《谁让你不注意我》等；下乡支教了，我便写出了一连串的"支教手记"——《落脚》《糖衣炮弹》《谁能帮我写封信》《我爱三组》《欢迎陈老师回家》等多篇；就连在家给孩子讲故事，我还归纳出了一组《亲子共读实战妙招》，另外，像教学技巧类的就更多了，《一节户外语文课》《啊，老师送的书》《研"读"六人组》《括号里的爱》……

每次重温这些熟悉的题目，就像又一次走进了难忘的往日时光，那些人，那些事，那时那地的每一段小小情怀，仿佛又在眼前，它们又一次激荡着我的心，感染着我的情，如同当日。

当一篇篇文章发表在自己心仪的刊物，我总是特别高兴，参赛获奖了，也总是格外开心。是啊，我多么想让更多的朋友分享我教学的快乐，了解这快乐的发生、发展以及高潮，我贪心地想用笔记下和孩子们在一起的一颦一笑、一点一滴和不能遗漏的每一个瞬间。

工作着是美好的，生活在孩子们的世界使我目光如炬，思如泉涌。不为别的，不停地写着只因为——真的爱，好想记。

我亲爱的同行朋友们，拿起笔，写下一段能感动你我，感动所有人的教育故事吧！不停地用眼来看，用心来品，用热情来记。记下吧，你与孩子们真心的相拥；记下吧，灵光一现的育人智慧。当故事一一定格，当青春渐渐远去，我们将含笑回望来时路上的串串印痕。

右手粉笔左手书——陈海燕教育漫笔

你好， 新学期

嗨！马上就要开学了，你，准备好了吗？

我准备好了。

头发做了一下，很精神；衣服也挑好了，是孩子们喜欢的那套绿色运动装；课间喝水用的茶杯，改作业用的红笔，写字用的黑笔，以及刻着"你真棒"和各式"笑脸"的图章全都准备好了，连装教案和办公室钥匙的那个小包也精神地立在门边的柜角，整装待发。

我扭扭腰，伸伸臂，弹跳了几下，对自己说，你真棒！向你学习！

可不是，要开学了。我又不是小学生，竟在傻傻地开心。

——我开心。分别了一个长长的假期，我和我亲爱的同行伙计们又要笑着闹着见面了，夸张的拥抱，亲密的招呼，以及关于暑假的没完没了的讲述和这样的那样的想告诉彼此的话，都会让我们聊得热火朝天，说得津津有味。一个战壕里的战友，你说亲不亲。又要并肩作战了，你说美不美。

——我开心。孩子们又要像小鸟一般叽叽喳喳嘻嘻哈哈涌进校园了，到处都是欢声，到处都是笑语，每一个老师都会被自己的学生拥来抱去，拉着拽着搂着簇拥着环裹着，众星捧月，不可开交。此后便耳鬓厮磨，朝夕不离。被天使热爱着，你说爽不爽。

——我开心。我又能在给予孩子们精神营养的同时获得精神营养，在帮助他们找寻真知的路途中汲取真知，在为他们营造快乐的时候享受快乐，在告诉他们学会感恩的瞬间也向他们感恩：感谢他们的目光让我纯洁，感谢他们的稚气让我灵秀，感谢他们种种的失误与错误让我慈蔼柔情和大度，感谢他们对一切源源不断的爱让我不停止去爱。我们是资源共享的两个新建文件夹，你说值不值。

——我开心。新的一个秋天里，我将迎来自己从教的第十六个学年度，我不再是十六年前那个十八岁的小老师，岁月走了，青春走了，毕业生们走了，不走的是我的讲台和讲台上的我。习惯了，熟悉了，你说舍不舍。

——我开心。我突然发现，我是教师，我是一个想当教师的教师，我是一个想当好教师的教师，我是一个想当教师又想当好教师最终干上了教师这一行的教师，你说巧不巧。

——我开心。我不知道，开学后是带新生还是带原班，我知道的是，我又想出了一连串让孩子们边玩边学的妙招，好想快点试试看，到底灵不灵。

——我开心。我絮絮叨叨说的这些，你，我的同行们，都懂……

记忆闪回
——致我的青葱岁月

今年二十一。我的教龄。

去年此刻，想着自己即将从教二十年，唏嘘之际，曾慨然命笔，题目都拟好了，叫《致敬二十年》，架势很大吧，后来又想想这种自己被自己感动得一塌糊涂的文章，算了吧。

我常常被自己打动。这是真话。

我的过往，我的现在，我的苦，我的乐，我的记得或者忘却的那些日子。

尽管无奇。但它们属于我，只属于我。

那么此刻，就着一盏我爱的雁门苦荞，开始聊聊吧。我一直不明白，这么清醇飘香的好茶，为什么会叫"苦荞"。就像很多人看我们当老师的，总会说，哦，很苦很烦吧。也有比较夸张的说法，很好玩很神气吧。

未曾品过，朋友，我该如何告诉你个中滋味呢。

那就细说从头。

一个师范生的白日梦

我读师范似乎是必然。

我生在教师之家，长在校园之内。父亲是一所高校的中文系老师，母亲是小学语文老师。小时候，我的世界里似乎全是老师，楼道里，家属大院里，瞧去，到处是老师。历史老师的儒雅，英语老师的洒脱，数学老师的缜密，音乐老师的浪漫，政治老师的沉稳，体育老师的矫健，都深深地印刻在我的脑子里，当然了，最亲切的还是爸妈这样的语文老师——那么温暖的目光，那样柔和的音调。

我爱阅读，痴迷于袁阔成的评书和丁建华的配音，对很能写历史故事的林汉达想入非非。

父亲的整面书墙是我的精神超市，回想起来，整个中学乃至师范期间，我都处于一种沉浸在阅读的昏昏然的状态。我翻找，阅读，勾画，抄录，剪辑，朗诵，甚至默写，那些妙不可言的文章辞赋让我感觉奇异极了。

我冥想过柳永，叹息过李煜，对王国维的《人间词话》拍案叫绝，有一段时间，是戴望舒和徐志摩的铁杆粉丝，记得一夜，志摩竟来入梦，他望着我幽幽地说，最是那一低头的温柔，像一朵水莲花不胜凉风的娇羞……

我有六本手抄诗集，本本都是我的命根。碳素墨水的字里行间，用铅笔密密地抄着注释和批注，而每日的欣赏和吟诵则是平淡生活中的一缕好滋味。

在和父亲的聊天中，我知道了莫泊桑的《项链》、欧·亨利的《麦琪的礼物》以及柯南道尔和王尔德，知道了季羡林、李泽厚、赵朴初、米芾、丰子恺、弗洛伊德……我对父亲膜拜得五体投地。

写作文是我的最爱，从小到大，我的作文在班级里没有得过第二。这一点，我很有把握。有一次，师范里一个同学作文分数和我并列第一，其他人欢欣雀跃，庆祝陈海燕终于不是唯一。

语言课也是我的强项，朗诵，演讲，我都很有兴趣，我曾是当年全省师范学生朗诵和演讲比赛的双料冠军。我在美工课上也是风云人物，作品多次获奖。

比较光彩的一面说完了。接下来……

我其他功课很差，尤其是数学、舞蹈，钢琴回课时也比较痛苦，不过这不影响我标榜自己爱好音乐。

我主持学校的各种活动，也有小诗和豆腐块发表在刊物上。师范最后一学期的模拟试教课，我发挥得比我想象得还要好。我觉得自己真是块当老师的料。

心里说，快点毕业吧，我会是个出色的老师，这肯定。

青涩新老师的第一笔工资

出校门，再进校门。一出一进之间，我完成了从生到师的穿越。

1991年9月，我初为人师。对于校长给我安排的数学教学任务，我既意外又有些莫名的兴奋：跟朋友吹牛的时候说自己是数学老师，好像很酷呢！这种心理印证了那句著名的尖刻语录：炫耀什么，肯定缺什么。

开工。

可是，似乎一切都需要向别人打听——你今天上到哪里了？作业布置了什么？这一章是一周上完还是两周上完？单元结束要测试不啊？

摸摸索索，跌跌撞撞。我边学边教。

两周后的一天，教研组长通知说要来听我的课。

天啊。我感觉自己接了一个很大的活。

我把自己能想出来的办法全都堆在了这节课上，精心准备，粉墨登场。想着就算被剐了也尽力了。

好。深呼吸。上课！

下课后，我无比惶恐地等待教研组长宣判。永远也忘不了她说的那几句话——"嘿，不错啊！我第一次听到有人用童话故事讲算式——你让这些数字符号有对白，有心理活动，有命运，孩子们很喜欢！你好好干，一定行！"

啊，我受宠若惊，于是，在数学教学的大道上一路狂奔，干劲十足。

每天都很开心，还有钱拿。真好！我领到的第一笔工资好像是六十几块，我觉得简直多得花不完。

怀揣巨款，我很阔绰地来到新开的一家书屋，《路遥文集5卷》《张爱玲文集4卷》《穆斯林的葬礼》，好，一共10本，买单！

老板说，小姐真是爱书的人。

我很受用。

终于自己有钱买书了。我抱着一摞新书回家的时候，感觉抱着的是自己全新的生活。

不久，我的巨款真正派上了大用场。市里有个演讲比赛，学校选派我去参加。我花光了所有的钱为自己置办了一套行头，打算出去一展雄风。下班后，空荡荡的办公室里，是我反复研磨稿子的身影，我枕戈待旦，志在必得。

名次不理想，是个三等奖。我没好意思把证书拿给任何人看。因为感觉辱没了自己。但是，也清醒地知道——我不冤。高手真的高。我服。

我看到了自己的不足。

意外的是，因为在这次比赛上，我给当时广播电台的负责人留下了比较好的印象，他们邀请我担任电台客座主持人，负责编辑和直播一档综艺类节目，于是我开始了自己业余 DJ 的生活体验。每天上完课，立刻奔向直播间的日子，既刺激又充实。当时我并不知道，这为我将来上无数的公开课，打下了很好的口语应变基础。

开始追星，第一人是……

在教了两年数学之后，学校通知我，语文老师人手不足，你改行教语文。我的数学，就此别过了？刹那间，竟然有些不舍，毕竟倾注了数不清的心血。

从此，我与语文教学携手同行，相知相惜中，一走就是二十几个年头。

初教语文，还是有些手忙脚乱。我苦恼地问自己：你的一身本事都到哪儿去了？混沌惶惑之际，我仰望到了一盏航灯——他，就是魏书生。

第一次听到如此震撼的报告，第一次惊叹于教育的魔力，第一次知道语文老师可以这样迷人，第一次被这个职业重重地"电"到。

好了，就是他了。我成了一个着了火的"魏迷"。

读他的随笔，读他的论文，读他的教学设计，读他的各类发言，观摩他的所有课例。

细细地读，慢慢地品，默默地试，暗暗地想……

字字珠玑啊。

魏书生的文化积淀令我相形汗颜，刺激很大。对，我也要"深挖洞，广积粮"！先从《古文观止》开始吧——"豫章故郡，洪都新府；星分翼轸，地接衡庐……""是以泰山不让土壤，故能成其大；河海不择细流，故能就其深……""初淅沥以萧飒，忽奔腾而砰湃；如波涛夜惊，风雨骤至……"

日日读，天天读，月月读。我为书狂。

读读，背背，抄抄。

我渴望着快点接近那样美好，那样令人心旌摇曳的一种生命形态。我对自己说，这就叫"见贤思齐"，你好样的，加油！

心慕手追之际，我感到自己也沾了不少"仙气"，进步很快。同时，也惊讶于自己是个井底之蛙，仰起头，我看到了那么多闪亮的名字——于永正、支玉恒、于漪、李吉林、贾志敏……灿若星辰啊！

从此眼界大开，心也豁然明朗。

我把全部精力都投入到教学和班级管理中去，观察学生，融入学生，帮助学生。清晨，我早早到校；晚上，我忙着家访；周末，我组织假日小队的社会实践……我的每一个分秒都给了我的班级，我的孩子们。

我忙得步履如飞，忙得不亦乐乎，忙得像陀螺一样停不下来。我高兴地看到，我的孩子们越来越依恋我，就像我越来越依恋他们。

我一边"广积粮"，一边"快产出"——留意积累自己的工作经验，学着写些《魏书生文集》里那样鲜活的教学随笔。写得多了，就斗胆投稿，可是，泥牛入海是我稿子的归宿。我心里说，你不行的。

这时候，教育学院的陆成钢教授鼓励我说：别灰心呀，只要你不停地投稿，一定会有发表的一天！名家的稿子也吃过闭门羹的呀！

感谢陆教授的金玉良言，使我再也没有放下手中的笔，后来的日子里，我陆续撰写了百余篇文章，大都发表或获奖，很多还被报刊和网站转载。一步步行来，我不停记录着自己的教学故事和故事里的悲喜，使我如今回眸，有着那么多清晰的印记可寻可赏。

榜样的力量是无穷的。因为追"星"，使我进入了专业发展的快车道，并深深受益。

啊，原来老师可以这样当

1995 年到 2005 年的十年间，我一边继续埋头经营班级，一边积极参加各级各类教学赛事和交流研讨活动，不放过任何一个锻炼自己的机会。我主讲了省市级公开课三十余节，两项省级课题结题并获奖，每学期教学成绩也一路领先，并先后被评为省级骨干教师，省优秀小学语文教师，省优秀课题实验教师，市教育改革先进个人，市教育系统教书育人先进个人，市级学科带头人，并成为省教育厅教师培训专家组成员，教师职称评审委员会成员。我在市级大型演讲比赛中两度夺冠，终于圆梦。学校、社会都认可我是个不错的老师，很多家长都想尽办法让孩子进我教的班级。

我觉得我找到了做老师的好滋味。

一个偶然的机会，我接触到一本奇异的书《欢乐课堂》，这是由美国"全球学习"组织总裁、大学教师戴安娜·罗曼斯和享有盛誉的"喜剧体育"公司创建人之一的卡伦·科尔伯格共同编写的。两位作者提出了很多同时运用头脑和心灵进行教学的有益建议，突破性地创立了四种幽默风格，帮助教师在日常教学中增添幽默和心灵教学的成分。

这本并不太厚的小册子，颠覆了我之前对于教育者的所有形象定位，引发了我对于师生关系的全新叩问和考量。

在罗曼斯和科尔伯格的笔下，善于变化、热情幽默、快乐爽朗是老师的最大特质。他们认为，老师应该在课堂，这个"你拥有绝对影响力和权威的时段，发掘自身幽默潜能，建立一个充满欢笑和游戏的课堂"。

能想象吗？口哨、铃铛、面具、头盔、木偶、幻灯、小组互动，都是老师课堂上营造欢乐的元素。"尽管学习需要勤奋，但是我们发现，一旦融入了幽默，学习就不再充满恐惧、挣扎或者自卑。"

说得太对了。回想着我们长期以来的"庄重沉稳"的教师形象，我觉得孩子们的课堂真的需要一股更新鲜、更动感的空气了。

这绝对是本实用手册，里面有无数绝妙的小游戏，个个都令我着迷，我跃跃欲试。

试验的结果非常火爆。当幽默和游戏成为我教学的常态，当我在课堂上带着个手偶出现，当我越来越喜欢说笑话，越来越多地拥抱和亲吻孩子，我的课堂也在悄然发生着变化，我的话越来越有号召力，我的班级越来越有凝聚力，我们的成绩越来越有战斗力。

是这本书让我有了一次脱胎换骨的感觉，我开始更多地享受到这妙不可言的滋味了。

再后来，《第56号教室的奇迹》《加拿大课程故事》等书都给了我很多启发和教益。更有趣的是，我从日本儿童文学大师古田足日的很多书里，找到了另一些奇妙体验，关于孩子，关于父母，关于老师，关于这个不可思议的世界……我常常在冥想中飘荡，让心绪随风摇曳，享受来自文字、来自灵魂的灌溉和抚慰。

我似乎越来越明白教师的意义所在。

我也常常为自己曾经犯下的错误彻夜难眠，我冤枉过谁，我苛责过谁，我刺激过谁，我冷落过谁，是的，为了将来不后悔，我真的要更仔细、更小心地做老师呀!

我把自己奉若宝典的几本书郑重摆在了书架的正中位置,疲惫时,焦躁时,忙乱时,沮丧时,只要瞥见书脊上的题目和那清新的封面色彩,我就像注了一针强心剂:加油啊,像他们那样做老师,做一个连自己都喜欢的好老师!

这是缀满故事的一段好时光,每一段缘起都让我无法割舍。这期间,我发表了一系列文章,我也在日志中描述过那段愉快的写作经历。

有人说,当你时时觉得自己很可爱,那么你就是个幸福的人了。我想说,我真的很幸福,幸福得没有时间烦恼。

走过路过体验过

2005 年,我 33 岁,迎来了一个富有挑战的机会——省特级教师评选。那时候市里规定,只有参加过全市"教师全能比赛"并获得市级学科带头人称号的选手,才有资格参评特级教师,我虽已历尽比拼,获得了小学组第一名的成绩,但想到山外有山,我仍感到胜算不大,因此把这次参评定位为"热身",评不上,见识一下也好。也许是降低了期望值,准备工作才显得比较从容。程序比我想象得要复杂很多,填表格、盖公章、报材料、初选、复选、决选、校级选、区级选、市级选、省级选、普查、筛查、抽查……一次次遴选,一层层淘汰,一道道门槛,这种置身"风口浪尖"的特殊氛围,令我既紧张又兴奋。我看到了太多的高手,在无数次气馁之际鼓励自己顶上去,冲上去。好也罢,坏也罢,成也罢,败也罢,豁出去了。上课、答辩、展示、抽签、排队、上场……等到评比进入冲刺阶段,人已经是累得外焦里嫩,骨头也散了架。

幸运的是,我竟然评上了。我成了省第七批特级教师中的一员,看着公示出来的名单中,有那么多是业界很有成就的名师,我既惭愧又不安,感觉自己好像是侥幸撞进来的一个。看着"特级教师证书"上省人民政府的大红章,我对自己说,你要加油,不要辱没"特级教师"这个光荣的称号啊!

评上特级教师,对于自己的专业发展,可以说又上了一个台阶,外出交流展示的机会多了,认识名家的机会多了,关于教学、关于生活的想法就更多了。

我有幸接触到了于永正、沈大安、汪潮、黄亢美、徐鹄、高林生这样的教育大家,也认识了很多年轻的特级教师和新生代名师,并和他们成了好朋友,视野更开阔了，圈子更大了。我先后应邀在杭州、武汉、温州、台州等地讲学近四十场，指导教师数万人次，在全国小学语文特级教师教学峰会、浙江省和杭州市的教研活动中，我执教了一系列公开课，如《夏洛的网》《轻叩诗歌的大门》《威尼斯的小艇》《学弈》《人人都叫我捣蛋鬼》《庐山的云雾》《清明上河图》等等。多年来，我还承担了对青年教师的培养和帮带任务，由于在教师培训方面的突出成绩，我被评为杭州市"领雁工程"优秀导师，同时还被中国教师研修网评为"中小学班主任跨区域远程研修"优秀指导教师。

忙碌的工作间隙，我依然是个寻梦的人。

2009 年 10 月，在杭嘉湖地区"喜迎六十华诞，激情 2009——'寻找最美丽的声音'大型朗诵比赛"中，经过层层选拔，我晋级十强，最终获得"最美丽的声音"荣誉称号。媒体云集的颁奖盛典上，我见到了仰慕已久的大师、电影《佐罗》的配音童自荣老师，并有幸与他同台。我的配乐朗诵作品《祖国啊，我为你自豪》在杭州电视台全程播出。站在舞台上，站在来自各行各业的选手们中间，我是那么自信，因为，我是一名教师。

2011 年 4 月，《永不停歇的脚步——特级教师陈海燕专访》被收入由全国著名语文教育专家汪潮教授主编、浙江大学出版社出版的《名师之魂——小学语文特级教师访谈录》。2011 年 7 月，在庆祝建党 90 周年前夕，我被评为杭州市余杭区"优秀共产党员"，同时被评为杭州市余杭区"十大美丽洲先锋人物"，成为教育系统唯一的获奖代表，多家媒体报道了我的教育教学事迹，我也成了同年 7 月的《余杭教育》封面人物，并在 2011 年教师节前夕接受了杭州丽人广播电台的专访。同年 12 月，我当选为杭州市余杭区第十三次党代会代表，还被推选为主席团成员。由此，我接触到了其他行业的很多精英人物，结交了不少新朋友，感觉从他们的事迹中很受启发和鼓舞。2012 年 5 月，我成为《小学教学》封面人物，该刊"人物聚焦"栏目对我进行了专访和报道，并刊登了我的一组文章。2012 年 6 月，经过组织推荐和网络投票，我当选为杭州市余杭区"十佳文教卫标兵"，再一次光荣地登上政府礼堂的主席台，身披绶带，接受政府颁发的奖章。

荣誉和成绩，就像攀登路上的甘泉，带给人继续前行的动力。问问自己的内心，我感到最幸运的是，能在寻常的工作中找到乐趣，即使在无比劳碌奔忙的日子里，我也时时能拾取灵感的浪花，每每在自己和孩子们的世界里心动不已。

走过路过体验过。一路行来，我感觉风景无限。

领头雁的幸福生活

2011 年的 7 月，对我来说是比较特别的。这个月，我教龄整整二十年，是的，我当了整整二十年的小学语文老师，一路走来，感慨万千，同时这个月，因为工作需要，我调动到了杭州市余杭区教师进修学校，进入师训队伍，成了一名培训教师。

这个蜕变，开始我还有些顾虑：从一线转向了培训机构，我会不会和我深爱的语文教学越走越远？我还有为课堂，为孩子，为教学写作的灵感和冲动吗？

我且行且思。

到目前为止，我一共组办了十多个小学语文教师培训班，有新教师班，也有骨干教师班，有长期班，有短期班，还有网络班。在与老师们相处的日子里，我把自己二十几年的教学心得倾囊托出，和大家分享，为了让他们更快地成长，我不遗余力。我开办的讲座《言语内外的微妙》《教师范读技法概说》《积淀之后的感染》《我的读陶笔记》《读者与渡者》《小学语文教学评价新思考》《我陪孩子们写日记》《爱读　善说　会写——今天这样当老师》《教作文，你准备好了吗》等等，都受到学员们的热烈欢迎。辩论、训练、比赛、展示、参观、调研……我还用丰富的活动形式吸引老师们，希望能够激发出他们学习的原动力，让他们在交流中汲取营养，在切磋中碰撞火花。

此刻，夜幕初垂，老师们送我的鲜花静静地开在我的桌上，即将写完这篇文章的时候，我感觉脑子里就像放电影，一部平凡但绝无雷同的电影，它属于我，只属于我。

让梦随风，让爱相随，当某天，还有什么能入我梦，亲爱的朋友，必是你们。

记得曾相约
——致我们的小语同人圈

永芳刚刚下楼，挥别的时候，我对她说："加油！"她笑着点点头："我一定加油，陈老师！"

忙碌半日的倦乏，因了她的这一句话，刹那化为一种甘美的欣然。小风吹来，坐下啜口茶，感觉这半天时间过得有种说不出的美好。

—— 一早得知俞赛息、朱纯刚他们在语文教师素养大赛中摘金夺银，我就立刻在QQ群里昭告天下，普天同庆了一番，大家都为他们高兴。

——为永芳磨课。她渐入佳境，终至豁然开朗，而我竟对这篇教了无数遍的老课文，突然产生了些新想法、新点子，真真是意外收获。

——素芬在群里对我说，她特意为我做了一方电子印章，可以用在课件里，希望我喜欢。我回她一个"熊抱"的图片，外加一句：亲，还是你好！

——杨佳来短信说，是不是安排大伙聚一次啊，就来我们学校好了，等你们！

……

我为自己感到幸福，幸运。因为我感觉环绕着我的，是这样的一个温馨蓬勃的圈子，是这样的一个有情味有生气的"磁场"，是这样的一个充满着理想色彩的合作共赢的群体。

而这一切的缘起，或许是当初大家的那句约定：爱生活，爱语文！

更或许，是我们在语文星空下，最默契最情不自禁的一次牵手。

原来你也……

2011年，教龄整整20年的我，离开熟悉的小学校园，进入师训队伍。我的常规工作就是组办各种区级层面的小学语文教师培训班，长班、短班、骨干班、新教师班……一群几乎陌生的同行走到一起，能融合吗？怎样才能使活动"成气候"呢？怎样让大家找到"来电"的感觉呢？

——我想到了"小语同人圈"这个概念。对，要建团队，要成圈子。

于是，便有了那一次的"吃螃蟹"。

我想到用破冰和亮相的形式，先来一次"轰炸"。后来的效果证明，这个主意太妙了。

每一个成人都曾经是孩子，只是很多人忘记了这一点。

于是，我们的"破冰之旅"开始了——红旗不倒、拼图组团、扑克伙伴、抽签抢答……在惊险的尝试中，在亲密的笑闹中，在比拼的快意中，大家的心防彻底打开了！游戏让每个人都变回了小孩子，找到了"勾勾手，好朋友"的童真情怀，捧腹中相互戏谑：原来你也这么能闹啊！

知道了大家能闹，知道了彼此姓名，这，还远远不够。我们的"英雄帖"很快发出——

邀请函

亲爱的伙伴：

在春日的和风里，我们以"小语"之名相聚在一起，同行相叙，同感同心，这是一件多么美好的事啊！

为了让我们更快地相互走近，相互了解，现郑重发出此邀请函。邀请你、我、他，我们大家，共赴一场心灵的约会。请允许我们，你的同行们，走近你心灵的深处，认识一个最真的你！我们相信，在这样的交流和融汇里，大家都会大有收获。

亲爱的朋友，这次特殊的交流将以论坛形式展开，下面是我们的具体建议——

论坛方案

论坛主题：我最……

论坛口号：爱生活，爱语文！

论坛宗旨：分享·交流·融汇

论坛建议：结合 PPT 演示，围绕主题每人交流 20 分钟。

主要板块：

1. 自我介绍。包括个人成长经历、从教经历、工作成绩、业余情趣等。

2. 围绕主题"我最……"，尽情发挥。

友情提示：我最爱的那本书、我最爱的那支歌、我最迷的那部剧、我最爱的那道菜、我最爱的那幅画、我最拿手的运动、我最爱的那个人（生活中的人、书中的人、剧中的人等）、我最动心的教育故事……

以上是论坛的一些建议，大家可以根据提示进行准备，内容上不一定拘泥于上述提示，也可以依据自己的特点来交流。

朋友们，用生活的眼睛看语文，用语文的眼睛看生活，相信处处有景！来吧，让我们认识一个不一样的你！

期待！

小语人联盟
3 月 5 日

广发"英雄帖"后，大家便分头准备，内心对这次的交流，既有些紧张，又有些微微的兴奋，毕竟，在这么多人面前"讲述自己的故事"是从未有过的呀！

我预料效果会不错，但没想到，会那么的不错。

原来每一个人，都"特有故事"。

听——

乾元小学俞赛息老师讲述了《如歌人生——我最喜欢的那首歌》。

东塘小学曾利清老师讲述了《我最读不懂的人——弘一法师》。

塘南小学朱纯刚老师讲述了《月色边城——我最喜爱的风景》。

乔司小学孟红莉老师讲述了《不一样的烟火——我最爱的书》。

太炎小学盛郭佳老师讲述了《我最想拥抱的人——孩子们》。

仓前小学李国成老师讲述了《掏羊锅——我最馋的那道菜》。

塘栖一小沈素芬老师讲述了《玩得转——说说我最喜欢的玩具》。

东方学校陆超老师讲述了《我的最爱——NBA》。

……

右手粉笔左手书 ——陈海燕教育漫笔

精彩远超乎想象！在悠悠的音乐中，在娓娓的叙说中，在敞开心扉的表达中，台上台下的人，都在一种美好的浸润中休憩，充溢内心的，是一种说不出的深深的感动。

第一轮展示后，伟娟电话我：陈老师啊，我请求推迟一天交流。不是没准备好，是听了前几位老师的展示，感觉他们讲得太好了，自己的构思和 PPT 必须回炉，不然没法上场。

我心里说——真的有触动了，太好了，要的就是这效果！

之后，便是五彩纷呈的一段好时光，我们总是在研修的间隙"论坛"一把，像是工作间隙的那杯咖啡，有点上瘾的感觉。就连我，也忍不住上台"秀"了一次。

这次的论坛着实是"心灵碰撞"了一回，大家不由得再次打量身边的伙伴：原来你也……

原来你也这么逗！

原来你也这么实在！

原来你也这么文艺！

原来你也有这么多鬼点子！

原来，原来你也和我一样啊！

从没有一个时刻，让我们像现在这样地感叹：语文老师真是可爱！语文老师真是可敬！

从此，"爱生活，爱语文"成了我们小语人联盟的终极口号，也成了我们这一群在小语园地里乐此不疲的人的一致追求。

后来我发现，正是因为有了这样的一次心灵交集，我们日后的观课议课等系列研讨活动都开展得异常热烈和顺畅，如同兄弟姐妹一般的热络开怀，让我们这个团队无论走到哪里，都笑声不断，效率超高。

于是此后的多次研讨，我们都以论坛形式展开交流，如《我的一招鲜》《我的教学烦恼》等主题，都反响良好。

思考："情动而辞发"，也许，只有心近了，交流才可能真正有效地展开，而同行之间可交流的，也似乎远不只是教材教法。

这边风景独好

我们为什么相聚？此刻，我能为你做些什么？大家最需要的是什么？……每组建一个团队，我总是不停地在心里自问自答，试图参透研训的要义，试图在面对同行们的时候，能"给出"他们想要的东西。

记得相聚之初，我握着话筒对大家说——培训是什么？培训不仅是我们专业成长的加油站，更应该是我们一线教师舒缓身心的疗养站！

掌声雷动。经久不息。

大家热切的眼神呼应着我内心的一份莫名冲动——我要让这群终日劳碌，一身伤病的"最可爱的人"从内到外地"舒缓舒缓"。

主意拿定，我开始着手研发《最新教师健身操》，甚至开始策划团队体能拓展，并且在培训课程中有机地融入了《行者之歌——教育电影赏析》《言语内外的微妙——教师口语艺术》《语文老师的书法修炼》等等系列主题，让我们的研训菜单"开胃"起来，"舒爽"起来，"灵动"起来。

《最新教师健身操》的研发没想象的那么简单。我首先搜集了大量办公室保健操的资料，层层遴选，条条验证，又结合教师工作特点，自主创编，有机整合。我对着镜子，反复操练，反复琢磨，抠动作，抠节奏，抠配乐，不断地去粗存精，精心炮制。最终确定下来，《最新教师健身操》共含六套操：第一、二套操以活络颈椎肩背为重点，汲取气功意蕴，讲究"身心入境"；第三、四套操以肢体腰身运动为主，兼顾眼耳齿鼻，风格俏皮，动感简易；第五、六套操主练手足膝胯，兼顾腰脊，节奏可缓急相间，亦可因人而异。初稿完成后，我还特意邀请了自己的好友进行"体验"，并根据她的反馈进行了多次修改和完善，最终定稿，并投入使用。

《最新教师健身操》的第一次亮相十分惊艳和火爆。当舒缓的古筝曲响起，我俨然教练一般，一边喊口令，一边示范，一边不失时机地夸赞大家"完全正确！棒极了！""非常不错，注意节奏哦！"台下的每一个人都满含着新奇的笑意，无比认真地跟着我一节一节地操练——

第一套操：活络颈椎
第二套操：舒筋活血
第三套操：柔韧肢体
第四套操：怪模怪样
第五套操：身手不凡
第六套操：相亲相爱

看出来了吧，连每一套操的命名都是经过"考量"的。最受老师们欢迎的是第一套操"活络颈椎"、第四套操"怪模怪样"和第六套操"相亲相爱"，因为，长期批改作业，每一个老师的颈椎都很不好，这样一做，顿时轻松不少，而"怪模怪样"和"相亲相爱"则是含着些游戏色彩的需要同伴合作的俏皮动作，所以，每做到这两节，大家总是笑声不断，又开心，又健身。

可以这样说，在带着大家做操的时候，我看到了最多的笑容，连那些非常严肃拘谨的老教师们，也忍不住地一直在笑，我发现他们笑起来也特别可爱。

我特别希望自己能长久地留住这些难得的笑容。

我想，只要用心，或许可以。

于是，我们的"每日一歌"新鲜出炉了，大家的"课间小唱"真真是开心呀，我们似乎都爱上了这种不断笑着的生活，爱上了这个欢声不断的集体。

的确是发自心底里的一种爱，每一次活动，我的开场白总是"亲爱的兄弟姐妹们……"这是一种情不自禁的称谓，大家似乎也适应了我的肉麻风格，对我的倡议总是一呼百应。我的感觉真是老好老好了。

每天做操，每天唱歌，让我们这群"小语人"个个红光满面，意兴飞扬！谈教学，研新课，磨文章，事事顺畅快意，大家的友情那更是芝麻开花——节节高。

真是磨刀不误砍柴工啊！情绪好了，身体好了，还有什么做不了的事情呢？

大家在一次次活动中相互了解，彼此熟悉，那种惺惺相惜的感觉，让每一个人都深深珍惜，也深深庆幸——认识你，真好！认识你们，真好！

大家彼此爱惜，但研讨起来，却又"眼里不揉沙子"。第一次课堂展示，郑芳说课时的泪水，让每一个人都记忆犹新，或许是优秀的同伴太多，不知不觉中，大家的自我要求也都高起来了，这或许是好事。因为亲近，大伙才会那么不折不扣地帮着梳理问题，诊断把脉，也因为亲近，有泪可以流，有话可以说。

我们的"研线足迹"在不断拓展。走出去，望出去，让眼界更深远些！我们观摩上海特级徐鹄老师的课堂教学，我们聆听杭州名师张祖庆老师的作文主张，我们和小语泰斗于永正老师倾心座谈……我们在这些星光熠熠的名师引领下，心动意动且行动。

还记得深秋里的那次"文化寻访"活动吗？细雨潇潇中，我们一同参观了位于仓前镇的章太炎故居，古旧的廊檐，岁月的遗响，我们抬头张望那大师曾经坐过、倚过、走过的院落和斗室，内心充满了无尽的唏嘘。仰望大师颜容，一份教育的良心静默地溢满心胸，衍化为一种无声的力道，让我们步履沉沉。

教育到底是什么？

我们做教师的，该拿什么给予幼小的孩子们？

……

也许，对于教育者而言，这种沉沉的思量比对教材教法的研究更来得重要和急需，这种心灵深处的参悟，该是真正做教育的人的必修科目吧。

聚散匆匆，这一期骨干班很快到了尾声，四个星期的时间，已经让我们这群小语同人在班里，在课里，在 QQ 群里，在歌声和笑声里，彼此熟识和亲近了。分别时，大家相约常常再聚，留言里写满了情谊，也写满了小语人对于自己专业的一份新的思考——

贴着语文的心爱每一个孩子
云会小学　陈情

……一直觉得，成功的语文教学如诗，如画，如歌，如美酒，它可以让人的心灵荡涤，让人的思想纯净，让人的内心平和。作为一个语文教师，应该纯粹而安生，心贴在自己爱的语文上。或许不够"先锋"，不够"超越"，但却可以踏踏实实地站在地面上，忠于自己的内心，和语文一起充实地过日子。我们的陈老师总是那样自然地读出母语中最温润的感觉，她的每一篇文章背后，都有着一颗贴着语文的心，贴着孩子的心；张祖庆老师醉心于他和学生们共同的博客圈，只有在这里，他才真正和孩子们心心相印，融为一体；徐鹄老师日复一日，在作文本上和孩子们老友一般地笔谈，在他那里，语文就是最知心的交流，就是酸甜苦辣的生活……

　　展望未来的工作、学习之路，将是永无止境而又艰难曲折的，因为，我们是成人世界派往儿童世界的使者，面对一个个鲜活的生命个体，我们有着最为特殊的使命，我愿意在这快乐而无止境的追求中去实现自己的教育梦想，贴着语文的心爱每一个孩子。

写在离别时

乾元小学　俞赛息

青春的脚步渐行渐远
梦想的色彩愈来愈淡
转眼间
岁月幻化成一个黯淡的眼神

是你的微笑
续写我曾经的热情
是你的双臂
承载我远去的梦想
是你的富有
肥沃我贫瘠的心田
即将离别
思念如潮啊
牵挂如藤
于是——

我把思念和牵挂
写在明天的日记里
我把收获和习得
种在我的事业中

我要让

我们的相遇

绽放出

那花一般的绚丽

　　思考：教师最缺的是什么？我以为是一种深层次的人文关怀。营造并利用小语同人圈这个"场"，给予老师们最贴心的慰藉，从而促进其发展，当是今日研训之旨归。

当时年纪小

　　我们的小语圈可不止一个，除了刚才提到的骨干教师群，这两年，我关注最多的，要数这个新教师群了。

　　近五十名"教育新兵"，带好他们也非易事，可以说，要手把手"从头开始"，难度大，战线长，但年轻教师们身上的那种朝气和活力时时感染着我，促使我多动脑筋，多想办法。

　　年轻的新老师们在教学和班级管理中时常会遇到困惑和难题，这时，我们的QQ群就发挥作用了，大家总是相互请教，相互支招，我也参与其中，相机点拨，适时鼓励。因此，我们的QQ聊记录中花絮多多，关于"棘手问题"的探讨，如今再读，依然能嗅到当初的那份热烈。

　　应该说，这样的群体智慧和精神上的鼓励，对这些初为人师的年轻人来说，的确是宝贵的帮助。大家在圈子里互通有无，相互支招，既丰富了经验，又增进了感情，一举多得。而我，也可以通过群里的讨论，明晰当下新教师工作的难点和疑点，为他们设计更有针对性和实效性的研训课程，促进其更快成长。

　　如今的新教师，学历高，眼界开，在我的这个培训班里，光硕士就不少。对于这批满肚子理论知识的新小语人来说，学着把课上好，是第一要务，因此，我们常常组织大家进行课堂演练和说课辩课活动。记得辩论最激烈的是那次集体备课后的小组答辩，我们全班分成了六个大组，分组选择备课，低段是二年级上册30课《我是什么》，高段是五年级下册23课《刷子李》。活动现场，各小组可以说都是群策群力。各位中心发言人在集体备课后上台说课，并接受评委提问，全体组员参与答辩。大家观点碰撞，几经交锋，又经两位导师细致点拨，最终达成了关于语文教学的几点重要共识，而现场那种热烈蓬勃的研讨场面，也永远鲜活地定格在了我们每个人的记忆里。

记得当时年纪小，/我爱谈天你爱笑。/有一回并肩坐在桃树下，/风在林梢鸟在叫。/……不知怎的，想起了这几句歌词。我想，没有什么比年轻时候一同成长更美好的事情了，也没有什么比帮助别人成长更快慰的事情了。不是吗？当我凝视他们无比年轻的脸庞的时候，不也是对自己过往青春的郑重回眸吗？

思考："抱团发展"是新教师成长的窍门之一。在群体中比照，在比照中改进，在改进中完善，并汲取集体精神的营养，其行必速。

明朝有意抱琴来

上午 10 点，我在骨干 QQ 群里喊了一嗓——课间休息喽！保护颈椎喽！

李国成马上回应：陈老师的健身操要开始喽！

我问：我的健身操你们还坚持做吗？

陆超说：没有陈老师喊操，做操没感觉了！

单丽琴立刻说：我有陈老师喊操的录音！你们听——

果然，她把我当初领着他们做操时的现场口令都录下来了，我听见自己无比玄虚的声音和大家开心的笑闹声，忍俊不禁。

我说：单丽琴，你功劳大大滴！

单丽琴回了个笑脸：有了它，我是天天和陈老师在一起做操！

我说：你好，表扬一个！

大家都乐了。

这就是我们的圈子，虽然分散在区里各个学校，也无法时常碰面，但群里一喊，还是热络如初，这种感觉，真的很棒。

有时，她们想我了，或者我想她们了，还会彼此发个无比言情的短信，互诉衷肠。有了开心或者不开心的事情，也总是能有个人说一说，聊一聊。像朋友，又像亲人。有时她们大老远地来找我磨课磨文章，大家便很亲热地喝喝茶聊聊天，非常开心。

今天一早收到张琦短信："陈老师，山乡野笋干是我妈妈亲手做的，细嫩鲜美，里面有山的味道，妈妈的味道。量不多，四包而已，昨发快递，请注意查收哦!"心里一暖,"山的味道,妈妈的味道",真好!是张琦的言语风格。立刻回复她:多谢厚意!喜欢!祝福妈妈身体康健!

建文亲手编结的那幢十字绣小房子,我一直放在卧室的电视机旁,我在QQ里对建文说,一看到小房子,就会想到你。建文说,要的就是这效果。

形散神不散——我们这样形容自己的圈子。

"成长的滋味——新教师联谊会"则是去年秋天我们新教师团队的一场重头戏,活动定位为"分享心绪,激扬热情"。年轻教师们热情很高,联谊活动中,大家以丰富多彩的形式(播报、展示、会演、游艺等)呈现了新教师工作生活的"情态、情趣、情怀"。每组的展示围绕三大版块进行:瞧瞧我们组,成长进行时,魅力新教师。整场联谊会,精彩纷呈,掌声笑声不断,大家意外地看到了彼此顽皮、幽默、多才多艺的另一面,可以说大大增进了了解,提升了圈子的人气,也大大超出了我预期的效果,让我这个幕后"制片人"相当惊喜和得意,就连我们邀请的嘉宾也赞叹说"眼前一亮""后生可畏"。

对于骨干群的老师,很多时候,我会拉着他们"练兵"。比如,我曾布置丽敏、红莉、杨佳等来给新教师上课,她们总是全力以赴,不遗余力,很好地锻炼了自己。平时她们也很上进,常常约我去听课磨课,讨论问题。

此外,我还经常性地督促他们"多读多思多写"。这不,今天一早,我头脑一热就在QQ群公告栏涂鸦了几句:

> 边读边教
> 边教边想
> 边想边写
> 边写边改
> ——共勉

有时,干脆非常直白地来一句"今天你写了吗?",不怕当个惹人烦的"闹时钟"。

只要有时间,我们这群"文学青年"就开始交流博文,互相点评激励,有时还书信往还,探讨问题。一周前收到姚勇的信件——

尊敬的绿山安妮：

　　您好啊！

　　最近拜读了您的连载《记我的学生皮聪聪》，真切的语言，难忘的岁月，让人感触颇多。

　　我是个喜欢读故事的人，读完故事，我有了一个清晰的感觉，那就是——热爱生活的人，往往也是善于创造生活的人。如你，无论扎根在哪里，都能生发出属于自己的"百草园"，耕耘，播种，收获着累累硕果。不因环境、不因阻碍而轻易改变初衷。所以我说，有时不尽如人意的环境反而造就你们那样的师生传奇。

　　皮聪聪是幸运的，他遇到了像您这样的伯乐。你欣赏他，呵护他，鼓励他，让他发光发彩。当然，这孩子也是颇具灵气、颇惹人疼爱的，一如他那俏皮的名字。故事里他那个好主意——10元钱换下您喜欢的诗集，足见这小鬼的贴心和活络，看得出，他是您眼里一匹不一般的小马驹！同时，让人慨叹的是，您的支教生活也因为这匹不一般的小马驹，而变得滋味浓重。在您的笔下，那一段段因他而起的小波澜、小高潮、小转折是多么的让人回味啊！您是幸福的，您在同这孩子一路行来的途中，捡拾到了一个教者足慰平生的"一堆细节"。

　　您讲述的故事，让我很好地理解了泰戈尔的那句话——"使卵石臻于完美的，并非锤的击打，而是水的且歌且舞"。多么完美的印证啊！亲近，呵护，信任，赞赏，心有灵犀的交往，心无旁骛的表达……这一切，不正是教育的圣境吗？

　　您不仅让我明白了与孩子相处的秘密，还让我找到了生活的秘密。找到了这些秘密，会让我们的生活变得充实而美好。故事里的颇多细节，值得一读再读，我从中发现，您正像您自己说的那样"用生活的眼睛看语文，用语文的眼睛看生活"，您用最饱满的爱意与诗意，让孩子们在文学的芳草地上渐入佳境，乐而忘返！也正像有人说的那样"用一颗心点燃另一颗心"，而这颗火种，需要多么强大的力量和持续的热度啊！您和孩子们一同"燃烧"着，创造了有光有热的教学生活！

　　阅读中的感动一时无法言尽，只觉得这涌上心头的感慨，让我受益良多。我似乎更懂了如何与学生相处，甚至如何与儿子相处。谢谢您啊，尊敬的绿山安妮！

此外报告，我班里的孩子们习作水平在不断提高，不光是和您通过信的肖利杭、叶袁园几位同学进步飞速，很多同学都大有长进，就像您写给他们的信里倡导的那样——"文章要注重真情实感，要会揣摩句子节奏，会仿写优秀片段"，您瞧，您的话，孩子们都听进去了！这个学期虽说毕业在即，但写作的质和量超过了以往任何一个学期，没有给您寄来，是怕您累着。下次您来我们这里做客，再拿出来跟您分享吧！

期待您能来！也期待读您更多的好故事。

祝好！

您的小老弟

5月25日

握着信笺，我的内心既感到欣慰，又有些感慨——这是我最早的一批"同志"啊。难得，几年过去了，大家谈起文章、谈起教学，还能有这样的温度和力度！看来，当初的力气都没有白费啊。

今年春天，教育局正式授牌"陈海燕特级教师工作室"，又面向全区新招了几名工作室成员，都是来自各校的朝气蓬勃的优秀教师，带给我们圈子新鲜的气息。大家都很开心，也信心满满。

我们的圈子总是热腾腾、暖融融。前几天，陈琴在群里求助，需要一首适合朗诵比赛的诗歌，大伙群策群力，帮她谋划。真的是一呼百应，同心协力。

我还特别想感谢一下素芬，原因有二：一是她热心地给了我很多好的课件素材，派上了大用场；二是她的一段自拍视频给了我很多灵感，我还因此开发出了一堂新的习作课，真是意外的收获。

咱们的圈子，真好！我不禁又想这么说。

不由得，当年倡议书里的句子又那么清晰地浮上心头——

在春日的和风里，我们以"小语"之名相聚在一起，同行相叙，同感同心，这是一件多么美好的事啊！

为了让我们更快地相互走近，相互了解，现郑重发出此邀请函。邀请你、我、他，我们大家，共赴一场心灵的约会。请允许我们，你的同行们，走近你心灵的深处，认识一个最真的你！我们相信，在这样的交流和融汇里，大家都会大有收获。……

一路行来，我们满心欢喜。

因为，我们都用自己那一颗热热的心践行了当初的诺言。

因为，不管是坦途还是荆棘，我们一直都记得，记得曾相约——爱生活，爱语文。

思考：一个真正富有生机的团队应该具有以下特征：热情，创造，辐射，共赢。而"热情"之所以居首位，正是因为它持续的难度。

春天， 快递里的习作

　　春天的傍晚，风暖暖的。下班走到校门口，传达室大伯叫住我，说有个快递。快递？我的？对，陈老师，你的快递。

　　大伯笑眯眯递给我一个方方的盒子。谁寄的呢？一看，哦，是他呀！——姚勇，大禹小学的青年教师，去年我组办的小语培训四班的班长。培训时，他可是我的左膀右臂，为班级做了不少事情，是个热心的好班长呢。培训结束后，我们彼此加了 QQ 好友，由于都是"文学青年"，曾在 QQ 里切磋文章，互粉博客，彼此虽联系不多，但相得甚欢。这盒子上写明是他寄来的，会是什么呢？摇一摇盒子，轻，空，呼啷呼啷响，估计是个小物件、小礼物。由于我的自行车筐里放不下，只好说，大伯，先存你这里，我明儿来取哦！

　　第二天一早，我把盒子带回办公室，拆开一看，哟，一沓文稿，映入眼帘的是姚勇的一封短信——

　　尊敬的绿山安妮：

　　　　近好？又有些日子未曾联系，有些挂念。诚然，写这封信除了问候之外，还想请您帮个忙。

　　　　这里有我两个学生寒假里的作文小册子，我感觉她们写作的内容与一般学生不太一样，想帮她们改之，却不胜笔力，还得仰仗您这座大山，万不敢奢望您每篇改之，只求点拨一两篇，在这里，我与我的两个学生先向您表示感谢。静待您的回复！

　　　　祝
　　看信时有一份开心！

　　　　　　　　　　　　　　　　　　　　　　　您的小老弟
　　　　　　　　　　　　　　　　　　　　　　　2013 年 3 月

右手粉笔左手书 ——陈海燕教育漫笔

原来如此！取出全部文稿，下面是若干小茶包，铁观音，这就是那呼唰呼唰的声响所在吧！

粗粗翻看，文稿有手稿，有打印稿，有的还配有封面、插图，厚厚的一大沓。当时心里暗想：今天有好多活动安排，也不知道哪天有时间看这些稿子，毕竟是小老弟"不远万里"的快递，总得有个交代。于是，我在 QQ 里给姚老师留言——老弟好！信今收到，感谢信任。茶亦收到，感谢心意！容后回复。

忙乱中一天过去了，稿子我没时间看，但，被我摆在桌上显要位置，作为提醒。

就像被什么牵住了心思，我在忙工作的同时，总挂着这些稿子。给自己下了死命令，明天用一个早上看稿，专时专用。

就这样，这个计划中的早上来了。离我收到盒子，已过了一天多时间。我想，如果不快点回复，怎对得起这份"快递"呀。

六年级学生的习作汇编，不，说是文集更合适，估计是姚勇老师布置的一份寒假作业，当然了，我也知道，六年级下学期有个语文综合性学习活动，就是让孩子们汇编个人文集，姚老师把任务提前分解在寒假里，的确是个好办法！真是个用心的老师。

春日的阳光真好，拿出那只最漂亮的有着美丽花叶纹络的玻璃杯，为自己沏一杯茶吧。

心情莫名有些激动。久违了，作文本！离开一线一年半了，整天忙碌于教师培训的大大小小的班级组织，好久没摸过作业本了。罪过啊。

捧读孩子们的习作，我调整好自己的心情，开始——

六年级孩子的文集，手绘的封面，画面有人物的，有抽象色块的，显然都是自己设计、自己制作的。翻开浏览，竟都像模像样，有序，有目录，有页码，有后记。姚老师说"不求每篇改之，只求点拨一二"，于是我打算，从中抽取几篇细读，进行一下反馈，但翻开第一篇，一读之下，想法就改变了。

值得读。值得篇篇读。

于是，开始随着孩子们的文字旅行。于是，我拥有了无比丰盈的一个春天的上午。

以下文字，我打算发给孩子们和我的小老弟，不能算作习作点评，我觉得"阅读絮语"或者"阅读寄语"这词更合适吧。

当然了，得有个短信作为引子——

亲爱的姚勇老师，亲爱的叶袁园、肖利杭同学，亲爱的603班的孩子们：

大家春天好！

首先非常感谢大家在新学期伊始，给了我这么珍贵的一份礼物和这么浓重的一份信任，我很意外，更觉得美好。

和你们的姚老师，是老朋友了。他是个爱写的小伙子，也很善写，有时我把自己的新作拿给他看，都很忐忑，因为，他眼光独到，点评中肯，是我的好笔友。读过你们姚老师博客里的很多生活随笔，感觉非常轻快真挚，是那种能细细品味生活的人。能细细品味生活的人，才是真正懂语文的人。

你们有这样的班主任，应该感到幸福。可以想见，这样一个懂生活、懂语文的老师所统领的班级，一定是"很语文很生活"的——我相信我的表达，你们懂的。

姚老师寄来的文章是班里寒假作业的一部分，我非常欣喜地进行了阅读，在此，我先要向你们表示祝贺：一、祝贺你们即将毕业；二、祝贺你们成功地用文字这种特殊的方式，为自己的小学生活谱写了一曲最清新的离歌。

不是所有的人都能找到属于自己的"神笔"，所幸，你们有一个能带领你们找寻"神笔"的班主任，这是多么幸运的事情啊。相信姚老师平日里一定想了很多办法来"逗"你们玩文字游戏，一定费了很多心思鼓动你们多读多写，一定也开展了很多评比来刺激你们竞赛吧！有空的话，真想来看看你们啊！

下面是我阅读你们文章后的一些思绪，不是点评，是一种直接的感慨和心情的表达，寄给你们，希望和你们交流！

来而不往非礼也。心里想着，等我有了新文章，也献给你们帮我点评一二，http://888ttt.blog.zhyww.cn/是我的博客地址，欢迎大家去踩，去玩！

好了，正文开始了，希望你们听着不烦——

The heavy wind （沉重的风）

作者：肖利杭　批注：陈海燕

1.《序》。"我没有把几篇读后感加进去，我认为要是为了感而读，是没有意义的。读书的感受是自然的，又怎能强求。"——深度同意。

2.《清风拂面》。喜欢这一句"古朴的凉亭啊，你如一位貌美如花的妇人，岁月夺走了你昔日的容颜，却夺不走你内心的安详。"能体味到这个层次，境界不俗。

3.《天使》。因为心细腻，所以笔细腻。喜欢这样悠悠的表达。但，不喜欢你的字，干柴枯枝一般，破坏文字的若干感觉，淡化读者对你的若干遐想。实话。

4.《鸟之殇》。仿佛看到你凝望"千年鸟道"的沉郁的目光。鸟儿们的不归路上有你的一声叹息。分节叙述的方式也比较可取，小标题建议居中。

5.《孤》。课业间隙，山林探幽，你触目所及，都是感怀，读者亦随你心动。末尾令人瞠目遂莞尔："视角一转，是一个流浪汉避风的港湾，墙上歪歪扭扭地爬着几行字：可怜没有钱，意欲返故园。杭州好挣钱，加油干一年。99 年大年三十。"——奇葩，真是奇葩呀！这个"爬"字用得有水平！你叹："打油诗并不美，却透露出一个打工者的心声。如此孤独的'景致'。"扣了题，也应了景。

6.《坠落》。你为一首诗唏嘘，于是有了这篇短文。西班牙诗人迦尔洛的《猎人》印刻在你的脑瓜里，旋即升腾为活的画面，诗句是骨干，你的叙说是血肉。诗心晶莹，喜欢这样的你。另，副标题不该在文尾，应接在大标题下。

7.《一梦六年——谨以此献给我过去的小学时光》。好利落的开头："我是个爱做梦的孩子。一梦，六年。"是要在毕业前夕为自己做个结语吗？仿佛看到你微蹙着眉愣神的样子。你说"笑容不再为了棒棒糖。好孩子一定坐在座位上纹丝不动，默背《刑法》第357条规定"，而你，显然正大梦翩跹，俱怀逸兴壮思飞。你盘点自己微小的变化，"开始试着煮饭不烫着手指，开始用大人的口气对稍小的弟弟说'照顾好小妹妹，姐姐出去了'，开始学着跟爸爸妈妈出去吃饭时一定要从头到尾保持微笑"这种盘点里，杂糅着一种回望和感慨，让人读到的不仅仅是时移事易的微妙，更透露出一份俯瞰生命的唏嘘。尾声的句子同样揪住了读者的心："不知缘何，动笔前的一份热切，在挥毫时似乎化为心静。有许多想表达的内容，写下来，竟只寥寥几许。这，便是成长吧。请容许我在最后，与我的小学生涯道个别。再见，我的梦。"能感觉到，写作于你已成为一种倾吐，你已然能享受它了。为你高兴。你握住了生命之舟上有力的一支桨。

8.《无心之游》。这是你的寒假生活小剪影——一个迷迷糊糊的小孩随性的一次游走，串联了很多好玩的小心情。比如："遇上叔叔的同事，大人们在一起，不免寒暄结伴，叫了一声'叔叔好!'便逃也似的往前走。若再多待一刻，'考试成绩不错吧'的问题定要袭来。"真是写尽小孩心思。

9.《为自己代言——一篇心的演说》。品析一个广告片，说明它真的感动了你。陈欧打动了你，而你打动了读者。你叹道："不得不说，这是一个深入人心的广告，每一个字，都饱含力量，如此自由，似乎广告词中并没有'自由'这两个字，但不知为何，让人由内而外地感到畅快自在。"你在心里呼喊："我多么渴望成为那样的人!哪怕一无所依，至少还有自己!"你悲哀的是："然而如今孩子的心，是被锁住的，我看见它们被关在冰冷的牢笼中，无法去到更远的地方，甚至无法张开自身的翅膀，无数沉重的试卷紧紧将它们包裹，无数'艰巨'的作业成为它们重重的负担……"你庆幸"拥有一对开明的父母"，多好啊。短文里流露出很复杂的情绪，你的笔底有激赏，有认同，有愤懑，有迷惘，还有朝阳般喷薄的希冀。真好。

10.《绽——致2012》。你常常感怀，是个人们常说的性情中人。"2012，我不断在长大，好似一朵未开的茶蘼，慢慢在绽放，绽出自己想要的风采，无须赞叹，无须掌声——我绽给自己。"孩子，愿你永远保有这如水心境。

11.《相守——属于我的文字》。还是摘录一段你的句子，来表达我的共鸣吧。"从何时起开始厌恶一板一眼的习作的呢?如何记得清啊。就是从内心反感'远看……近看……风一吹，似乎在舞蹈一般'的写作格式。"孩子，看到这里，我的心里真是五味杂陈。作为老师，我知道，天下所有老师的本意都是希望给你们好的、更好的学习方法，然而……我们的作文怎么了？我们的教学怎么了？我们的教育怎么了？……欲说还休。好在，你终于在文字的世界里找到了一个好的出口，你乘上了通往文字之旅的飞奔的马车。一路走好。

12.《梦魇——唱与夜雀》读到最后，才明白你是在描摹一首歌的感觉。从你前面的文章中知道，你喜欢王乃恩，是那种茗茶的郁郁勃勃的欢喜，你喜欢他的这首《夜雀》，"本是支温顺的曲子，却仿佛锋利的轻箭，使得心中竟有些许刺痛"。是吗？开始想找来听听了。文章第四节中"隐朴"一词，有生造之嫌，建议调整。

交·季

作者：叶袁园　　批注：陈海燕

1.《晴空》。语言节奏感较强，某些句子充满表现力。诸如冬阳、枯枝、新蕾等等的细节描摹尤为亮眼，笔力不可小觑呀！另，结语中的思索亦显得意味浓浓。

2.《碧叶》。延续了上一篇语言节奏感强的优势，将个人细腻的感受付诸一份轻快的表达，画面感极强。

3.《碎片》。撷取生活中的若干小细节，娓娓地叙说，淋漓地表达，轻易打动了读者的心。"整理了半天，原来抽屉里的东西一样没丢，都被我一一放回了原位。愣了一下，我才觉悟：放在抽屉里的，不是妈妈口中的'垃圾'，也不是爸爸口中的'玩具'，而是我在成长的道路上，那些遗落的，叫作记忆的'碎片'。曾经以为，它们被弄丢了，原来，它们一直都在。在小小的抽屉里，一直一直，都在。"——喜欢！

4.《沉雨》。读到一颗敏感的心。

5.《冰雪》。好雪好梅！第七节关于雪梅的描写或可更细腻丰满些。收尾稍显仓促。

6.《知足》。生活小品文，有生活气息，有思考结晶。倒数第四节错别字"过年时吃得""过年时用得"两个"得"用错。

7.《花火》。节日的烟火，美丽而短暂。刹那的明艳与绚烂定格在你的叙说中，再现了那晚那刻的一份心动与情动。"景语皆情语"，我懂的。

8.《割舍》。"我不知道转过这条街后是哪里，也不知道该如何去江的对岸，更不清楚下一刻将会面对什么……"诸如这样的表达，写尽了心头的万千意味，很了不起。很多人面对生活有想法有感受却写不出，或者写不出彩，你却可以随心驭笔，赞一个。

9.《孤岛》。这么多读后感，你写来一点都不生涩，不像一般小学生的读后感那样稚拙，因为，你的确有感而发，正所谓，爱过，怎会说不出。

10.《后记》。你与"开学先生"的交集非常惊艳，把你这本文集的质量又提升了若干级高度。运笔若运兵，你已自如。叹一个。小子可畏。

11.《野草》。作者：无名氏。我注意到，你的文章里有很多的小水泡（省略号），感觉这也一定是你思想的小泡泡。小小年纪，能冷静地感受，细细地体味，稳稳地表达，不简单。有些句子用词也比较老到，有积淀，赞一个。

……

好了，亲爱的孩子们，当你们读完陈老师这些絮絮叨叨的话语，一节课估计也要打下课铃了。说得不准确不合适的地方，大家包涵，姚老师包涵。

敲下这些文字的时候，我想起自己以前带班时，也喜欢用这样聊天的方式和学生们侃作文，我喜欢这样的倾诉和交流，所以写起来就没个完。

最后我想补上一句我认为很重要的话——先爱上读，才会爱上写！这些写得自如的同学，都是阅读的高手，他们在阅读中获得了巨大的精神滋养，他们在倾诉中享受了表达的快意，他们在读与写的良性循环中，精神日日拔节，生活天天有戏。做个爱读爱写的明媚的小孩吧，不要浪费上天给你的灵气，不要遗漏生活给你的精彩！

加油，我们一道写！我们一道读！我们一道对自己说——好样的，你！

祝

新学期快乐！春天快乐！

爱你们的大朋友：陈海燕
2013 年 3 月 6 日于办公室

不知怎的，敲完这些句子的时候，我仿佛刚走下讲台的感觉，我仿佛看到自己因为激情而微热的脸庞，我仿佛看到教室里那一双双亮晶晶的眼睛，这世界上，还有什么比和孩子们耳语更美好的事情呢？

谢谢。春天，快递里的习作。

4 月 23 日这天

这一天真忙真乱。4 月 23 日。

两个事，都必须到场。而且都是很要紧的事。一方面，几经联络磋商，好友促成，我神交已久的上海名师丁慈矿老师将来讲学，来自全区的百余名青年教师以及我工作室的全体成员将现场观摩；另一方面，教育局在这天举行"特级教师工作室授牌启动仪式"，听说我的老乡、我非常尊敬的杭州师范大学刘堤仿教授也将莅临指导，想必见面叙谈，又是一场开怀。

可是……我如何分身？

在无计可施的情况下，我在脑子里迅速地拟定了一个时刻表，我想，只能这样——

6：10　起床。做早餐。

6：40　孩子早餐毕，开车把她送到学校。

7：20　驱车到高铁站，准备接站。

7：30　利用等候时间，再次跟倪碧宏副校长取得联络，嘱他帮我主持上午半场活动并照应一下现场。

7：40　接到丁慈矿老师，立刻赶去活动地点。车上告知丁老师，活动开始时我要"逃"出去参加个会，请谅。

7：50　赶到学校，陪丁老师用早点，并与倪碧宏副校长会合，将签到表以及活动资料托付给他，嘱他费心茶歇和午间用餐安排事宜，致歉并致谢。

8：10　陪同丁老师到活动现场，调试音响器材。

8：25　静场。倪校代我主持活动。丁老师课堂展示《小学对课炼字篇》。

8：30　驱车赶往社区学院，到启动仪式活动现场签到。

8：35　趁启动仪式空隙，发短信给工作室成员询问现场情形，嘱咐周颖拍摄。

12：00　启动仪式如果结束，速返校陪丁老师用餐，与倪校交接资料，一并致谢。

13：00　主持下午的活动。丁老师报告开始。

14：50　报告结束。

15：10　开车送丁老师到高铁站返上海。

15：35　返回。汇总活动资料……

我盘算好了后，舒了口气，突然听到孩子爸说：这天我职称计算机考试，考点在郊外，车归我用。

那怎么可能！我一听就急了，我说，如果这天我没车的话，什么都做不了。我就是飞也飞不到几个活动地点。

那我咋办，那么远的考点，打的是打不到的，这四门我练了几个星期，你看着办。

为了力陈利害，我将自己的时刻表详细地给这个不理解的人解说了一遍，他无语。我知道，车归我了。枕戈待旦。

天蒙蒙亮，闹铃响，全家总动员。一切循序进行。紧扣时刻表。

7：35，我如期站在了高铁站下客的电梯前。也许是雨后，天似乎还没完全放亮，晨风凛凛，空荡的接站口只有工作人员和我无言地望望彼此。

我拎着自己的黑皮包踱来踱去。36岁，上海交大附小教师，全国优秀青年名师，以"对课"研究蜚声教坛，古诗文教学专家……读过他的不少文章，之前也曾通过邮件、短信、电话、QQ等愉快交流过，这个公众视线里的名师，生活中给我的印象是——爽直的朋友，尽责的奶爸，短信里喜欢用表情符号、QQ聊天间隙会说"稍等，孩子哭了"的非常生活味的小伙。

一直未曾谋面，此番能来一聚，实属难得，就像二小沈慧丽副校长电话里问我的那样：海燕，丁慈矿要来是吗？你是怎么请到他的？他可不好请哦！我笑说，也是曲径通幽。其实，这要感谢我的好姐妹上海特级教师景洪春老师，是她热心引荐我们相识，又有了今春之约。

远处传来女播音员温柔的播报。我知道，高铁进站了。

下来了一拨旅客。我张望，看看都不太像。果然不是，很快走空了。

咦？人呢？再等。又下来一拨人。电梯不明朗的光线里，看到笑着挥挥手的一个人。

想必是了。仔细看去，是他。

挥挥手迎过去，说，辛苦了，丁老师！欢迎您！丁老师背着个鼓鼓囊囊的旅行包说不辛苦，陈老师您还亲自来接，我自己打的可以的，这么早让您等在这儿，受累了！我说，要接的一定要接的。彼此握个手。

估计您天不亮就从上海出发了吧。

嗯，6点多吧。

唉，罪过，让您受累了！

一路赶，把丁老师送往上课学校。车里我抽空说，真是对不住啊丁老师，今天局里临时有会，不去不行，所以，上午的活动托付给上课学校的领导主持。丁老师连声说理解理解你去忙好了。我说太失礼了。心里有种说不出的难受。因为，为这天谋划好久了，临开席，一桌子大菜我尝不到了。深深的不情愿。

等红灯的间隙，丁老师说，带了我两本书给您，都是早几年的东西，我这几年很懒，思想也僵化，没啥东西出来。我一看，一大一小两本，赶紧接过来说，啊，谢谢您啊，太好了！回去好好读。

陈老师您开车多久了？

我是菜鸟，就要满一年了——呵呵，你是不是看我开车手忙脚乱才问的呀？

不是不是。哈哈哈。我们一齐笑起来。

我发觉，今天太赶，还真有点水平失常。快过隧道的时候，电话使劲响，我知道是倪校长等急了。有点堵车，我们迟到了。

我停好车，就见倪校候在大门口，我赶紧介绍了一番，宾主稍事寒暄，我们就陪丁老师奔餐厅用早点。一看时间，已是8：10，我来不及吃早餐了，赶紧把签到表和资料全部交给倪校长，一再道谢后驱车奔社区学院而去。心里想，要不是很熟还真不好意思让倪校长顶工半天。

飞驰到社区学院，我小跑着赶去报告厅，怕迟到难为情。还好，赶上了，没迟到。会场里人声喧哗，来自全区各校的名师团队热烈地交谈着。我四下寻望，就看见刘教授走了进来，我很亲切地叫了他一声，他看见我也很开心，是那种在不熟悉的地方见到老朋友的自在感觉。乡亲碰面，总格外亲切，我为刘教授续了杯茶，趁空攀谈了起来。想起前几次在刘教授家吃饭聊天的情形，总觉得我们每回碰面都特别温暖和美好。

就要开场了，我突然看到了徐晓芸老师，心头一惊：啊，她曾说要我代表特级教师发言，我说估计来不了，不知道她听进去没有，如果一会主持人宣布我上去发言，那真坏事了。但愿已经换好人了。

徐老师忙前忙后，我没有机会和她说话。活动开始了。授牌启动仪式开始依程序进行，我的心却全在那一头，8：40 悄悄打电话给周颖：开始上课了没？听到她压低声音说开始了，隐约听见那边丁老师上课的声音。

我定了定神，继续听会。活动一项一项进行。还好，要求上去发言的不是我，换了人。石头落地。

接着走若干程序。授牌。颁证。合影。

9：40 的时候，我估计丁老师的课结束了，那边应该在茶歇。接下来，是丁老师关于"对课"的主题报告。我打电话给倪校长，请他稍微串一下场。倪校长说你放心。

我这边也中场茶歇了一下。我趁乱又打了几个电话，问那边情形如何了，知道一切正常，我放心了点，又感觉，一场好戏落幕了，我却啥也没看着，空落落的。

仪式结束后，局领导组织大家听刘教授关于教师发展的报告。看到刘教授在主席台上坐定，我向他笑了下，随大伙鼓掌。

11：30 了，倪校来电话问，你结束了没，那我先陪丁老师用餐了，我们慢慢吃着，等你，三楼餐厅。

继续听报告。想着丁老师一场大课和报告一定很累了。

刘教授报告的主题是《专业标准化——未来优师成长之道》，当中关于教师发展的观点颇耐人琢磨，很多人在用手机拍摄 PPT 里的文字，我也不停记笔记。看着他在台上报告的样子，不由忆起秋天在西湖边喝茶的情形，他话不多，但精。暗忖，我们在老家那么多年竟然不认识，到杭州才碰了面，算漂在一起了。

掌声热烈。报告结束。主持人正在通知大家餐厅的具体位置，我赶紧弯腰麻利地收拾好牌子、证书、笔记本以及我的包，眼睛瞄准一个空的出口，宣布散会后几乎第一个蹿出了会场，发动车子，绝尘而去。

到了餐厅，众人正在陪丁老师用餐，我抱歉地说，丁老师您辛苦了，多吃点受累了！

然后我问，上午还顺利吧？

一桌吃饭的顾兴明说，课精彩，报告精彩，哪能不顺利！大伙都笑了。

我感激地冲顾笑笑，感谢他帮我接待丁老师。

难得周理亮也在，几个小伙子开始烟雾缭绕了。很解乏的样子。

电话响。一看是刘教授，我猛然想到，啊，忘了跟刘教授知会一声告个辞了，失礼啊。刘教授说饭毕他要走了，让我忙自己的事。我连声说抱歉，改日再去看您哦！满心歉疚地挂了电话。

这顿饭吃得可真是气喘吁吁，慌慌张张。

饭后，倪校长安排我们陪丁老师到会议室小憩。

一杯茶。大家聊起来。教材、教学、课改、语文的可爱与可悲……说到激奋处，几个同仁均扼腕深叹。聊到公开课，丁老师说，我也不爱上公开课，大体育馆里，千百人俯瞰着，感觉不好。

大家话题又转到了教材，聊起各版本教材的短长。丁老师说，他研究民国教材很久了，很着迷。我们翻看了他随身带来的几本"初小国语"、"高小国语"，都是这个痴迷的人早几年网上淘来的，真本，据说也不贵。翻翻看，古黄的卷页，素朴的篇章，那个时代的古拙的课本插图……扑面便是一种深深的感动。

我翻得兴起，朗读了一篇课文，大家静静地听着。

这篇课文，主要是一组师生对话，先生教学生如何作文入门，浅近，通俗，先生讲得清楚，孩子问得真切，一问一答间，点拨入里。

不由赞叹这教材对于孩童的"切用"（叶圣陶语）。我们又是一番唏嘘。

不及两盏茶的工夫，下午活动时间到了，我们移步报告厅，开始下半场。

我的一段开场白后，丁老师报告开始：《情趣是怎样炼成的——诗歌教学例谈》。

全场肃静，只留这位"书痴诗友"用他那时而坚定，时而率真，时而抒怀，时而吟哦，时急时徐的慨然语调，铺陈着他对于字骨文魂的别样理解，展现着一个读书人笔墨人生的记忆留存，令人动容，忘了笔记该记些什么。

他的很多做法，我深以为是——诗词抄读法、声律涵泳法、随机训练法，等等。

他是一个很性情的人，他用了好多句"太好了"来深深慨叹他眼目里的景、物、诗、画、联，还有人。汪曾祺的文字，大观楼的长联，辛稼轩的名句，太多太多的"好"让这个温文的小伙子赞到极处，爱到骨髓。也正因为此，他行走在课堂里，才会那样饱有一份温润的庄严和一份含英咀华的陶然。

时有错觉，他的泰然似禅定的老者，有种超越年龄的沉沉气度。

教书到底教什么，教书意味着什么，我们该给学生什么，我们给了学生什么……我想了很多，有些振作，又有些无力。

因为要赶高铁，报告只好在 2：50 分结束了。我作了热情的活动小结，大家再一次把掌声献给丁老师。

有听课的老师围过来向丁老师请教诗词教学的书目，丁老师热情地回复着，我们匆匆上车的时候已近三点，赶往高铁站。

车上这一会儿时间，我们竟又意外地聊得很"嗨"，因为他说起了诗词，说起了蒙书。

我说，我读《声律启蒙》是在初中二年级，喜欢得不得了。

他即刻说，真是好东西呀！那节奏真好：云对雨，雪对风，晚照对晴空。

我接：来鸿对去燕，宿鸟对鸣虫。

我们一道背：三尺剑，六钧弓，岭北对江东。人间清暑殿，天上广寒宫。

天上广寒宫，天上广寒宫……唉，后面什么来着，忘了，以前滚瓜烂熟的东西，想不起来了。——两人都说。

我那时候抄了多少李煜的词啊。我说。

我也是。无言独上西楼——

一同诵起来：月如钩。寂寞梧桐深院锁清秋。剪不断，理还乱，是离愁，别是一番滋味在心头 。

同赞：真好啊。

啊，好多年没有和朋友这么样的一同朗诵喜欢的诗词了，陌生的味道，有些岁月的辛酸，想起那些为诗做梦的锦瑟年华。这些熟悉的句子，尘封在老笔记里，消逝在乱日子里，今日念及，才知道它们还是那么稳稳地坐在我的记忆里，从未消隐。

丁老师说，另一首也好：林花谢了春红，太匆匆，无奈朝来寒雨晚来风。

我开心地应和着：胭脂泪，留人醉，几时重？自是人生长恨水长东！

哈哈，吟起了诗，情绪便有些激昂，一首一首，成了二重诵专场——

四十年来家国，三千里地山河。凤阁龙楼连霄汉，玉树琼枝作烟萝，几曾识干戈？一旦归为臣虏，沈腰潘鬓消磨。最是仓皇辞庙日，教坊犹奏别离歌，垂泪对宫娥。

对潇潇暮雨洒江天，一番洗清秋。渐霜风凄紧，关河冷落，残照当楼。是处红衰翠减，苒苒物华休。唯有长江水，无语东流。

两人一同念完。畅快地笑了。

我心里说：当年多么喜欢的词啊，多少年没念了。可不是？吟起这些句子，就仿佛路遇了一个曾经的故人。

后视镜里看到丁老师也蛮开心，他声音里更焕发了神采，说，柳永的另一首也好极了——寒蝉凄切，对长亭晚，骤雨初歇。

我再和着他诵：都门帐饮无绪，留恋处、兰舟催发。执手相看泪眼，竟无语凝噎。念去去、千里烟波，暮霭沉沉楚天阔。

真好，真好。丁老师击掌赞叹：诗词字里行间自有一种气象，你看豪放词——何处望神州？满眼风光北固楼。

丁老师念得字句铮铮，我也豪气万丈地一道诵：千古兴亡多少事？悠悠，不尽长江滚滚流。年少万兜鍪，坐断东南战未休。天下英雄谁敌手？曹刘，生子当如孙仲谋。

这最后一句，丁老师的语调特别激越。我们都有些"壮怀激烈"。

大气。我说。

对呀，节奏本身就涌动着一种气脉，一读，全明白，什么都不要多讲。对吧！丁老师豪迈地说。他似乎还沉浸在刚才的诗境。

我点头道，对呀，诗就是要读，多读，大声读。

读着读着，词句会进入你的生命，改变你的气质和胸襟。他强调说。

对，这种感觉，非读不足以体味，非大声读不足以领会。

太对了。……

啊，这么快到高铁站了。我们下了车，穿过广场绿地茂盛的植株，不知是些什么花，烂漫地盛放着，在尚有些微凉的空气里自在摇曳。

丁老师说，好诗实在多啊。

蒋捷的你喜欢吗，我说。

喜欢，我也喜欢蒋捷的词，非常好。

我忍不住念：少年听雨歌楼上，红烛昏罗帐。

丁老师和着我的节奏背：壮年听雨客舟中，江阔云低，断雁叫西风。而今听雨僧庐下，鬓已星星也。悲欢离合总无情，一任阶前点滴到天明。

突然又想起什么似的，丁老师说，你看，柳永写你们杭州写得多美啊：东南形胜，三吴都会，钱塘自古繁华。

我接：烟柳画桥，风帘翠幕，参差十万人家。

大笔如椽！大笔如椽！我们一道叹。

不知不觉到了入站口，我们笑着一握。

感谢丁老师，一天辛苦您了！以后常联络，向您多学习！

哪里，陈老师您背了这么多的诗词，要向您学习！

客气了，以后多联系！一路顺风！

好的，来上海做客啊！您也辛苦了！回吧！

再会！

再会！

回到我家小院的时候，定定地坐了好一会儿，没下车。一是因为实在累，想坐会儿，二是因为顺手翻开了副驾驶座上《小学对课》《小学生汪曾祺读本》两本书，映入眼帘的是扉页上的题赠"陈海燕老师惠存　慈矿奉上　二〇一三年四月二十二日春雨之夜于松江慕鱼小轩"。墨的黑与印泥的红，行书的流转与两方小印的错落，晕染出读书人的挚诚、清朗和陶然。

这就是丁慈矿，我刚刚送到高铁站的那个人。他背诗的声音似乎还在车厢里氤氲回响，有那么一种感染人的劲头灼灼其华，我想那就是：爱与坚守。

一日如飞而过。呼啸耳畔的是仲春的小风，沉沉的叩问与混沌的思量。我想回去翻检那些束之高阁的旧诗笺，再寻些读与教间必须存在的东西。

今日有感。是为记。

第三辑　字里行间

教室里静悄悄的感觉
真好啊。
都在读。 只听到
翻书的声音和偶尔冒出的
笑声抑或叹息。
你踱着步子， 就感觉
穿行在无数
窃窃的喜悦间。
不忍讲授， 不忍分析，
不忍
抛出一个愣头愣脑的问题
考傻我们的孩子。

去，在浸润中悠然心会

语文，到底怎么教？到底怎样学？

近来，听了好多节语文课，心里有种别样的温暖。

不同学校，不同老师，不同年段，共同的特点是，都在自己的语文教学中采用各种方式，利用各种切入点，把学生的阅读视野引向纵深。

用心良苦啊。

班级读书会、亲子共读指导、阅读考级赛……

拓展阅读、迁移阅读、链接阅读……

我们看到，越来越多的学校和老师把思考的重心放在了促进学生的阅读上。

是的，我知道，我们都知道——在语文学习的原野里，书才是孩子们的雨露。阅读着，沉醉着，享受着，迷恋着，才是思维成长的方式，才是生命拔节的进程。

可是……欲说还休。有太多难以言说的理由，让如今的语文课泥沼深陷，锐气消磨。

好在，总有一份跃跃欲试，总有一份心有不甘，总有一份恣意纵横的念头，让我们开始在思量后筹措，在筹措后行动，在每一次行动后，找到那种面朝大海、春暖花开的感觉。

和孩子们一起阅读吧！

教室里静悄悄的感觉真好啊。都在读。只听到翻书的声音和偶尔冒出的笑声抑或叹息。你踱着步子，就感觉穿行在无数窃窃的喜悦间。不忍讲授，不忍分析，不忍抛出一个愣头愣脑的问题考傻我们的孩子。

有什么可说的呢？文字里的悲喜，词句间的顿挫，又岂是可以言说的？

悠然心会，妙处难与君说。

那就读吧。

这个学期，我开始用整天整天的时间由着孩子们阅读，有的时候，本打算只读一节课，可第二节开始讲课文的时候，心里面就会响起一个小小的声音：

你又要开讲了吗？让他们读好了，你要讲的都在书里呀！

好吧，我投降。孩子们，咱们接着读。

老师万岁。他们欢叫着掏出书来，甘之如饴。

……

几乎每次，我们的班级读书会都是以我的大段朗读开场。我想，原因很多，最主要的是一读起来，我会很兴奋。而孩子们听起来，也很兴奋。

兴奋的感觉，心被抓牢的滋味，是有效阅读必需的状态。

老师的朗读，就是一种宝贵的解读。当你的声音在教室里回响，当每一双眼睛都亮晶晶地追逐着你，《柳林风声》的迷人郊野出现了，《鼹鼠原野的伙伴们》出现了，《可怜的胡萝卜须》《绿山墙的安妮》《阁楼上的光》都出现了……而令这一切活色生香的，只是我们的声音而已。

我试图用我热切的朗诵告诉孩子们，赶紧，赶紧，书里的一切都在不可思议地等着你呢！

真的，孩子们都接收到了我声音里的信号，他们是真正灵秀而赤诚的，我意外地发现，阅读使我更加了解他们，也使他们更加了解我。我们每日的"阅读竞猜"，每周的和书中人"秘密通话"，都让我们师生与书同醉。

"弗朗兹，你知道吗？我好想抱抱你！……"——这是我的学生小正写在日记里的句子。

这个句子对我意义重大，它让我知道了一件事情：考卷上那惨淡的分数背后，也许躲着一个有灵气的孩子。

更密集地开展读书活动，更长时间地放手阅读。我希望书籍能载着我更真切地端详学生。我想，在这样的端详与凝视中，我们师生双方都能找到生命的甘美滋味，都能自然而然修正自身的缺陷。这真是一种令人向往的境界呀！

可是，要记得，记得坚定，记得——坚持。

当我们为纷杂的事由所搅扰，当我们焦躁，当我们沮丧，当我们疲倦，当我们激情不再，当我们不胜其烦……请静静地翻开最爱读的那本老书，沉淀心思，过滤杂念，拨开阴霾，重新扬起喜悦的帆。

一起来。

让我们相互温暖，并固执地说——

我们都是阅读者。

以我微光，烛照你心，不亦乐乎。

亲子共读实战妙招

如今，亲子共读的好处已被广泛认同，尤其是在孩子阅读的初始阶段，父母的参与和伴读带给孩子极大的情感滋养和认知提升，"阅读"也因此成为"悦读"。身为一名教师，同时身为一个母亲，在牵引孩子品尝书香书趣的过程中，我积累了十大妙招，效果很好，愿与大家分享——

一、 读一读

亲子共读是一个互动的过程，因此，可以是父母读给孩子听，也可以是孩子读给父母听，更可以是双方配合的分角色读、接力读等等。其中以大人读为主。即使孩子基本或完全能够阅读，"听书"依然是十分必要的，因为"听"更享受，更兴奋，收获更大。家长要以一个孩子的心态参与阅读，与孩子一同玩味、一同感受。

除了读"文"之外，还可以读"图"。好的童书，插图通常也出自名家，能让我们大饱眼福，很快融入故事情境。

另外，读书的环境、气氛、语速也大有讲究。在温馨的灯下，书房的一角，或是相偎相依的床头，孩子心绪平静，大人兴致盎然，搂着、靠着、拥着，孩子都喜欢，再配以抑扬顿挫的柔和中音，故事就开始了。

注意，读到生涩的词语或句段，要灵活地变通一下说法，让孩子易于理解和接受。读的时候，夸张多变的语调往往能为故事添彩，因此，读的水平越高，孩子得到的刺激和享受越多，也越快活、越着迷。

二、 讲一讲

在读的过程中，还应配合"讲"。比如，一本书开读前，为营造阅读期待，很有必要给孩子讲一讲本书的作者及译者是谁，哪国人，以及与他们相关的荣誉、在国内外的影响等等。

例如，在为女儿读《窗边的小豆豆》一书时，我先介绍了本书的作者是日本的黑柳彻子，她是著名作家、著名电视节目主持人，因为这本《窗边的小豆豆》在世界各地产生了极大的反响，因此她被联合国任命为儿童亲善大使。是亚洲历史上的第一位亲善大使，她的足迹遍及世界各地，曾为很多受难儿童提供帮助，该书已成为20世纪全球最有影响力的作品之一……听了我的介绍，女儿"听书"的热情几乎是迫不及待，刻不容缓，《窗边的小豆豆》便"隆重开讲"了。

久而久之，孩子对名家名作也能如数家珍了，无形中丰富了积累，增长了见识，更亲近了图书。

三、 猜一猜

除了读讲，孩子和我还经常"猜"。比如：看题目猜内容，听故事猜题目，听片段猜国籍，听起因猜结局，看插图猜人物，看典型动作猜角色等等。

在读德国作家奥得弗雷德·普鲁士勒的作品《小女巫》时，我让女儿猜猜小女巫第四次降雨结果会怎样呢？她猜了好几种可能，当我念出书中的结果——降下了牛奶时，孩子笑得直打滚，还感叹作者的脑瓜真是"不可思议"、"无奇不有"！我还说着"早上好"、做飞翔状，让孩子猜这是故事里的谁？她愉快地猜出是小女巫的伴侣会说话的乌鸦……

"猜"的过程是游戏的过程，是思维碰撞的过程，也是亲子融情的过程，它令故事充满悬念，让双方都获得快意，是阅读过程中不可或缺的兴奋剂。

四、 品一品

遇到精彩的章节或段落，孩子往往激动不已，会提出"再读一遍"的要求，有时甚至要求读上很多遍，其实，家长应该抓住这样难得而自然的机会，与孩子一道"品人物"、"品细节"。

故事《雀斑点点》中有一段描写化装舞会的句子，语言简洁而诙谐，我和女儿都特别喜欢，其中的一段对话我俩分角色读了好多遍，她仍意犹未尽，那以后，她还经常模仿文中的俏皮话，令人忍俊不禁。

这，其实就是一种品赏，一种回味。在"品"的过程中进行交流，产生共鸣，生发想象，再现故事，同时还能积累语言，使书越读越"精"。

五、 演一演

故事听得兴起，孩子们就特别想"演一演"，他们很善于就地取材找道具，一条纱巾可以当作国王的披风，一个鸡毛掸子可以当作老狼的尾巴……我常常做女儿表演的搭档，孩子郑重分派给我的角色，有时是一棵草，有时是一阵风，有时是一只大白兔，我总是全情投入，演得惟妙惟肖，和孩子闹成一片，乐在其中，要知道，此刻的你不是她的家长，而是她的玩伴啊！

我和孩子演过《鹬蚌相争》《皇帝的新衣》等完整的故事，也演过《爱的教育》《稻草人》等故事中的小片段，有时候还全家上阵，甚至邀上邻家孩子参演，阵容庞大，尽兴发挥。

此外，还可以是一人读一人演，还可以任由孩子自主创编一些对白和动作，这些都能大大增强阅读的趣味性，让孩子在嬉戏中获得更多灵感。

六、 画一画

引人入胜的故事情节、鲜活的人物形象，令孩子们的小手也痒痒起来，他们情不自禁地拿出画笔，画他们最喜欢的角色，画他们认为最逗趣的场景，有时还画连环画，带对话的那种，可有意思了！

和孩子一起读《种葫芦》的时候，女儿绘制了一本连封面带封底共有八页的"小书"，展现的是葫芦生长的过程，有图有字，还有页码和标价，很是可爱。

读《西游记》的那段时间，女儿曾兴奋地画过一个"猴头"，因为自认为"太像了"，便请我帮她制成了面具，表演的时候还用过很多次呢！

七、 唱一唱

阅读的过程中，我喜欢来点"小插曲"，和孩子一起"唱一唱"。

在读郑渊洁的作品《舒克和贝塔》的时候，女儿爱唱"舒克贝塔之歌"，我则伴唱，女儿唱一句"舒克舒克舒克！"我对一句"贝塔贝塔贝塔！"而且每次必唱，这支歌成了那段阅读时光的主题音乐。

《图书室》一文中，提到一首小朋友绘漫画时演唱的很滑稽的歌，我看着文中歌词，自己编了调子唱给孩子听，把她乐得不得了，非要学会不可。那一天的读书时间，我们家又是歌声，又是笑声，简直乐翻了天。

八、 聊一聊

随时随地，我们都可以和孩子聊书——聊作者，聊情节，聊感受，聊联想等等。有"聊的"，说明孩子读进去了，读出"味儿"了，读"上劲"了。

记住，聊的时候千万不要把自己的观点强加给孩子，因为，这种交流完全是平等的，即使需要"拨正"的时候也要注意方法，让孩子有畅所欲言的空间，激励他更进一步地思考和体会。

九、 忆一忆

阅读的时候应鼓励孩子联系生活实际和个人感受，以此加深对故事的理解，产生共鸣。

有一次，读到故事里有个小朋友晕车的事，女儿立刻讲了一大串过去她自己晕车的经历、感受以及听来的相关事情，她那津津有味的描述、丰富愉快的表情，大大激发了我要更多地为她读书的热情，同时，这种"回忆"和"联想"也让她对故事产生了更强烈的共鸣，获得了更加丰富的阅读体验。

十、 逗一逗

每次读起《断腿的小木马》这个故事，女儿总会笑得岔气，为什么呢？因为我是用家乡方言读的。

这是一次偶然的"花絮"。第一次听完这个故事后，女儿突发奇想让我再来一遍"土话版"，我一读之下，竟十分好笑，女儿兴致大增，要求我读了好多遍，而且后来还经常读，如今，这个故事她几乎可以背下来了。其实，我对家乡话有一种本能的亲近，让从小说着普通话长大的下一代了解一下家乡话，的确也能增强家乡亲近感和自豪感，何况这样读书，还能"逗"出一种别样的风味呢。

有时，我会煞有介事地对女儿说："瞧你，天天读小豆豆的故事，好像长得也有点像小豆豆了呀！"女儿忙到镜子前对照着书中的插图，惊叫："啊呀——是的！不是有一点点像，简直就是一模一样啊！天啊——"瞧被我"逗"的！

应该说，亲子共读是一个双方享受的共赢过程，在此过程中，作为成年人所获得的快乐体验，应该说并不比孩子少，关键看你是否真正"用心"了，大人对于书籍的虔诚和敬意会永远地影响着孩子，使他成长为一个自觉、热诚的终身阅读者。

趣读花絮二则

花絮一："影院铃声" 诱美读

朗读是语文学习主要的方式之一，朗读训练应从低年级抓起。怎样使朗读进行得童趣盎然，吸引低年级孩子的心呢？"影院铃声"是个不错的朗读小佐料，来！试试吧！以苏教版一年级下册课文《小松鼠找花生果》教学片段为例。

师：大家都喜欢看电影，下面老师就来为大家播放一部需要闭上眼睛来听的神奇"电影"。放映员是老师，谁愿意来打铃？

（学生争相举手，指名一人）

师：好，铃声要响亮，电影才精彩哦！闭上小眼睛吧！

（全体学生兴奋地闭眼聆听）

生：丁零零——

师（声情并茂地范读）：《小松鼠找花生果》树林旁边长着许多松果，绿油油的叶子，黄灿灿的小花，真好看……

（学生们闭着眼睛入情入境地听着，脸上不时露出陶醉的笑。"电影"结束，掌声雷动）

师：电影好看吗？

生（回味无穷地）：好看——

师：谁来说说你看到了什么？

（学生自由地口头说话）

师（深受感染地）：真美真精彩呀！老师也想看一看了！大家愿意

为老师放电影吗？

　　生（激动地）：愿意！

　　师：好，要想放好电影，就要先练好课文。请大家自由地放声读课文，一会儿来给老师放电影吧！

　　（学生开始兴致勃勃地练读课文）

　　师：谁愿意来放电影？

　　生（争先恐后地）：我！我愿意！

　　师：好！全班一起来吧！这一次老师闭上眼睛来美美地享受享受。谁来打铃？

　　（小手如林，教师指名一人，该生无比荣耀）

　　生：丁零零——

　　（老师做闭眼倾听状，学生极受感染，全班朗声齐读，韵味十足，边读边偷眼观察老师的陶醉状，读得越发动情）

　　师（沉醉地）：电影可真好看哪！我都舍不得睁开眼睛了！

　　听了赞美，学生们得意地手舞足蹈。教学一路顺利展开。学生们为了"放"好"电影"和争取单独"放电影"的机会，又读又练，乐此不疲，教学高效而无比愉悦，师生情绪高涨。

　　一串"影院铃声"就让教学一下子鲜活起来，生动起来，童趣起来！学习成了游戏，训练成了享受，课堂成了无所不能、千变万化的神奇空间，这一份欢娱可不是我们一直神往的吗？

花絮二：巧配象声词　朗读美滋滋

　　苏教版二年级上册课文《2008，北京！》用饱蘸激情的笔触记录了我国申奥成功，人们欢庆胜利的历史性时刻，整篇文章的基调喜庆、热烈、豪情满怀，是一篇很能感染人的好课文，应让学生充分朗读，读出兴奋，读出激扬，读出自豪。为更好地让学生感受热烈场面，在课文第三自然段的朗读指导中，我灵机一动，插配了几个象声词，烘托了气氛，使孩子们读得更加有滋有味——

生：长龙舞起来了，锣鼓敲起来了。

众人（配以神气的擂鼓动作，大声、热烈地）：咚咚呛！咚咚呛！

生：五颜六色的礼花映亮了北京的夜空，也映亮了狂欢的人们。

众人（模拟礼花升空燃放声）：吱——嘭！嘭！

生：天安门广场成了欢乐的海洋。

众人（狂热地欢呼并伴以擂鼓声、礼花燃放声）：噢——噢——咚咚呛！咚咚呛！吱——嘭！嘭！

上述设计可师生配读、生生配读、一人配众人，也可众人配一人，读中有演，演中有读，读来快感十足，朗读在象声模拟的衬托下，极大地增强了艺术感染力，让学生们充分感受到了首都人民的喜庆情绪，完全进入到了课文所营造的热烈情境。

别样示范　妙在引领

　　语文教学方法很多，技巧也不少，我感到，在小学语文教学中，最高效、最立竿见影的方法之一便是教师的示范。这示范，有时来自课前预设的环节，有时则是课堂临时生成的花絮，或读或写，或说或做，或稳扎稳打，或灵活机动，总能为教学添彩，为学生的学习增加助力。在不断的教学实践中，我更加明显地感觉到，适时适当、独具匠心的示范，能极大地为我们的语文教学推波助澜，引领学生成长，甚至成为课堂的点睛之笔。

一、 诱导型示范——情趣的引领

　　教育的本质在于引导，引导的最高境界是诱导。教师的示范如果能成为一种含而不露的诱导，达到潜移默化、润物无声的效果，那么，其影响一定是深远而持久的。

　　例如，《轻叩诗歌的大门》是人教版语文第十一册的一次综合性学习，其教学目标之一就是激发学生对于诗歌的兴趣，怎样才能达成这一目标呢？我在活动前夕和学生们进行了一次"不经意"的聊天。

　　师：我想问问大家，在生活中，你特别珍爱的一样东西是什么？
　　生：我最珍爱的是爸爸送我的一套邮票，一般不许别人摸。
　　生：过生日时同学为我亲手制作的贺卡，它漂亮极了，我最喜欢了。
　　师（出示几本厚厚的旧笔记本，讲述）：我这里有几本很普通的笔记本，看上去有些旧，你瞧，还有些破了。可对于它的主人来说，这些却都是宝贝。这是些什么本呢？本子的主人当年和你们差不多大，是一个十来岁的小女孩，她把这些本子叫作诗本，里面抄录着古今中外的几百首诗歌。那时候这些诗，这些本子，曾无数次地被那个女孩书写、翻动和抚摸，那可真叫一个喜欢！

（老师讲述着。学生们凝神细听着，注视着老师手里捧着的旧笔记本。）

师：为什么陈老师对这些本子这么熟悉呢？因为本子的主人就是我。这是我小学和初中阶段的诗抄本。大家有兴趣吗，想看看吗？

生：想！想看！

师：眼睛睁大了，这可是从未对外展示过的！

（我翻动着自己少年时代的几大本诗抄，展示诗抄内容。本中工工整整地抄录着很多古今诗词，并配有美丽的插图、可爱的贴画和自制的书签等装饰。）

师（举起夹在本中的一片银杏树叶，感慨地讲述着）：瞧，这片树叶上抄着的是我当年最喜欢的一阕词——苏东坡的《望江南》，二十年了，句子我仍记得很清楚——春未老，风细柳斜斜。试上超然台上望，半壕春水一城花，烟雨暗千家……

（学生们惊羡地看着，听着，之后我又朗诵了诗集中徐志摩的《雪花的快乐》、冰心的《纸船》等，有的学生伸手将本子和树叶要过去细细欣赏。）

师：看了刚才这些，你想说些什么？

生：老师抄的诗真多、真美啊！

生：老师是个热爱诗歌的人！热爱诗歌的人很浪漫啊！

生：老师，你从哪儿搜集到这么多诗啊？我好喜欢！我也想搜集！

（我们畅谈对诗歌的感受，孩子们争相翻阅着我少时的诗集本，不停地问着，感叹着。）

榜样的力量是无穷的。哲学家黑格尔说过："教师是孩子们心目中最完美的偶像。"诗集的展示，深情的讲述，带给学生们极大的心灵震撼，激发了孩子们对于诗歌的浓厚兴趣。老师的这种现身示范，应该说，比任何的说教都来得自然、生动、可信，也比任何生硬的要求来得有效，这样的示范既是一种无形的诱导，更是一种强烈的感染，一种情趣的引领，它传达给学生的精神内涵是丰富的，有对于诗歌、对于文学的热爱，有对于生活的美好向往，更包含师生之间推心置腹的浓浓情谊，达到了一举多得的效果。

二、 参与型示范——方法的引领

学生的学习活动往往伴随着种种困难和障碍，他们需要得到方法的指导，在这种时候，教师应该"蹲下身子"，参与到他们的学习活动中去，以"平等中的首席"的身份，给予学生及时有效的示范和引领，同时在这样的一种"交往"和"对话"中实现教学相长的双赢发展。

1. 范写

批注、练笔、习作是语文教学中常见的训练活动，对于小学生来说，写的方法是需要具体指导的。叶圣陶先生曾提醒我们："老师自己经常动动笔，或者作跟学生相同的题目，或者另外写些什么，就能更有效地帮助学生，加快学生的进步。经常动动笔，用比喻的说法说，就是'下水'。"因此，在教学中，教师应经常性地参与到学生"写"的活动中来，率先垂范，激励学生。

难忘那年我在支教期间上过一篇略读课文《走向生活》，课文学习的尾声，我请同学们就文章的最后一句"走向生活，广交朋友，给我的生活赋予了价值，增添了欢乐"写写批注，可以联系课文，也可以联系自己的生活实际。部分同学显得面有难色，我知道写批注对于这个基础薄弱的班级来说，是存在一定困难的。为了使同学们写得带劲，我突发奇想，告诉他们，老师也来写写自己的感受，大家比比谁写得精彩！此言一出，每个学生的眼睛里都放射出惊喜、兴奋的光芒，看着我拿起了笔，大家也不甘示弱地开始构思动笔。短短的五分钟时间，我们师生心中都激荡着一种异常新鲜刺激、奇妙美好的感受。一次寻常的学习活动，因为老师的参与，显得那样的有趣和不同。交流批注的时候，在同学们的强烈要求下，我率先充满感情地朗读了自己的即兴"作品"，也是我的一段心声——"每一个人都应该热爱生活，尽管生活有时充满艰辛和苦难。真诚待人，以心换心，帮助朋友，也被朋友所帮助，生活将充满欢乐。比如，我来到支教学校，认识了可爱的学生，这是我的朋友；认识了全校老师，这是我的朋友；认识了周围的街坊邻居，这也是我的朋友！尽管我远离家乡和亲人，但大家关心我，使我感到了家的温暖，我为同学们上课，为老师们举办讲座，也为学校提了很多合理化建议，我用自己的行动帮助了大家，我的生活也被赋予了价值，我的每一天充满了欢乐!"全班同学凝神静听着，当我读毕，掌声雷动。接下来，同学们也纷纷交流了自己的批注，有的同学学习我的写法，修改了自己的批注。这次的语文课大家收获都很大，而我，也因此品尝到了参与型示范的好处，看到了它在教学活动中所发挥的巨大作用。

2．范读

这里说的读，既指有感情朗读，更指广泛阅读。在语文教学中，我们不仅要做好朗读的示范，更要意识到阅读示范的重要性，加强自身阅读修养，因为"唯有老师善于读书，深有所得，才能教好读书。只教学生读书，而自己少读书或者不读书，是不容易收到成效的"（叶圣陶）。教师一定要参与到学生的读书活动中来，做好指导，随时示范。我的具体做法是三点——谈、读、赛。

谈。以"班级读书会"为载体，经常开展师生谈书会。在谈书会上，我经常告诉学生，多年来，我不仅自己坚持每日阅读，而且做了大量读书笔记，发表了很多读书心得文章。我兴致勃勃地向学生讲述我曾读到的那些好文章、好故事，为他们介绍古今中外文坛大师的动人故事，让学生们感觉到自己的老师是个"阅读高手"，并不断鼓励他们向老师学习，并超越老师。

读。在师生共读的过程中，我组织学生朗读文章的精彩片段，此时的我，也作为他们读书的伙伴参加交流，有时还邀请学生和我配合分角色朗读，我们声情并茂的朗读常常博得满堂喝彩，引得学生们争相上台介绍交流，进一步激发了大家读好书、多读书的欲望。

赛。竞赛的项目很多，如复述故事赛、读书摘记赛、故事续编赛等等，我也参与其中，以一个普通参赛者的身份接受学生评委组的评判。

3．范背

背诵积累是学习语文、形成语感的必经之路，学期初，我们班级里就拉开了"古诗文诵读竞赛"的序幕，还在黑板的一角开辟了"每日一诗"栏目，但经过阶段检测发现，学生们的背诵情况很不理想，很多同学表示"没时间背"、"记不住"。在一次语文课上，我和学生们进行了一番"特别的交流"。

师：昨天晚上，我在散步的时候遇见了咱们班的好几位同学，都有谁呀？

生：有我！

生：还有我呢！

师：那你们跟大家描述一下老师散步时的样子，好吗？

生：老师慢慢地走着，好像嘴里念念有词。

生：老师手里还拿着一个小本子。

师（出示一本诗集）：是的，我散步的时候手里拿的就是这本诗集，这里面有一百多首古诗，我每天抽时间背几首，有时散步背，有时下课背，连在家做饭也背，现在已经全部背下来了。你们相信吗？

生（吃惊地）：一百多首，全背下来了？

师：那我背给你们听听吧，也算大家帮助我检查检查！请你们来计数吧！

（我看着目录流畅地背诵了起来。二十首、五十首、八十首……直到背完整本一百一十首。学生们惊讶地听着，遇到熟悉的句子也兴奋地一起背。计数的同学紧张地在纸上记录着，生怕漏掉一首。古诗背完，同学们议论纷纷。）

生：哇，一百多首真的全背下来了！老师神了！

生：这么多诗怎么记得住？真不可思议！

师：其实，背诗要善于抓住点点滴滴的零碎时间，有空就背，定下一个目标，向着一个数量冲刺，不仅不累，还感觉挺好玩呢！不信，你们也试试！

经过我的这次背诵示范，班级一下子掀起了背诵热潮。同学们按照我介绍的方法，每人都为自己制订了一个背诵日程表，抓紧点滴时间，干劲十足地向着自己的目标努力。在此基础上，我们开展了多次竞赛，很多同学把我当作对手，宣称要赶超老师，我这个做老师的，只好加紧背诵，以免落在学生之后。

在参与型示范活动中，一方面，教师的参与激发了学生的学习热情，另一方面，教师的示范适时而自然地为学生学习提供了范例，给了学生具体而生动的方法引领，收效是显著的。

三、 点拨型示范——思维的引领

　　小学生由于年龄小，认知水平有限，思维常常出现偏差，在很多时候需要教师及时拨正，给他们一个正确的导向。

　　课文《挑山工》讲述的是作者在泰山顶上遇到一位替人挑货物、挑行李上山的"挑山工"，他那种认定目标、坚忍不拔、不断攀登的精神深深感染了作者，使作者难以忘怀。课文学完后，老师请同学们谈谈自己的感受，大多数同学谈到了挑山工的可敬之处，但有一位同学看法不同，他说："我不喜欢挑山工。他肯定是小的时候不好好学习，长大了才去当挑山工的！"此言一出，班里同学纷纷赞同，认为很有道理。这时老师也愣住了，考虑了片刻后，老师意味深长地对同学们说："老师也想来谈谈自己的看法。孩子们，你们每一个人都是家中的小太阳、小宝贝，可以说生活在糖水蜜罐之中，可是你们知道吗？生活，对于很多人来说并不都是阳光、鲜花和笑脸。有的人，可能从他诞生的第一天起，命运就不曾对他微笑。他们在苦难和泥泞中摸爬滚打，在艰辛和逆境中渐渐长大。可是，面对冷酷的命运，面对生活的坎坷，他们不怨天，不尤人，挺直了脊梁，微笑着面对人生，他们这种坚毅豁达、热爱生活的精神，难道不值得我们每一个人好好学习、细细品味吗？"教室里静极了，老师的话语深深打动了孩子们的心，他们重新把满含敬意的目光投向了课文中那位微笑着的"挑山工"，也似乎一下子懂得了很多很多。

　　当学生的思维误入歧途，老师及时亮出了自己的观点，为学生正确地思考做出了示范，拨正了学生们的情感，培养了学生朴素的道德情操和健康的审美情趣。这样的点拨型示范，有助于学生正确形成价值观和人生观。

四、 修正型示范——态度的引领

　　任何一种学习，都重在态度，语文学习也不例外。老师应以自己的言传身教影响学生，使他们养成认真严谨、一丝不苟的学习态度。下面这位老师的做法或许能给我们一些启示。

　　一次课上，老师板书的"尴尬"两字被学生指出有错误，老师却确信自己没错，师生争执不下，决定查字典一探究竟。一查之下，老师惊异地发现，真的是自己写错了，自己将"尴尬"两字的偏旁写成了"九"，顿时感到十分难堪。第二天语文课上，学生们发现老师带来了一张大大的白纸，老师打开让大家看看——原来大白纸上密密麻麻地写满了无数的"尴尬"。老师说："同学们！感谢大家昨天为我指出了错字，为了不再写错，昨晚我将'尴尬'一词订正了100遍。同时也希望大家继续帮助我，让我们共同克服错别字，共同进步！"同学们惊异之余，被老师这种勇于改过的精神深深打动了，也更加敬佩自己的老师。

应该说，这位老师的做法的确是令人感佩的。首先，面对自己的错误，她不是回避，也不是掩饰，更没有为自己辩解，她用"订正"这种最朴实的方式向学生表明了自己的一种学习态度，一种做人态度——求真务实，有错就改。她带给学生的不仅仅是对一个字或一个词的认知，而是一种难能可贵的态度的引领，这样的修正型示范是需要勇气和底气的，但它给予学生的影响又是深远的，难以替代的。

我们看到，在语文教学中，不同类型的示范活动侧重点不同，方式方法也因人而异，但它对于学生学习所产生的积极影响，为教学带来的显著效益却是相同的。著名教育家乌申斯基也曾说过："教师个人的范例，对于青年人的心灵，是任何东西都不可能代替的最有用的阳光。"作为语文教师，只有不断学习，不断强化自身素质，才可能在需要示范的时候信手拈来，才可能在复杂多变的教学场景中随机应变，为学生的学习提供最生动的范本和最有价值的精神滋养。

趣味复习乐趣多

在日常教学中，我们经常要组织学生进行复习，以巩固所学。如何使复习既效果显著又妙趣横生呢？我和学生们进行了一些愉快的探索。

一、 限时——兴奋又刺激

为了提高学生的复习效率，营造一种兴奋激情的复习氛围，我们经常开展"限时赛"。

1．一分钟读背赛

为了巩固某些需要背诵积累的段落或诗文，可限定一分钟（或两三分钟）时间，全体学生合书待命，老师一声令下，全班同时开读或开背，时间一到，全体立刻停止，看谁在规定时间内看得快，读得顺，背得熟，记得多。

由于竞技色彩浓，学生们十分乐于参与，往往在很短的时间内就能背熟大量的内容，且兴致盎然，乐此不疲。

2．五分钟抄默赛

抄写和默写在复习中是少不了的，学生们也非常喜欢在"限时"状态下进行。在规定的五分钟时间里，看谁写得快，默得准，效率高。

速度的提升带来了水平的提升，无形中也培养了学生节约时间、迅速行动的好习惯。

3．十分钟练笔赛

老师可出示一串学过的词语或成语，让学生们在限定的十分钟时间里编写或讲述出一段话，以考查学生对词语的理解、运用能力和综合想象能力。另外，也可限时续讲故事、限时看图说话。

二、 竞猜——好玩又有益

这是一种游戏式的复习方法，轻松诙谐又实用。

1．听声猜人

众人闭眼，数人上台，台上人分别朗读或背诵某段课文、诗词，台下听的人根据声音，分别猜出他们的姓名，猜不对的要背诵诗文以"将功补过"。这个游戏既巩固了课文，又增进了同学之间的感情，通常作为一种课堂间歇用来缓解学生的疲劳的活动，回顾旧知。

2．表演猜词

几人上台，表演一个小情节或场面，看观众能否说出相应的词语或成语。例如：一人身背大行囊（其实是书包）风尘仆仆，另一人激动地迎来与他热烈拥抱——台下观众马上猜出，这是不久前才学过的词语"久别重逢"，另外，学生们还由此说出了"他乡遇故知"、"百感交集"、"相见时难别亦难"等许多相关词句，生动形象地温习了所学知识，学生们乐在其中。

3．口形猜诗

一人只作口形不出声，念某诗中一名句，众人仔细看后猜出诗句，再由表演者宣布正确与否（也可同位之间配合）。这个小游戏能考查出学生对诗词名句的熟悉程度，简便易行，活泼有趣。

4．听句猜篇

老师（或学生）说出一句话，众人听后猜猜出自学过的哪篇课文，以巩固所学，强化记忆。例如，一人说出"爸爸！没有您的爱，我是活不下去的！"，众人猜出课文《小抄写员》；老师说出"谓是其智弗若与?"，学生们猜出古文《学弈》。

5．听讲猜误

老师（或学生）概括地描述某课文内容（包括作者、文中的细节等），故意设计一些错误，看听众能否立刻指出漏洞，并加以辨析、纠误。

例如，一人描述："一个可怜的七岁小男孩在铁匠铺里做学徒，他只有爷爷一个亲人。夏天的晚上，他感到很孤独——这是意大利著名作家亚米契斯作品中的人物凡卡。"学生们从描述中共找出了包括人物年龄、地点、季节、作者、国籍等在内的五处错误，并一一进行了纠正，现场气氛热烈，参与积极性很高。

这一活动总能为复习"热场"，极大地调动了学生思维，并能在游戏和竞技中，梳理"重点"，再现"难点"，聚焦易混易错的"模糊点"，轻松有趣又便于操作，能迅速点燃学生的复习热情，达到复习效果。

三、 接力——协作又省力

1．接力读背

为减轻疲劳，激发兴趣，复习时进行的读书和背书均可采取"接力式"，可一句一句接力，也可一段一段接力，可以几人接力、小组接力，也可以师生接力，男女生接力，具体方式应根据复习内容的特点灵活变换。

2．接力听写

复习中，听写词语是常做的事，接力听写可以调动集体力量，及时发现问题，纠正错误。

具体做法是：一组共用一张听写纸，老师报词语，各组学生依次写词并传递，然后，各组请一个小老师上来交叉批改并纠误，比一比谁的字写得好，词写得准。老师在此项活动中很容易发现一些共性的错误，可以及时引导学生判断和巩固。

四、 分组——竞争又激励

开展小组间的竞赛特别能激发起学生们的复习热情。

1．座位分组

由座位自然形成的小组一般有四个，小组之间可以开展多项竞赛活动，如回答问题比赛、设计问题比赛等等。为了能够使自己的小组胜出，学生们进行复习准备时格外起劲和认真，竞赛过程也常常是精彩纷呈，扣人心弦。

2．师生分组

如果老师能参与到竞赛中来，学生们会惊喜异常，干劲倍增。比如，师生朗读对抗赛、师生背书挑战赛、师生口头作文赛等等。老师有时还可以有意识地参与到水平较弱的学生群中，和他们"并肩作战"，增强他们的自信心和战斗力，更重要的是给予孩子们情感上的支持和滋养，意义非凡。这样，老师参与了竞赛，融入了学生的学习，真正成了孩子们的伙伴和"平等中的首席"，同时也极大地增进了师生情感，给复习带来新鲜的快意。

总而言之，上述活动的目的都是让学生们在碰撞中品尝学习的乐趣，体会努力的意义和成功的喜悦。老师应抓住机会，给孩子们一些趣味性的奖励，比如，热情地和他们拥抱一下，握一握手，或在黑板上画一个蛋糕、一个冰激凌等等，都会让学生们兴奋不已，也让他们在玩耍和游戏中既复习了知识，又获得了美好的情感体验。

教作文， 你准备好了吗

　　语文老师必须要教作文，对大多数老师来说，作文教学的摸索经历都可谓是一言难尽，个中滋味也是如人饮水，冷暖自知。前不久，一位青年教师跟我说，陈老师啊，我一个数学老师突然间就改教了语文，这个作文可咋教啊？其实，不光是这些初教语文的新手，很多资深老师对于作文教学也都有着"欲说还休"之感，作文之于多数学生，也还是"强扭的瓜"、"催熟的花"，让我们来看一组关于作文的校园语录。

关于作文的学生语录

　　◆ 我要是当了老师，谁不听话就让他写作文！

　　◆ 作文好难写呀，老师，能不能换个作业？抄三遍课文我也愿意。

　　◆ 谁能帮我写篇作文，我替他扫十次地。

　　◆ 老师教我们"远看……近看……仿佛……"苍天哪，一定要这样写吗？反感。

　　◆《作文，想说爱你真不容易》——某学生作文题目

　　……

关于作文教学的教师语录

　　◆ 你瞧瞧高年级老师批作文那惨样儿，我还是永远教低年级吧！

　　◆ 真不知道怎么教，作文这东西，太玄乎了。

　　◆ 批作文，那不是人干的活呀！

◆ 什么？让我上作文公开课，别，你饶了我吧！

◆ 唉！批作文，就好比收拾一盆子脏衣服，费了牛劲把它们一件一件全都洗干净了，你下次收回来，还是一样脏。两个字——白忙！

……

由此可见，作文，是师生心头共同的"痛"，是困扰广大师生的一道魔咒。到底问题的症结在哪里？作文应该怎么教呢？有句非常浅白的话或许可以给我们一些启示——不打无准备的仗。我想，每一个正在教作文或者即将教作文的老师，都应该是"有备而来"。我认为，要想教好作文，教者应该先冷静地问一问自己：教作文，你准备好了吗？

一捧炽热的文心——爱读

很多教育大家在谈"写"的著作里，常常用很大的篇幅来谈"读"，这是有其深邃意味的。一个语文教师，如果不爱阅读，真的很难想象他会爱写，他会爱教写。因此我们说，教作文，其首要准备是"爱读"——让自己爱读，让学生爱读。

让自己爱读，至少有两点好处：一是丰厚个人文化积淀，为指导写进行技术储备；二是以身垂范，为学生树立最具说服力和感召力的阅读榜样。我们常常会发现，那些醉心阅读的老师，往往感情细腻，目光敏锐，他们对于生活，对于教学，对于学生，常常会有着更为深入的观察和思考，他们的教育教学行为中常常蕴蓄着人文思想的光辉。学而思，思而行，手不释卷的生活方式促就了他们对于语文教学，尤其是对于作文教学的一份独特的认知，成为其精神的"底基"。

我曾在自己的《读者与渡者》一文中这样描述过阅读。

阅读，是一种心灵的吸纳。我们读陆游，读到的是北望家国的忧愤；我们读冰心，读到的是孤舟羁旅的轻愁；我们读丰子恺，读到的是烟火人间的啼笑；我们读舒婷，读席慕蓉，读余光中，读到的是岁月流转中内心最柔软的一次触动。在《悲惨世界》里扼腕，在《飞鸟集》里做梦，在《飘》里销魂……当你的心跳紧随文字跌宕，当你的呼吸与主人公契合，当你终于明了其实你就在故事里，书籍，这个无声的伴侣，会在你合上它的那一刻，悄然入怀、入梦，并在未来的日子里，成为你，成为你的一部分——你的一声叹息、一个眼神，抑或是一段心事。

爱读的老师，对于文字自有一份体悟。遣词造句之精，布局谋篇之妙，如了然于胸，教起来，必能切中命脉，事半功倍。反之，则似夜路盲行，不得要领。

教师阅读中还有一点非常重要，那就是注重童书的阅读。关注过童书的老师都知道，这是一个极其丰美的文学世界。在世界经典儿童文学殿堂里，有着不计其数的瑰宝——《小姐姐克拉拉》《收费亭里的小米洛》《查理和巧克力工厂》《绿山墙的安妮》《胡萝卜须》《皮皮鲁和鲁西西》《青铜葵花》《根鸟》《我要做好孩子》……这些令孩子着迷，同时也让大人动心的作品，已成为全世界人民的共同财富，他们等待着有心的老师来驻足，来采撷，来品赏。江苏特级教师高子阳老师就是一位超级童书发烧友，他家里收藏有上千册世界各国童书。他读童书，评童书，讲童书，研究童书，推介童书，在童书的世界里流连忘返，他的《童书阅读年级分类》成为很多一线语文老师的宝典秘籍，应该说，如果你了解了高子阳老师阅读的故事，你就不会奇怪，为什么他教起作文来，总是妙招不断，灵感多多，因为，足够的积累会让教师举重若轻，足够多的童书阅读会让教师了解儿童，了解儿童的泪与笑。

熟悉儿童文学路径，有助于帮助学生阅读。教师在自身"爱读"的同时，也应想方设法让自己的学生们都"爱读"。组织丰富的班级活动，开展师生共读，指导亲子共读，利用各种方式营造班级读书氛围，成为班级阅读领袖，是每个有责任的语文老师应该着意筹谋的大事。

和孩子们一起阅读吧！

教室里静悄悄的感觉真好啊。都在读。只听到翻书的声音和偶尔冒出的笑声抑或叹息。你踱着步子，就感觉穿行在无数窃窃的喜悦间。不忍讲授，不忍分析，不忍抛出一个愣头愣脑的问题考傻我们的孩子。

有什么可说的呢？文字里的悲喜，词句间的顿挫，又岂是可以言说的？

悠然心会，妙处难与君说。

那就读吧。

——我在教学日志中曾这样感慨。也正是引导学生大量阅读积累，才使我在日后的作文教学路上越走越轻松。我从中受益，因此深感其意义非凡。

教师自己爱读并引导学生爱读的同时，如果条件允许，可以考虑鼓动家长"悦读"。通过家长会、家校联谊会、家校联系册、家长学校等途径，增强家长的阅读意识，提升家长阅读品位，指导亲子共读技巧，使家长成为促进学生阅读的另一股强大力量。

教师读，学生读，家长读，氤氲书香的童年给予孩子们的是牵引和唤醒，更是熏陶和浸染。读得多了，积累厚了，下笔行文便会畅快很多，所谓量变走向质变，很多作文的技巧、意识，已意会在心，只等"在今后的作文中'不期然'的'化用'"（管建刚语）。

爱读，怀揣一捧炽热的文心，使得作文教学在启动之初，就充满底气、灵气和锐气。

一支快意的文笔——能写

要想教学生写好作文，教师自身必须是写作的好手，正所谓"贤者以其昭昭使人昭昭"，道理非常明白。

我觉得，让自己爱写能写，拥有一支快意的文笔，是一个语文老师教作文前最大的一项备课任务。

教师写作，能写些什么呢？很多人第一反应就是写论文。因为，这似乎是目前教师写作的主要方向。这种现象有其特定的现实原因（人所皆知这是职评硬件），因此包裹着若干功利色彩，使得本属于学术研究的教学论文蒙上了一层尴尬的色彩，很多撰写论文的老师在命笔之初，想得最多的是"我的文章能不能获奖"，这显然背离了我们所倡导的积极的学术态度。作为教师，一线的教育教学实践者，写论文是一种不错的研究方法，但绝不是唯一的方法。华东师范大学郑金洲教授曾语重心长地说："论文是教师教育科研活动成果的一种表达方式，不是主要方式，正如同专业研究者自身的研究主要需要借助于论文这种问题表达出来一样，中小学教师的研究也有自身独特的问题表达样式。案例、叙事、日志、反思记录等，都是教师教育科研活动的重要载体。它们既可以成为教师教育科研活动过程的记录，也可以成为教育科研活动结果的体现方式。中小学教师自始至终是生活在教育教学的现实场景之中，教师的所思、所想、所感、所悟常常不是论文可以承载的。"

"教师的所思、所想、所感、所悟常常不是论文可以承载的。"郑金洲教授的这句话一针见血地道出了教学的复杂性和教育生活的丰富性。基于此，我们或许可以放胆认定，教师写作的视野应该就是教师生活的全部视野。

我觉得，至少有三项内容，是值得老师们常常写一写的——教学思索、下水作文、生活随笔。

教学思索。这类写作主要有两种形式——教育叙事和教学论文。教育叙事比较感性，教学论文相对理性。教育叙事重在"多思多品多记"，有感而发，有感而记。一个教育花絮，一个教学细节，一个问题困惑，一段师生逸事，皆可下笔入文，成为生动而又鲜活的原创文字，写作的人往往会在"记"的过程中有意外的收益，获得教育境界的拔升。当对某一问题的观察、实践和思索已经比较深入的时候，可以尝试进行教育教学论文的写作，把自己的教学思索进行梳理并诉诸笔端。来源于教学实践，脱胎于教学思索的论文往往比较"饱满"，精心提炼的观点，真实丰富的教育教学案例，将使论文显得有理有据，有血有肉，成为教师学术研究最具个性化的成果。

下水作文。我们常常给学生布置命题作文、看图作文、周记、日记、随笔，甚至大大小小无处不在的小练笔，我们是否曾问过自己——我会写吗？我能写好吗？应该说，写下水文是语文老师教作文必备的一项硬功，我常常跟青年教师们说"能写、会写下水文，是一个成熟语文教师的标志；爱写、善写下水文，就是一个优秀语文教师的标志"，这是肺腑之言。下水文，顾名思义，就是教师写的范文，语文教育家刘国正先生说，你要教会学生写文章，自己要先乐于和善于写文章，教起来才能左右逢源。我曾在《下水文，不仅仅为了示范》一文中提出重新审视下水文的六个"视角"：下水文可以激活笔尖，下水文可以浸润心田，下水文可以打磨技艺，下水文可以前瞻学情，下水文可以引领情趣，下水文可以引发思考。需要提示的是，下水文既可以是整篇，也可以是片段，既可以先于教学撰写，更可以与学生同步下笔。在作文教学中，下水文的呈现也颇有讲究，要注意选择呈现时机，注意设计呈现方式，注意审视呈现效果。下水文的运用要因班而异，因课而异，甚至因人而异。多年的教学实践经验告诉我，用好用活下水文，不仅可以为作文教学助力，更可能使其成为作文教学的亮点。

生活随笔。有句话说，生活的外延有多大，语文的外延就有多大。一个细腻而敏感的语文老师一定是一个热爱生活、善感善思的人。观察，感受，体悟，思索，写作，久而久之，这一连串的过程，会形成一种奇异的惯性，让你习惯于把自己看到的和想到的记录下来，并逐渐享受这个表达的过程，享受这种倾诉的快意。生活随笔可写的内容很多，家庭，朋友，社会，大事小事，悲喜泪笑，丝丝缕缕，皆可成篇，当你觉得写作的素材俯拾皆是的时候，你或许也就找到了让学生们写作上路的窍门，这种灵感会在你今后的作文指导中发挥神奇的功用，将你的作文教学导向通途。

一颗灵动的文胆——敢试

教学有法，但教无定法。盘点那些能把作文教"活"的老师，我们会发现，教作文，同样需要一份胆略，一份敢于尝试的胆略。不断的尝试能帮助我们树立作文教学理想，建构作文教学理念，切中作文教学命脉。

在尝试中树立作文教学理想。什么是作文教学理想？窃以为，作文教学理想是作文教学之胆气，是作文教学之动力，是作文教学之航标，它以明晰的目的性为特征，以丰润的情绪色彩为基调，以坚定的个性主张为基石，是一个教师作文教学的总体走向和宏观愿景。下面采撷的若干语录，或许可以看作是一些老师的作文教学理想。

作文教学发烧友语录

◆ 让写有力地走在读中，让100%的孩子爱上作文。（江苏　高子阳）

◆ 不要把生活塞进作文，而要把作文融入生活。（上海　徐鹄）

◆ 少训练"技巧"，多养育"文心"。让学生自由地写作，像大自然的树一样自由地生长，是松树就长成松树，是柳树就长成柳树，各种各样的树呈现出各种各样的姿态，这就是我所理解和倡导的"独特"。(江苏　管建刚)

◆ 领着孩子们写好"博客作文"，让文字随心而舞。(浙江　张祖庆)

◆ "阅读作文"是作文家族的新生儿，让我们举起双手欢迎它，扶植它，让它快快长大，去开创小学作文教学风光无限的新时代。(上海　徐根荣)

◆ 培养一批作文发烧友，打造一个班级文学社。(某一线教师)

◆ 作文要养胃，不要倒胃；要如磁石，而非顽石；要心动，而不仅是笔动。(某一线教师)

咀嚼上述语录，你会发现，这些或显得激情，或透着理性的言语，无不蕴含着教者对于作文教学个性化的思索，无不承载着他们一路行去的寄望，这既是一种憧憬，更是一种定位。透过这些文字，我们似乎还能感受到，他们作文教学中曾经有过的迂回探寻、辗转揣摩以及痛定思痛后的一份笃定和勇气。或许只有尝试过，才能深解其中之味。我想，可能也正因为有着这样明晰的作文教学理想，徐鹄、徐根荣等教育前辈才能在作文教学之路上步履稳健，管建刚、张祖庆等名师新锐才能在不断的探索中成果卓著。

在尝试中建构作文教学理念。作文是什么？小学生作文是什么？教师如何教作文？小学生如何学作文？高效高品质的作文教学应该是怎样的？如何看待当下作文教学的机遇与挑战？……教师脑子里的重重问号，是作文教学理念建构的前奏和预热，问题的答案当然可以有很多，有时因人而异，有时因地而异，有时因班而异，这是不同的老师基于不同的教育对象，实施不同的教学而产生的效果。这就告诉我们，教师应该在不断地摸索、不断的尝试、不断的比较中，形成一套个性化的、行之有效的作文教学理念。值得一提的是，即使是名家前辈们比较成熟的作文教学理念，也不能拿来就用，应该在自己的教学实践中，针对具体情况，融合个人思考，灵活借鉴。很多有思想的老师正是领会到了这一层，才得以在多角度的尝试中，形成了一系列颇具价值的作文教学新模式新理念。例如，深圳钟传伟老师的"学科作文"、福建蔡丽斌老师的"绘本作文"、南京宋运来老师的"童漫作文"、深圳张云鹰老师的"开放作文"、杭州张祖庆老师的"博客作文"、福建何捷老师的"游戏作文"等。他们在教学中找准切口，大胆尝试，以鲜明的作文教学特色支撑起了极富个性的、崭新的作文教学理念，丰富了新时期我国作文教学领域的研究，也为广大语文教师开展作文教学活动积累了宝贵的可借鉴的经验。作为一线教师，在实践中梳理出的、属于自己的作文教学理念，是最务实最切用的。这种积累，无论是对于自己，还是对于学生，都是一笔巨大的精神财富，它将作为一股巨大的推力，增强作文教学实效，提升作文教学品质。

在尝试中切中作文教学命脉。有过作文教学实战经验的老师们都知道，长期的、持续的作文实践和新颖丰富、饶有童趣的主题活动是促进学生作文提升的两大法宝。什么是长期的、持续的作文实践呢？说得浅白一点，就是创造无数机会让学生写，让学生想写，让学生有得写。较之某些老师一学期只操心几篇单元作文的做法，这种以大型活动带动持续写作的作文实践，实在是高明太多。当前，很多老师已经在这方面迈出了可喜的一步，甚至取得了显著的成效。以学期为单位的主题写作，重视情境营造，强调多元互动，鼓励个性表达，着力养育文心，是学生写作本领提升的炼金炉。例如，在老师的指导下开展书信笔友活动、班级小说创编活动、循环日记活动、追读追记活动等。用浓烈的氛围点燃学生表达的热情，用精准的指导辅助学生迈过技术的难关，用多元的互动和评价激活学生的读者意识，让学生在足够的写作实践中逐渐找寻到属于自己的写作惯性。我们都知道，小学生年龄小，注意力容易分散，意志力也比较薄弱，因此，如何设计能吸引孩子的作文活动就成了教师的一项重要课题。如今的孩子生活在一个飞速发展的时代，他们好奇心强，求知欲浓，尤其是对于新鲜的事物往往兴趣十足，因此，教师要悉心洞察学生情绪，勤于搜集活动素材，善于捕捉教学契机，适时开展作文活动，让学生在情趣盎然的作文活动中享受"精神体操"的快意。基于这样的认识，我尝试开展了以下两例作文活动。

作文活动一： 沈家视频秀

流程：

1. 播放视频"家庭魔方大赛"。（该视频来源于我一位朋友的家庭自拍片段，记录了沈家三口开展魔方竞技的有趣过程，伴以沈爸爸的俏皮解说，时长 2 分 18 秒。)

2. 聊一聊这段视频的观感。

3. 呈现自助式写作菜单——

◆ 故事再现：《超级家庭魔方大赛》等

◆ 想象创编：《老沈家的一个周末夜》《做客沈家》等

◆ 素材拓展：《幕后英雄是老爸》

◆ 亮点评说：《好一段视频秀》

◆ 命题作文：《沈妈妈的最爱》

◆ 半命题作文：《这一家子可真_____ 》

◆ 模拟小编：模拟网站编辑，为视频写一段推荐语

◆ 活动企划：设想如果自己也学着沈妈妈的样子，围绕一个主题，和家人或者朋友拍摄一段好玩的视频，你打算如何实施呢？请以书信的形式把自己的想法告知你的团队成员。注意你的语言要富有煽动性，说清"你想做什么？为什么做？打算怎么做？"要能点燃他们参与的热望。

4. 指导学生选择适合自己的主题。

5. 学生试写。

作文活动二： 酷班演义

流程：

1. 引子：嗨，各位，今天我们将走进一个超酷班级，认识一群极具个性的学生，他们身上或许有你的影子，或许有你的梦想，或许藏着些已经发生或者即将发生的故事……总之，请跟着我先来认识一下他们吧

2. PPT 呈现动画短片《酷班演义》（时长 1 分 15 秒）。画面中，追光灯陆续定格，个性鲜明的一组黑白人物肖像，伴随着音乐和追光一一出场：

姚楚发——男生，穿 T 恤戴鸭舌帽，松垮状。

李悦勇——男生，一身球衣，正呼啸在篮球场上。

叶韶坚——男生，轮滑如飞，一脸快意。

黄　冠——男生，傲然回眸，略显忧郁。

黄燕蓉——女生，长发温婉，巧笑嫣然。

何景梅——女生，干练利落，笑得开怀。

胡烈聪——男生，戴着眼镜，神色冷峻。

3. 谈话：你看清楚了班级里的谁？印象如何？

4. 再看视频，留意人物特征。

5. 谈话：说说人物细节。帮助学生梳理。

6. 视频微格：将打印的各人物形象图片发给学生，再次观察，用关键词简要记录下自己脑子里的感觉和念头。

7. 谈话交流：你感觉谁是老师？为什么？你觉得谁是男一号？谁是女一号？为什么？

8. 初步构思故事标题。

9. 创想人物性格（阳光型、内秀型、外冷内热型、外热内冷型等）。

10. 勾画人物关系图。

11. 勾画人物社会关系图。

12. 撰写人物表。

13. 构想至少三个章节的故事大纲。

14. 着手写作一稿。

以上两个作文活动适用于小学中高年级，其创意立足"发散"，贴近学生生活，试图多渠道唤醒学生潜在的灵感，是作文教学活动的有益尝试。这两个教例的设计理念正契合了语文大家吴立岗教授所言：在习作命题上提倡学生自主选题，改进作文命题方式；在习作材料来源上，除了要求写记实作文外，还要求将想象作文列入教学计划，鼓励学生写想象中的事物；在习作体裁上，要求不拘形式，淡化文体，灵活运用记叙、说明、议论、抒情等表现手法；在习作指导上，无论取材立意、布局谋篇、用词造句，都要求开阔思路，自由表达，发展求异思维能力；在习作评改上，要求鼓励有创意的表达，并让学生通过自己改和互改取长补短，促进合作和相互了解，养成独立思考的习惯。

这类活动，在实施的过程中，往往备受学生欢迎，也比较容易获得学生共鸣，使学生能够较快"入境"，使学生感到较好"下笔"。诸如这样的教例还可以生发出很多很多，只要是适合学生的主题，都将会得到学生们第一时间的热烈呼应。

"放胆尝试，留心小结"——教作文的老师只有把握住了这点要诀，才能实现我们期待的教学相长。

一双敏锐的文眼——善导

前面讲到，作文教学应该"不打无准备之仗"，作为教师，我们倡导"爱读、能写、敢试"，必要的储备和自我锻造能令教学事半功倍——"爱读"让教师底蕴深厚，"能写"让教师来之能战，"敢试"让教师洞悉学情。而这里要强调的"善导"则提醒大家，面对复杂多变的教学场景，面对随时出现的教学问题，我们还应该有一双敏锐的慧眼，善察更要善导。

作文教学中，什么地方需要教师用心去"导"？又如何去"导"呢？我的概括是——难点引导，拐点疏导，弱点督导，亮点倡导。

难点引导。孩子们怕作文，困难主要在哪里？细究一下，无外乎两类：动力性困难和能力性困难。动力性困难，简而言之就是不想写或没话写；能力性困难则表现为写不出或写不好。前者的解决，靠教师想方设法点燃学生兴趣，并着意提升其观察感受能力，使我们的小学生面对生活时，都成为"有感觉"的人，看到好景致会动心，遇到好素材想动笔，最终成为快乐的"写客"；后者的解决则仰仗读书，需要教师下大力气狠抓学生阅读，以达到"养育文心"之目的。学生肚子里有货了，笔下自然有神。此外，具体的指导也非常重要，当学生在写作过程中遭遇瓶颈的时候，教师应给予他们及时且富针对性的帮助。

例如，人教版五年级下第二单元看图作文，画面表现的是孩子们进行小足球比赛的场景，图中人物形象生动，远景近景交融。但是，在指导孩子们"先想象后描述"的过程中，孩子们往往找不到感觉，打不开思路，对于画面虽有些兴趣，但明显没有兴奋点和共鸣点。基于这样的问题，我想，这与作品展现的是异国儿童生活或许有一些关系。于是，为达到"走进画面、走近人物"的目的，我创设了一个新的教学环节，我出示了两组人名——

俄国男孩名字	俄国女孩名字
维塔里耶	冬妮娅
瓦吉姆	喀秋莎
伊凡	尤利娅
安德烈	安娜
伊利亚	玛丝洛娃
瓦连京	妮娜

我和孩子们一道饶有兴味地念了念这些名字，并引导大家找到一种呼唤朋友名字的亲切感。接着，我们让这些名字"飞"进画里——选择自己喜欢的名字为人物命名，让每个画中人都"有名"。人物有了名字，形象顿时立体起来、丰满起来、灵动起来，有了一种呼之欲出的真切感，他们不再是画面上那个平面的形象，而成了一个"有故事"的大活人，学生们在这样的氛围里，想象瞬间打开，他们在观察中找到很多"有味道"的细节，他们开始爱上了画中的这些孩子，想画中人所想，急画中人所急，乐画中人所乐。就此，兴奋点找到了，话匣子打开了，进而拿起笔描述一番也不再是难事了。

拐点疏导。孩子们在参与到作文活动的过程中，往往会有一些情绪的波动，这些波动，或因写作困难，或因生活琐事，或因其他种种干扰，使学生处于一个无所适从的"拐点"，这样的时候，教师须敏锐洞察并及时疏导。

例如，我曾收到过这样的一份学生周记，看上去是首诗，题为《唉，无聊》：无聊，一切事情都那么无聊！／写作文，一提到这三个字，我的脑袋就大了。／一个字，一个词，都是那么无聊。／望望蓝天，颜色是那么单调，／只要淡淡的浅蓝，忧郁的白云／唉！／平凡，一切都那么平凡！／无数的车辆，无数的人，／在大街上平行。／一切东西根本没有变样。／唉！／学习是那么无聊！／唉！／天空是那么平凡！／唉，无聊！……面对这篇周记，我思索着其背后的原因。我联想到，这个学生近期因为家庭变故，情绪显得非常差。为了舒缓一下他的心绪，也为了对这篇周记有个交代，我临时决定在课堂上"点评"一下。让大家想不到的是，我首先用幽默的语言肯定了这首诗"言为心声"的"写实风格"，又指出了作者对于夸张、拟人、反复等多种手法的"灵活运用"，还点出了其前后呼应、长短句结合的"写作特点"，最后小结，这是"一个思想者的内心独白"。这样"另类"的点评，大出学生们意料，尤其是写这首诗的那位学生，情绪非常激动，很快在老师的帮助下摆脱了生活阴影，并意外找到了写诗的兴趣，走出了写作的"拐点"。

弱点督导。大家都知道，在大量作文实践中形成作文能力，其过程是漫长的，小学阶段的学生意志力相对薄弱，自控能力也不强，加之学生间个性差异大，他们在老师的指导下进行读写训练的时候，很多人往往难以坚持，这个弱点会令教学功亏一篑，因此，有力的督导就成了必需。督导的方式很多，可以是制度层面的，例如建立班级读写公约，制订班级读写计划，出台班级文学社章程等；也可以是情感层面的，例如缔结"手牵手"同学互助组，成立班级读写"帮帮团"等。在此过程中，教师还应留心利用各种有趣的方式来吸引学生。例如，为了给学生减压，也为了让学生品尝到更多书香书趣，可以在班级大力开展"师生共读"活动，教师可以为学生"读书"，让学生享受"听书"的快意；教师也可以和学生"共写"、"赛写"、"接龙写"，以丰富的形式吸引学生主动参与到读写中来。这无形中也成了一种督导，一种引领，让班级始终保持旺盛的读写态势，充满吸引力和感召力。

亮点倡导。教作文的老师，一定要有一双披沙拣金的慧眼，善于发现孩子们作文中的亮点，及时鼓励，热情倡导。例如，上海市特级教师徐鹄老师曾谈起一篇作文"死里逃生"的故事。他去朋友家做客，得知朋友的孙子，一个二年级小学生已经会写作文，就随口问小家伙最近写了点什么，小男孩却抱怨说："我刚写了一篇，妈妈说很无聊。"徐老师让他说来听听，男孩就把自己的作文复述了一遍。徐老师边听边记，听完拍案叫好——

一只小虫
上海市虹口区三中心小学二年级　朱震颉

一天早晨，我到阳台上拉窗帘，突然发现有一只小虫子在爬。

这只小虫小小的，绿绿的，长着一对银白色的翅膀，好可爱！我从来没有见过，它是什么虫啊？

我想捉住它，便从笔筒里抽出三支荧光笔挡住小虫的去路。小虫真聪明，转了个身，掉头朝没有笔的方向爬走了。我又连忙抽出一支笔挡住它，心想：把你四面围住，这回看你往哪里跑？可没想到，小虫扑扑翅膀，飞走了！

　　哎呀，我真笨！我怎么就忘了它还有一对翅膀呢？

　　徐鸹老师感叹说：我们不少老师、家长的头脑里，始终有一个固定的、模式化的所谓"好作文"的标准，那就是主题明确，思想健康，要有意义。用这样的标准来衡量，"捉虫子"之类的作文自然就变得"很无聊"了。殊不知，儿童正处在长身体、长知识的成长期，他们每天都睁大一双好奇的眼睛看世界，在他们的头脑里，有着无数个问号，许多的不解。儿童作文，本是儿童生活的表达，成长的记录。从这一点出发，所有能如实反映孩子的生活、思考的作文，都是好作文。由此可见，要正确评价儿童作文，就要站在儿童的立场想问题，用儿童的眼光看世界。我想，明白了这一点，我们的语文老师读起作文来，才能做到"心中有数"。对于闪烁着童真的作文，应该大力表扬，我们要积极倡导孩子们说真话，说自己想说的话，而不要为了什么所谓的"思想性"，去说假话、空话、套话。

　　引导，疏导，督导，倡导……教作文，老师必须善于因势利导，善于把困难转化为契机，成为孩子最贴心的作文向导。

　　教作文，你准备好了吗？我们每问自己一遍，我们的内心便会陡增一份自省，生发出为了学生为了教育的律己自强之心。多一份储备，多一分自信；多一份储备，多一分自如。也许，作文教学之旅，是对于一个语文老师的最全面的考验吧。

右手粉笔左手书——陈海燕教育漫笔

读你的日记让我如此快乐
——日记起步指导随感

敲出这个题目的同时，我望了望电脑旁放着的一大摞学生日记，那么熟悉，不用翻开，我就能从颜色和清洁程度准确地知道他们的主人。半年了，每天一次地翻阅总能让我兴奋。此时此刻，我真的急于通过我的讲述把这种兴奋传导给你们，告诉你们一段关于我和孩子们共同经历的快乐时光。

新的学期，已连着送走两个六年级的我，接手了二年级的一个班。鉴于一部分高年级学生因长期懒于阅读、疏于练笔，致使积重难返、读写艰难的教训，我下定决心，决不让这一届孩子错过读写练笔的黄金时段。在又一次认真阅读了语文新课标关于低年级写作启蒙的要求后，我作出了一个决定：练笔早起步，日记当足迹。

一、 激趣：你想认识故事里的女孩吗

小学二年级的学生稚气未脱，好动又好奇，怎样让他们理解"日记"并被吸引呢？刚开学不久的一次语文课上，我绘声绘色地为他们讲了一个故事——一个小女孩害羞又胆小，成绩不好，也没什么朋友，但她爱看书，有了心里话没人聊，她就和一个彩色的笔记本聊。每天把想说的话写在笔记本里，小女孩感到很快乐。日子久了，厚厚的笔记本写满了，害羞的小女孩也在不知不觉发生着变化。成绩提高了，朋友多了，她的文章还被老师朗读并大大地夸奖，这女孩长大以后，她还把这彩色的笔记本当作自己的宝贝。她说，是这件宝贝改变了她。

我问孩子们，你们想看看这神奇的宝贝笔记本、见一见这快乐的女孩吗？每个人都在使劲地点着小脑袋，同时瞪大了眼睛。

接下来，我郑重地打开一个精致的盒子，拿出故事里的彩色笔记本，然后在他们惊奇的眼神中温柔地告诉他们——这女孩就是我，小时候的我，你们现在的陈老师！

再接下来，正如你们想象的那样，孩子们要求我读日记给他们听。

这一刻——教室里安静得只听得见孩子们的呼吸声。

思考：榜样即导向，具有吸引力的导向不仅易于学生接受，而且使学习活动本身更具艺术性，教师个人的亲和力和感召力是一种宝贵而上乘的课程资源。

二、 命名： 一个好名， 美的开端

有了故事的铺垫，有了感情的渲染，孩子们很快对这神奇的笔记本发生了超乎想象的兴趣，不几天，全班便人手一本，每人都爱如神物。为了再一次推波助澜，我提示大家可以给日记本起个别致的名字，还可以像大作家那样为自己取个充满个性的笔名。学生们可有的忙了，一会儿琢磨笔名，一会儿设计扉页，还有的相互欣赏……放眼望去，真是热火朝天。

命名交流会上，我忍俊不禁地听到了"爱米鼠"、"小雨沙沙"以及"月光小屋"、"天天见"等一大串笔名和日记本名，每人的扉页也都"装饰"一新。瞧他们一个个满脸的光彩与兴奋。小小日记就要开篇喽！

思考：开篇之前，教师不急于进行写作方法的灌输，而是以"命名"这种方式来触动学生"创意"的灵感，激发学生下笔的冲动，此可谓"不教之教"。

三、 开篇： 我的日记我做主， 轻松下笔任我写

有了"名"就要有"实"。这美丽的日记本里到底该写些什么呢？我告诉学生，你可以把日记本当作一个摄像机，选择自己感兴趣的"拍"。可以是一只猫，可以是一朵花，可以是一个人，也可以是一种心情；可以是几句话，也可以是几个字，甚至可以是一幅画……总之，你的世界任你"拍"，看谁"拍"得好！

真像一场摄影大赛开始了。经常能看到：教室里，有学生在"拍"我批改作业的样子；操场上，有学生在"拍"体育课的游戏；校门口，有学生在"拍"扫地的大爷……我知道，这所谓的"拍"正是我们所期待的那种"观察"，而学

生们用小手搭成"镜头"，嘴里叫着"咔嚓"的快乐，不也是一种体验和感悟的过程吗？

让我们来看看孩子们都拍到了些什么？——

1．随感式

10 月 12 日　星期二　天气：晴

橘子灯笼

付小树

今天上课时，老师让我们用橘子皮做灯笼。我看到别人把橘子割开，把橘肉吃掉再做，他们吃得那么香，我嘴里都在流口水了，那口水都是甜的，我也要让爸爸给我买橘子吃。

第一次读这篇日记，我兴奋地在办公室里大声朗读，那句"那口水都是甜的"让我看到了付小树的灵气，令我至今津津乐道。总共两句话的一篇日记，让我读出了一种久违的率真——我知道，这，就是我要的。

10 月 14 日　星期四　天气：晴

停电了

兰怡然

唉！真是的，晚上又停电了。停电了不能看电视，暖气也用不成，饭也吃不成，四周又黑又冷。当然，停电也有好处，不用练琴，不用读书，可以早早地睡觉。

偶尔一次停电还可以，如果经常停电，学习就落后，琴也会弹不好。

停电的"好处"让人始料未及，我感慨于孩子如此真实的表达，"我手写我心"——这正是我的目标。

2. 见闻式

10 月 15 日　星期五　天气：晴

懒　狗

高商

今天，我和姥爷去外面吃中午饭。我们是坐车去的，坐车时，我看见车下蹲着一只狗，车紧按喇叭，可狗就是不动。原来它是一只懒狗，它听见喇叭先一动也不动。过了一会，只见它伸了伸腿，然后，汽车又响了几声喇叭，它才懒洋洋地爬起来，边走边打呵欠。

吃完饭后，我们的车又从那儿经过时，看见它又趴在了路边，就像一只死狗。

只有孩子会在意路边一条不起眼的狗，狗的"懒"被孩子尽收眼底，吸引着她的目光，并"拍"了下来。可爱！

11 月 20 日　星期六　天气：阴

爸爸的缺点

李诗瑶

我的爸爸是总经理，经常在外面吃饭，喝得大醉。

记得有一次，爸爸喝醉了回来，又是吐又是拉。我扶着爸爸上床，爸爸一躺到床上就打呼噜。我又帮妈妈清扫爸爸吐出的脏东西，那难闻的气味，熏得我和妈妈直恶心。那一夜，我和妈妈谁都没有睡好。爸爸，您这爱喝酒的毛病，什么时候才能改掉呢？

孩子的感觉是敏锐的，她看到了什么就写什么，话语像是从心底流出，平白自然，无须修饰，却流畅感人。

3. 模仿式

12 月 26 日　星期日　天气：雪

雪人哪儿去了

李梦

冬天下雪了，小朋友们在堆雪人。小朋友们堆完雪人都回家了。

太阳出来，雪人都化了。小朋友们来到雪地上一看，雪人不见了，雪人哪儿去了？没有了，没有了，地上一点雪都没有了，被太阳公公带走了。

恰到好处地模仿了才学过的课文《云房子》（苏教版），套用的句式也天衣无缝，学能致用，孺子可教。

4. 摘抄式

11 月 27 日　星期一　天气：多云

保护青蛙

小雨沙沙

别捉蝌蚪，/它是青蛙的娃娃，/别吃青蛙，/它是蝌蚪的妈妈。/勤劳的青蛙，/捕捉害虫，/功劳很大，/保护青蛙，就是保护/我们的庄稼，/别再伤害，/我们的朋友，可爱的青蛙。

一读之下我想到：凭她的水平，写不出这诗，看样子，是"借"来的。不过诗是首好诗，抄倒也不见得完全是坏事，何况，能抄首好诗也是需要眼光的。心平气和写下一句留言："小雨沙沙，你在哪儿找到的这么好玩的诗？还有更好的吗？借我看看吧。"

5. 幻想式

12 月 15 日　星期三　天气：晴

水果开会

张富婧

今天，小主人不在家，水果要开一场大会。

水果主席说："今天，我们要评谁是最优秀的。"桃子哥哥最先说："我又甜又脆，又有维生素 C，小朋友都爱我。"柑子姐姐和橘子妹妹手拉着手说："我们又酸又甜，也有维生素 C，用橘子皮泡的水，还能洗掉油。"苹果弟弟说："我长得红彤彤的，除了有维生素 C，有铁，还有矿物质。"香蕉说："我含有维生素 B，吃了不会结肚子。"大家七嘴八舌，最后，主席说："大家都是优秀的水果。"水果们欢呼起来。

医生的女儿知道得就是多，编起故事来也是有知识含量的，由此可见，这个孩子听得多，记得多，想得多。

思考：不给日记戴"紧箍咒"，大概是日记起步最要紧的一点。让学生放胆下笔，并常常领受老师由衷地赞美，孩子的灵感就被"夸"出来了。

四、互动：我的日记你读了吗

每一天，读学生们的日记总是让我情绪亢奋，孩子们的表现更让我干劲十足。我总是会在班上朗读他们的最新作品，然后，给他们以最热情的褒奖。但是，一节课总也念不了几篇，我是多么急于展示每一篇佳作啊！有了，一个好点子来了！我要让美丽的日记本们"动起来"！

互动一：日记交换

1．换本看

（1）分配交换。老师随机分发，发到谁的本，你就看谁的日记。

（2）自由交换。随意选择，自主交换。

换本看，看什么呢？一看内容，二看书写，三看清洁。既要看别人，又要比自己，看到长处，看到优势，看到学习方向。

每一次的交换，孩子们都是手舞足蹈，欢欣雀跃，既交流了日记，又交流了情感。

2．换本写

当我告诉他们，今天要在交换对象的本上写日记的时候，学生们感到新鲜极了，这篇日记的题目就叫《某某某，我想对你说》，想说什么就说什么。

12 月 28 日　星期二　天气：阴

项彬，我想对你说

聂明君

项彬，你的脸又大又黑，就像一个黑气球。我爸爸妈妈看了你的日记说："写得不错，字不美。"我也是这样认为，你的那篇《临时的语文老师》我很喜欢，因为跟我想的一样。你的本子太脏了，我教你一个办法，用湿抹布擦擦就干净了，不信你试试吧！我给你提个意见，别总是不跟这个玩，不跟那个玩，不然别人都不跟你玩了。今天就说这些，再见！

听起来就像是聊天的话，但还是让我读了又读，很高兴制造了一个让孩子们自由表达的机会，有了话语对象，表达起来好像更畅快了！

互动二：日记接龙

可以是生生接龙、师生接龙，也可以是亲子接龙；可以接故事，也可以接歌谣。总之，内容多变，可长可短，可放可收，重在刺激灵感，心灵碰撞。

这样一来，既营造了阅读期待，又激发了创作欲望；既增进了感情，又开阔了视野，好玩又有趣。

互动三：班级时事评议

针对班级最新时事进行评议是一种新的互动方式。人与事互动，师与生互动，生与生互动，做到言之有物，言之有理。如：《拖欠作业羞耻》《贺卡是大树的眼泪做成的》等。前不久，针对日记交换时，项彬弄丢秦沐严的日记本一事，我提示了一个主题《交换日记不能丢》。

1月6日　星期四　天气：晴
交换日记不能丢
秦沐严

今天，老师让我们交换日记，互相学习，我和项彬交换了日记。下午，赵静文气喘吁吁地跑到我面前说项彬把我的日记本弄丢了。我听了之后，很生气也很难过。

我非常喜欢我的日记本，日记本里记载了我许多的喜怒哀乐，有很多爱心（注：优秀标志），有老师送的一支神笔和一面红旗，还有很多鼓励我的话。我平时很爱惜我的日记本，现在弄丢了，我很伤心。老师也批评了项彬，说不该把秦沐严的日记弄丢。回家后，我把日记本丢了的事告诉了妈妈，妈妈说："这个孩子太没有责任心。"可是她不是故意的，我原谅了她。

多可惜啊，我的日记本。

陈老师留言

秦沐严，你的日记本丢了，老师也很难受，那里面有多少好日记啊！那支我送给你的神笔如果你喜欢，我再送你一支。瞧！还闪闪发光呢！你一定能用它写出令人惊叹的文章，一定！你原谅了项彬，说明你是个多么宽容的人啊，这会让老师更加欣赏你！加油！

爱你的老师

秦沐严妈妈留言

陈老师，您好！孩子的日记本弄丢了，确实有些遗憾！那是多么值得纪念的东西呀！谢谢您的良苦用心，百忙中还抽出时间来安慰孩子，让他感动不已。真的谢谢您，我们会让您的话成为他进步的动力，只希望他不会让您失望！

一本丢了的日记牵动了很多人的心，也让我们之间的交流显得那么真诚和美好。活在这样的美好与感动之中，还会觉得累吗？

思考：互动，让日记有了读者。从此，倾吐有了听众，表达有了喝彩，呼喊有了回应，心灵有了碰撞。读者意识，就此生根。"乐写"为"善写"埋下了伏笔，成为日记起步最坚实的基础。

五、 评价： 五花八门， 心跳加速

说起评价，那你得翻翻我们的日记本。瞧，又是简笔画，又是小奖章，又是评语，忙得不亦乐乎！

龚如一《好吃的萝卜炒鸡块》评语：太诱人了！老师好像也闻到了鸡块的香辣味儿！啊！我今晚也按你说的来做做，看看是不是这个味儿！

刘勋杰《换本写日记的感觉》评语：好啊！写得又干净，句子又美！老师拥抱你！祝贺你又进步了！送你个大苹果吃（画了个红苹

果），甜吗？

另外，我们还举行了"日记大王"、"日记小王"评比，现场日记竞赛、互写评语等活动，几乎每个人都收到过我送的"苹果"、"神笔"、"饮料"、"智慧果"等礼物，我也会收到来自他们的五花八门的"礼物"，一张"笑脸"，一朵"花"等，总让我无比感叹，欣慰不已，还有什么能比这更可爱、更宝贵的呢？

我只想说——孩子，读你的日记让我如此快乐！

思考：变单向评价为多元评价，变严肃刻板为温情万种。当教师的情感已成为一种宝贵的滋养，当记录已成为一种诱惑，日记训练在经历"起步"之后，必将迎来令人欣喜的"奔跑"。

感动于学生的感动

这个单元的习作主题是写读后感或观后感，我兴致勃勃地翻阅了一下孩子们刚交上来的本子，有两个发现——写读后感的人比较多，其中以《读〈一夜的工作〉有感》为题的人也比较多。略略地看了一下，同题的几篇文章大都对周总理的"工作劳苦"和"生活简朴"发出了感慨，赞叹了总理如何的为国忧劳，如何的克己奉公，表达了要"以周总理为榜样"的决心。不经意地又翻了一本，又是《读〈一夜的工作〉有感》，这一读，居然令我手不释卷了。

读《一夜的工作》有感

皮聪聪

我用了深情的语气在家里反反复复地读了几遍《一夜的工作》，令我感动的是，一位总理，一位高级官员，生活却是那么简朴，工作不辞辛苦。作者把自己看到的总理在夜晚怎样审阅文件，怎样认真思索的镜头用笔写了出来，写出了我们新中国总理夜晚是怎样工作的，这种精神鼓舞着我。

周总理这种对工作负责的态度和对工作的热情不由得让我想到了一个人，一个我身边最亲的人——我的妈妈。

我家是做烧烤的，每天晚上，我家里的人都会去帮忙，洗的洗，串的串，我的妈妈是专门烧烤的，总是站在烧烤台前烤着肉串鱼串，那烟气十分熏人，并且烟往上直冒，我不知道妈妈是怎样忍受过去的。

妈妈工作时非常认真。妈妈烧烤时不是随便放佐料的，而是一边烤一边把握时机放佐料和油，使得吃起来味道很香，非常过瘾。妈妈总是忙得很晚很晚，妈妈每个夜晚都是这样工作的，你们有这样的妈妈吗？（特别提示：该段脱胎于课文《一夜的工作》中的经典句子——"他不是浏览一遍就算了，而是一边看一边思索""他每个夜晚都是这样工作的，你们看见过这样的总理吗？"）

　　周总理的生活也是那么简朴，每个晚上消夜只是绿茶和一小碟棵（错别字，应改成：颗）数很少的花生米，不因为自己是高级领导而特殊准备好吃的，生活那么节俭。周总理生活简朴的精神同样使我想起了一个人，那个人同样是我的妈妈，她同样和周总理一样生活简朴。记得有一次深夜，我从梦中惊醒，我起来倒白开水喝，却发现妈妈房间灯还亮着，我走过去推开门，发现妈妈正一只手握馒头一只手打算盘算账，边算边用笔写下来记账。妈妈看见我只是笑了，我走过去关切地问妈妈："妈妈，这么晚了，怎么还不睡呢？怎么啃馒头呢？家里不是有'沙琪玛'点心吗？我去给你拿。"说完我扭头就向门外跑去，妈妈叫住我说："不用了，儿子，那是专给你买的，妈不吃。赶快去睡觉吧！"我只好回到了床上。回过神来，我心里十分愧疚，妈妈是多么爱我，多么望子成龙啊！

　　一位是我身边最亲的亲人，一位是我最崇敬的国家领袖，我一定要好好学习，并且我会不断地对自己说，不断地告诫自己（再次提示：该句模仿了课文中的句子"我不断地想，不断地对自己说"）："你的亲人在盼望你能够努力做一个真正的人才，你心里最崇敬的人正在盼望你报效祖国、建设祖国。"

　　我一定带着这种信念——努力！加油！好好学习！

　　不知大家读完有何感想，应该说，我很震撼，也颇有些五味杂陈，很想很想提笔给这孩子写几句话，谈谈老师对他这篇读后感的"读后感"，但，一时间竟不知如何下笔。

　　站在成人的角度，关于周总理，我们能想到的是崇高，是伟大，是高风亮节，等等，但一个男孩，一个十二岁的小学生面对一位伟人，他想到的竟只是他的妈妈，原因是这个他最熟悉最亲爱的人与伟大的总理有着共同的特点——"工作劳苦"并且"生活简朴"。在他平静而又深情的描述中，我们清楚地看到，在这个小小少年的心中，每晚做烧烤的妈妈同每晚审阅文件的国家总理一样辛苦，每晚啃着馒头算账的家庭主妇同每晚只享用一小碟花生米的国家总理一样可敬！母亲的辛劳化作了儿子眼中的一汪清泪，母亲的苦心成就了孩子奋发向上的决心。我不禁感叹这个瘦弱的、不起眼的小男孩，竟曾这样地凝视过他劳碌的母亲，竟又这样无比豪气地赞叹他的妈妈——"你们有这样的妈妈吗？"

肃然起敬啊，一颗感恩的童心！这淌自心底、由衷而发的"读后感"虽腼腆稚拙，却这样轻易地打动了人心！

文贵乎情，情贵乎真，真情出自真心，真心缘自良善。是啊！欲做好文，必先做真人。我们总在追问，孩子们的善美情怀哪里去了？一篇篇成人腔让人叹息，一句句套话让老师们冒汗。此刻，我更清醒地认识到，与其费尽机巧地授予学生为文之道，不如先静下心来引领他们捡拾生命与生活的精彩，看看天的蓝，摸摸水的绿，体会食物的珍贵，感受人间情谊的分量……这些，都远比如何行文立意、布局谋篇来得更重要，来得更急切。我想，一个有心且有情的人是不难"道出心曲，写出真话"的。所以，教给孩子作文之前，还是应先来"怡之情，养之性"啊！

握着皮聪聪的本子我在出神。我想，这篇习作会让我记得一辈子。

合上本儿之前，我想了想，还是写上了几句话：懂事的孩子，你的妈妈是幸福的，做你的老师也是幸运的！谢谢你带给我那么多美好的思考，老师打算向你学习——爱身边的人，写心底的话。另外，几个错别字要注意改正哟！

下水文, 不仅仅为了示范

引 子

徒弟小丹的习作指导课刚结束,我们师徒有了以下的对话。

小丹:师傅,您看我这次准备得够充分了吧!

我:哦,发了好些范文给学生。

小丹:有了这些范文,他们就能找到窍门了!

我:这些范文都是哪儿来的?

小丹:网上搜的呗!网上多得是啊!

我:没想过自己写篇下水文?

小丹:下水文?哦……那得费脑细胞,再说,如果写不好,也起不到示范的作用呀!所以我就……

我:所以你就摘现成的"桃子"了是吧!下水文,可不是你想象的那么简单哦!你知道吗——能写、会写下水文,是一个成熟语文教师的标志,爱写、善写下水文,就是一个优秀语文教师的标志了!

小丹:哦,是吗?

我:下水文,可不仅仅是为了示范啊!我们该多视角地来透视这"下水文"啊!

下水文可以激活"笔尖"

下水文,顾名思义,就是教师写的范文。"学写如学游",教师自己写写,如同为学生、为教学试水，感觉一下水温，探摸一下水深，更重要的是，享受一下水流，享受表达的快意，让"水花"激活自己思维的火花，让自己的笔尖永不生涩。语文教育家刘国正先生说，你要教会学生写文章，自己要先乐于和善于写文章，教起来才能左右逢源。

教师对于写作的热度是可以传染给学生的，因此，边教边写，应该是语文教师的理想状态。下水文不仅仅局限于教师"试水"的同题写作，它更应该是教师在教学生涯中的一切练笔和写作行为。例如，系列教学手记《老师失音了》《独角戏进行时》《一言既出》等数十篇文章，就是我边教边写留下的印记。"边教边写"能让人思如泉涌。丰富的教学生活，精彩的校园故事，缤纷的社会舞台，都成为教师练笔的源头活水，这些即兴的、原生态的记述，既是一种充满职业情感的教学手记，也是教师对于教育活动的一种自我审视和盘点梳理。

如果保有一颗细腻的心，一定会有一支流畅的笔。观察生活，感受真情，体验百般滋味，抓取瞬间印象——教学片段可以写，校园生活可以写，内心独白可以写，童话神话也可以写。散文、童谣、故事、诗歌、剧本、段子……一切能表达情绪的形式都可以尝试。久而久之，教师基本功之一的"写功"便逐渐自如了。下水文在激活笔尖的同时，也为教学提供了极其丰富的课程资源，成为不可替代的教学亮点，更成为语文教师职业生活中妙不可言的独特风景。

下水文可以浸润"心田"

教师的一切练笔和写作行为都可以视为"下水"，作为原创，作为一种朴实的、率真的情绪表达，这样的"下水文"可以拥有不同层面的读者群——学生群、同事群、家长群、社会群、亲友群……还能起到意想不到的作用——沟通情感、浸润心田。

下水文的主要读者当然是学生。有经验的语文教师都知道，学生对于教师的"下水文"有着天然的、极浓厚的兴趣，课堂上，他们往往会以最热烈的掌声和最热切的眼神欢迎下水文。每当这个时候，文字便成就了师生的心灵对视和情感意义上的肌肤相亲，使得学生和教师之间形成了一种"直达心底"的无障碍沟通。学生对于教师文字的渴望，既是一种技术借鉴的期待，更多的是一种情感的亲近和对于教师形象的礼赞和膜拜。在学生们眼里，教师能与自己分享文章，就是在感情上把自己当作密友，是对自己的一份认同和尊重，是一种敞开心扉的接纳姿态。下水文也是教师自信、开朗、阳光的"形象宣言"，可以说，与学生们分享下水文的时候，是一个语文教师最充满魅力的时刻。因此，珍惜并借力于这种情感，以下水文来促进语文教学和师生沟通，是每一个成熟的语文教师都应该意识到的。

同事、同人、同行是"下水文"的另一个读者群。"下水文"交流作为同人圈中一种特别的研讨方式，在促进学科教学研究的同时，能极大地增进同行了解。《歇歇吧，老师》就是我撷取身边的真人真事，有感而发，以学生的口吻来呈现的一篇下水文，文章以抒情的笔调，娓娓讲述了我的同事孙老师几年如一日，带病坚持在校园和社区推广国学经典的感人故事。文章在学生群中引起了极大的共鸣，也吸引了很多同行，引发了教研团队关于经典推广活动的大讨论，同时，加深了同事间的了解，增进了彼此的感情。此外，下水文还可以在家长群、社会群、亲友群中广为传播，成为大众了解教育、关注教育的一个窗口，成为家校"交心"的纽带。

下水文可以打磨"技艺"

苏霍姆林斯基指出："学生不会写作文，最简单的原因是教师不会写作文。"语文教师长时间不写作，直接导致写作技艺生疏，下笔艰难，也为指导学生写作和批改学生作文带来连锁困难，因此，我们提倡"常常动心，常常动笔"。

下水文既可以是整篇，也可以是片段。为了指导学生写人，我曾经写过八种方式，共计十一种开头样式，以打开学生思路，统稿为《写人开头八法》，重点介绍的方法有：姓名开头法、声音开头法、动作开头法、回忆开头法、悬念开头法、画像开头法、抒情开头法、欲扬先抑开头法等。写这样的下水文一方面是为了打开学生思路，另一方面也可以挑战自己，磨炼自己。写的过程感到语塞，感到词穷时，也才能更深刻地意识到，自己的写作技艺尚需打磨，学海无涯，要学的还有很多，必须多练多写，手才不至于僵硬，笔才不至于生涩，脑子才不至于生锈。基于这样的想法，除上面的《写人开头八法》外，我还陆续写出了《写景开头十法》《读后感开头十法》《故事开头十法》等下水文，学生受益的同时，自己也感到经常动笔，越写越顺。

一次偶然的机会，我读到介绍沈从文先生的一则故事，才欣喜地发现自己的做法竟与著名作家不谋而合——沈从文先生在高校任教时，曾教授写作课。每次布置一个题目，他总是从各个角度先写几篇，贴在教室的墙壁上，有时甚至密密麻麻贴满好几面，让学生看了以后回去自己写。我想，这样做的好处很多，既启发了学生思路，又磨炼了自己笔力。

下水文可以前瞻"学情"

常写下水文的教师都知道，下水文并不好写，很多时候，会出现意想不到的困难。因此，下水文的构思和撰写过程，其实也是对学生学习过程的一个模拟，可以掌握非常宝贵的第一手学情。

正像崔峦老师说的那样："教师'下水'，这是最切实的指导。写与不写大不一样。"体验了写的难度，摸清了难在哪里，想好了应对措施——被下水文预热之后的写作教学，必然会是有的放矢，轻重适度。教师可以从容地带着学生绕开那些"暗礁"，涉过那些"险滩"，给他们以最得力的启发和指导。叶圣陶先生说得好："老师深知作文的甘苦，无论取材布局、遣词造句，知其然又知其所以然，而且非常熟练，具有敏感，几乎不假思索，而自然能左右逢源。这样的时候，随时给学生引导一下，指点几句，全是最有益的启发，最切用的经验。"

例如，在指导主题为"人与书"的习作前，我开始构思下水文，思索良久，竟为题目犯了愁：定个什么题目好呢？什么题目稍有新意呢？如何让题目成为"文眼"呢？……我一时还真想不好。由此，我想到，我的困难必然会成为学生们的困难：拟不好题目，拟不准题目，拟不出题目。于是，我决定，以此为突破口，先攻下一组"下水题目"，然后，在习作指导教学中，以此为契机，顺势打开话题，启发学生思路。这个教例再一次启发和提示我：下水文是教学的试验田，是学情的瞭望台，利用好保养好，能够为教学助力，甚至添彩。

下水文可以引领"情趣"

爱写、善写的人，往往觉得写作的素材俯拾皆是，生活的角角落落都是故事，但对于很多小学生而言，"没啥可写"依然是他们最愁的事，究其原因，是他们缺乏一种非常关键的引导，那就是观察的点拨和情趣的引领，而教师的下水文正可以承担起这一重要使命。

例如，为了解决学生"日记素材难找"的问题，我将自己多年前的几本日记带来，和大家分享。我告诉孩子们：要写好日记，必须先做个"有心人"。带上耳朵听，能听到生活中很多有趣的话；带上一双慧眼去看，能看到很多心动的景；带上感恩的心去体味，能感受到最浓最纯的人间至情。我把自己写的日记一篇篇地读给学生听。内容可多了：生活段子、心情小记、真人真事、憧憬幻想……生活的角角落落，生命的悲喜哀乐，真是无所不及。开怀处，他们随我的文字大笑；伤感时，他们也随我的文字黯然。日记里点点滴滴的生活五味感染着他们的心。我随即又启发大家，生活中这样值得写的事到处都有，就看能不能入你眼，入你耳，入你心。通过这样的下水日记分享，传递给学生的是热爱生活、热爱写作的一份浓浓情趣。此外，我还经常为学生展示自己的素材积累本、构思提纲、文章手稿以及博文等等，也经常为他们描述自己观察生活时沉醉其中的美妙，写作时得心应手的快意，写作后作品发表的开怀。"最好的教育是感染"，的确，教师对于写作的热情和虔诚深深地烙印在了学生的心中，成为一种春风化雨的熏陶和感染。值得一提的是，除学生外，下水文在家长、同事等不同读者群体里传播的过程中，同样起到了情趣引领的良性作用，加强了多层面的沟通与交流，为教育教学带来了润物无声的促进效果。

下水文可以引发"思考"

构思下水文、撰写下水文、运用下水文、研究下水文的一系列过程，也是一个语文教师全程思考的过程和极富价值的成长过程。

思考一，发现教学现象。在运用下水文辅助教学的过程当中，我们发现，下水文以其不可替代的资源价值，成为语文教学乃至德育和班级管理中的一股强劲的发展助推力，它所产生的巨大影响惠及学生身心，成为最受学生欢迎的学习资源之一。

思考二，诊断教学问题。教师在构思和撰写下水文的过程当中，经常能够产生和学生的换位思考，对于学生的学习体验感同身受，从而得以审视教学问题、梳理教学问题、研究教学问题。

思考三，寻找教学契机。教学问题的呈现，必然带来教学方法的跟进探寻，有时甚至是教育教学理念的深度考量，引发对于学生学习行为的全新角度的思考和研究，从而调整教学预设，重新构建更有效的、基于儿童心理特点和认知规律的教学新路径。

思考四，盘点教学得失。下水文的质量、下水文的品位、下水文的运用技巧等问题，都会引起教师对于自身素质、教学品质的一系列反思。教师在此过程中，会对自己的写作水平、朗读水平、鉴赏水平、教学设计水平、现场调控水平等技巧能力有更高的期许和要求，在盘点得失中生发不断进取的动力，获得专业发展。

思考五，提炼教学规律。在研究下水文，运用下水文的过程当中，教师如果能够紧密地结合本地域、本班级、本人的具体特点，在探索中边实践、边改进、边总结，必然能够提炼教学规律，创新教学方法，促进学生学习，丰富研究思路。

附

"人与书"习作教学片段

师：写作之前要命题，请同学们先看看这些题目。（我通过多媒体呈现一组标题：《书虫日志》《枕书入梦》《爱书如命的人》《好"玩"的书》《那个为书着迷的假期》《我为好书画插图》《书迷逸事》《躺在线装书里的那些诗》《和你聊书》《我的书编好啦》《未来书世界》……）

生：哇——这么多题目！

师：发现这些题目有什么特点了吗？

生：发现了！这么多题目全都是围绕我们这次习作主题的。

师：还有什么发现？

生：这些题目都很"可爱"。

师：说说你的感觉。

生：这个《枕书入梦》的题目最有意思。我好想知道是一本什么样的书，会让作者"枕书入梦"，又会有一个怎样的梦呢？

师：所以你认为这个题目满"可爱"。

生：最吸引我的一个题目是《我为好书画插图》。这好像是给我专门设计的题目呀！因为我就给很多书里的故事画过插图，有的还是连环画呢！

师：是吗？你的画有观众吗？

生：观众可多了，不信你问我们小组的同学，几乎都看过我的插图，他们都是我的"粉丝"。

师：不得了！怎么我错过了这样的精彩。希望有机会欣赏你的大作。老师很好奇，你都给哪些书画过插图？

生：我的画基本上是"诙谐派"，给寓言故事书画得最多。我还给自己编的故事画过插图呢！

师：你对这个话题"来电"。

生：《躺在线装书里的那些诗》，哇，这个题目好"穿越"哟！

（全班笑）

师：说说你的感觉。

生：这个题目太"有戏"！我一下子想到了很多很多画面，好想读读这篇文章。

生：我喜欢的是《未来书世界》，很奇幻！

生：像个大片的名字！

师：嗯，我也觉得这名字很大气。古人讲"题为文眼"，就是说，标题如同文章的眼睛，一定要新颖别致，才能引起读者兴趣。你们知道吗？刚才大家看到的这十几个题目，都是从陈老师脑瓜里"蹦"出来的。

生：啊，全都是陈老师想出来的呀！

生：啊呀，一下子想出这么多呀！

师：孩子们，其实设计一个"有味道"的标题并不难。老师发现，设计题目其实也就是选材和构思，首先你结合主题开动脑筋，找到自己的兴奋点，然后用一个比较特别的方式把它表达出来。比如说，轻松的故事不妨用诙谐型的题目，庄重的故事不妨用深情型的题目，神秘的故事不妨用奇幻型的题目，总之，不同的文章内容应该配以不同风格的题目，这就好比不同气质的人要戴不同风格的帽子一样。一个好的题目，就是文章成功的一半。好，就让我们来个"题目设计冲刺赛"，看看你们的小脑瓜里能不能蹦出个好题目！请大家迅速构思，在纸上写下几个题目，一会儿请你挑最满意的一个题目跟大家交流。好，开始！

（学生开始设计标题）

师：好，看来大家都有收获了！来晒晒自己的题目吧。（大屏幕展示众多题目：《"救急"的书》《书友QQ群》《淘书小记》《书侠说书》《我的第一本字典》《租书》《菜谱啊菜谱》《老书迷VS小书迷》《一本"要命"的说明书》《我最喜爱的一套书》《无书不欢的那个人》《这书让我着迷》《奇妙的"换书节"》《坐拥书城》《小书迷的烦心事》《书香暖我心》《旅行时最想带上的那本书》《第一次网上购书》《与书为伍的日子》《写给诗人谢尔的信》《书，我的密友》《营养丰富的"长生果"》《好书伴我行》《销魂哈利》《好书好滋味》《过目难忘的好书》……）

师：瞧，想不到吧！大家的脑子里蹦出了这么多题目，而且风格各异。孩子们，你对哪个题目最感兴趣？如果来个"现场点播"，你最想点播哪篇文章？

生：我想读《书友QQ群》，对了，我想问作者是谁呀？

师：作者？请现身。

（作者应声站起来）

生：我想问问你，你们真有这么个"书友QQ群"，还是你想象的呀？

生：群是有一个，不过是我表姐他们那些中学生的群。不好意思，我是混在里面，长期"潜水"的。他们聊得太牛了，我根本不敢插嘴，但是，听听已经很有意思了。等我上了中学，我看的书多起来了，那就敢"发言"了。

师：哟，原来是"书友QQ群"的潜伏者呀！

（全班笑）

生：这个《"救急"的书》还挺诱惑人的。我想，肯定有个好笑的故事！

师：嗯，作者听了你的话，心里肯定美滋滋的！

生：我喜欢《老书迷VS小书迷》。

生：《书侠说书》貌似很有气势哦！

生：我是吃货，所以想看《菜谱啊菜谱》。

生：《奇妙的"换书节"》写什么呢？想知道。

师：老师也来挑一个，《一本"要命"的说明书》感觉很有故事啊，玄机四伏！

生：哎呀，我也有这种感觉。

师：同学们，看来读者们都已经急不可待了！还等什么？赶紧拿起你的"神笔"开始"下笔如飞"吧！精彩值得期待哦！

……

评析

在上述教学片段中，教师把课前自己拟定的十多个题目一一呈现，瞬间打开了学生的记忆仓库，激活了想象空间。紧接着，又通过有意识的点拨指导，进一步启发学生思路，教给学生方法，并通过"题目设计冲刺赛"、"现场点播"等灵活而富有儿童情趣的形式，进行了有效的训练。至此，一个教学的难题演变成了一场意趣横生的"头脑风暴"，既突破了教学难点，又激发了学生兴趣，点燃了孩子们潜在的灵感火苗。

做"好事"

——主题习作 《童年趣事》 下水文

想起这件往事，我就忍不住要笑出声来。啊，那时的我可真……

那年我还在上幼儿园，是个听话的好宝宝，把老师的话当作圣旨。有个礼拜，我突然烦恼起来，怎么回事呢？原来，这个星期老师说，每个小朋友都要做一件"好事"，做了好事的小朋友可以在周末带一面光荣的小红旗回家。啊，小红旗，要是我能举着红旗回家，那多神气呀！爸爸妈妈会夸奖我，邻居会赞扬我，别的小朋友还会羡慕我！想想都很美呀！可是，可是，已经过去几天了，我的好事还没着落，唉，天哪！做什么好事呢？什么事算好事呢？我急得在幼儿园里团团转。

因为我是寄宿宝宝，晚上住幼儿园寝室，周日才被接回家，所以，我只能打寝室或者餐厅的主意。餐厅有保育员阿姨，根本插不上手，我就开始在寝室里转悠，想找找看有什么"好事"可做。一个清晨，起床铃惊醒了熟睡的我。虽然很不想起，但想到要表现好，就赶紧自己穿了起来。看到老师手忙脚乱地正给其他小班的宝宝们穿戴，我眼前一亮：啊，地上宝宝们的鞋子都还没人给穿呢！"好事"来了，让我来给他们穿！老师可能也没注意到我，我一口气给十几个宝宝穿好了鞋，穿一个，心里美一阵，仿佛离我的小红旗又前进了一大步。不妙的事发生了。几分钟后，老师气急败坏地埋怨我"帮倒忙"。原来，我分不清左右脚，很多宝宝的鞋子都给穿反了！只见老师蹲在地上费劲地给每一个宝宝松带、脱鞋、再穿鞋。愣愣站在一旁的我，此时才如梦方醒，知晓了一个天大的事实：啊，原来人脚上的两只鞋子是不一样的啊！我无限愧疚地看着老师一阵忙乱，心里低声说：哦，老师，我是想做"好事"的呀！

"好事"没做成，我反倒成了一周新闻。周日被爸爸接回家的时候，我没有了往日的欢喜。心里还惦记着没有完成的"好事"。吃过午饭，我就在家里、院里转悠，不甘心地四下寻摸着。

突然，我眼前一亮。我看见了门口放着的爸爸的一双皮鞋，那大大的黑皮鞋上落满了灰尘，我的心立刻"阴转晴"："对呀，我可以来帮爸爸洗皮鞋嘛！爸爸醒来一定会夸我能干！"说干就干，我找来大盆子，接满清水，将爸爸的皮鞋"扑通"一声扔进去。我还找来刷子，嘿呦嘿呦地刷了起来，不一会，我就刷出了一盆子黑水。我无比激动地想："啊哈！皮鞋马上就要大变样了！"很快，皮鞋刷完了，我将水淋淋的大皮鞋立在窗台上。看着不断流下来的黑水，我感觉自己简直太能干了！

这时，我神气地走到院子里，希望有人看到我的"壮举"，夸奖我一番。可是，院子里静悄悄的，什么人也没有。要知道，当时正是炎炎夏日，院子里其他的人都躲在家里睡午觉呢！我突然想到："要是我把全院邻居的皮鞋都给洗了，那这件好事可就做大了！嗯，就这么干！"院子各家都有一些杂物堆放在自家门前，当然也少不了鞋。不一会儿工夫，我就搜集了很多鞋：小孩的皮鞋、老人的棉鞋、大人的带毛的皮靴，大的、小的、灰的、花的、棉的、皮的……嗬！那叫一个多！我兴奋地将这些好东西"扑通""扑通"撂进水里，开始了第二轮"工作"。

"啦啦啦！真累呀，可是我却不怕呀！啦啦啦！真快乐，做好事呀真快乐！"我开心地边刷边唱。不一会，院子里就晾满了各式各样湿漉漉的鞋子，我看着自己的"战果"，心想：啦啦啦，好事做大啦！

亲爱的读者，事情的结果不用我说，想必你已经猜到了——午睡结束，我的"好事"就引爆了整个院子。我的爸爸在众人的吵嚷声中迷迷糊糊地醒来，弄清了事情的真相后，惊讶得半天说不出话来。最后嘛，只好忙乎了一个下午，把全院的鞋子清理了一遍。之后，领着我一家一家道歉，一家一家还鞋。可怜的我呀，当时怎么也弄不明白，洗鞋子难道不是件好事吗？

时光流逝，童年早已一去不返，我也再不能回到那童真的岁月了，可这一段段难忘的故事却成为我记忆中的珍宝，每每想起，仍回味无穷……

注：该篇下水文草拟于 2008 年，最初用于杭州市余杭区实验小学 504 班《童年趣事》主题习作指导课。后蒙多位小同学喜爱，被他们誉为陈老师的"最萌往事"，故常有学生提及。

［引子］大声读，美美地读，手舞足蹈、忘乎所以地读……正像我写在日志里的句子那样："我们的班级读书会每次都是以我的大段朗读开场。我想，原因很多，最主要的是两点：一、读起来，我会很兴奋。二、听起来，孩子们很兴奋。而兴奋的感觉，心被抓牢的滋味，是有效阅读必需的状态。"所以这一次，我手里的这本书，这本如此有趣的书，我怎么舍得不读呢？一定要读，绝对好听。我保证。

听， 故事开始了
—— 《人人都叫我捣蛋鬼》 班级读书会实录

［读本概说］《人人都叫我捣蛋鬼》是享誉世界的奥地利儿童文学作家涅斯特林格的名作，这本儿童小说以极其诙谐的语言和扣人心弦的情节，塑造了弗朗兹这个极其特别的捣蛋鬼形象，诸多细节让人忍俊不禁，拍案叫绝。

第一课时

师：孩子们，大家好！

生：老师好！

师：眼前这个老师，你们一定感觉很陌生，是吧？不过没关系，我相信，一节课后，我就能和大家成为好朋友！我姓陈，我想听到大家笑眯眯地叫我一声——

生：陈老师！

师：声音真甜，笑容真美！

（出示包了书皮并夹了一枚书签的书）

师：初次见面，没啥好送给大家的，小小礼物，瞧，是什么？

生：一本书。

师：观察一下这本书，你能感觉到些什么？

生：我发现这本书包了书皮，说明老师您很爱惜、很喜欢它。

师：让你猜对了，老师非常非常喜欢这本书。因为这里面藏着一连串特别好听的故事。

生：我还发现书里夹了书签，我想，书签夹着的地方，故事一定特别精彩。

师：还真让你说对了！孩子们，想不想看看这本书的庐山真面目啊？

生：想！

（大屏幕出示《人人都叫我捣蛋鬼》封面放大彩图）

师：来，让我们一起大声念出书的名字——

生：《人人都叫我捣蛋鬼》。

师：猜猜看，这本书可能写了些什么？

生：写一个非常调皮捣蛋的孩子。

师：你感觉这个捣蛋鬼是男孩还是女孩？

生：肯定是男孩。

生：也可能是女孩。

师：瞧，他来了——

（大屏幕出示插图：主人公的形象）

师：故事的主人公是一个奥地利的小男孩。他和你们差不多大。你们听，他在和你们打招呼呢："嗨，大家好！我叫弗朗兹。"听清了吗，他叫——

生：弗朗兹。

师：谁愿意来和他打个招呼啊？

生：你好！弗朗兹。

生：弗朗兹，欢迎你。

师：瞧，他用一片树叶遮住了自己的脸，你感觉他是个怎样的孩子？

生：他很顽皮。

生：他又顽皮又机灵。

师：其实呀，小时候的弗朗兹可不是这个样子的。这本故事就是从他小时候开始讲起的，大家想听吗？

生：想！

师：想听，还是特别想听？

生：特别想听！

师：好，故事开始了——

（生兴致勃勃坐直了身子）

师（模拟播音员）：中央人民广播电台，各位听众，现在是名作欣赏时间，请听儿童小说《人人都叫我捣蛋鬼》，朗诵：陈老师。掌声鼓励一下。

（生笑着鼓掌）

师：请听第一集：弗朗兹如何证明自己。

（大屏幕出示题目）

师（读书）：小男孩弗朗兹今年已经六岁了。但是因为他的个子很小，许多人都看不出他的实际年龄来。他们总以为他才四岁，而且也不认为他是一个男孩。瞧，弗朗兹在卖水果的大嫂那儿买了一个苹果，大嫂亲切地对他说："嗨，你好呀！小姑娘！"弗朗兹去买报纸，报亭的大叔说："哦，可爱的小女士，还要找给你钱呢！"

师：有没有注意到别人叫他什么？

生：叫他小姑娘。

生：可爱的小女士。

师：那么，你估计他长什么样？

生：肯定很像个小女孩。

生：他一定很美，很可爱。

师：来，大家一起来看看这段话，自己读一读，想一想看，别人为什么叫他"可爱的小女士"？

（大屏幕出示文字：弗朗兹长着一头金黄色的卷发、一双浅蓝色的眼睛和一张樱桃般娇嫩的小嘴儿，还有他那张总是红扑扑的小脸蛋。绝大多数人都认为，只有漂亮的小姑娘才会是这个样子的。）

师：别人为什么叫他"可爱的小女士"？

生：因为弗朗兹长着"红扑扑的小脸蛋"。

生：因为他长着"樱桃般娇嫩的小嘴"。

右手粉笔左手书——陈海燕教育漫笔

师：我突然发现，你也长着"红扑扑的小脸蛋"和"樱桃般娇嫩的小嘴"，你真像弗朗兹一样讨人喜欢。

师：好，接着听。（读书）弗朗兹对自己长得像个女孩这件事情，感到特别地气愤，因为有些小男孩认为他是女孩，而不愿意和他玩。一个星期天，弗朗兹无所事事地趴在厨房的窗台上，向外张望。

（大屏幕出示小说插图：弗朗兹无所事事、落寞的样子）

师：什么叫"无所事事"？

生：无所事事就是没事情好做。

师：你有过这样的时候吗？

生：有的，一个人在家里，作业做完了，又没啥可玩的，无所事事。

师：这种感觉怎么样？

生：挺没意思的。

生：很孤独。

师（读书）：这个星期天，弗朗兹就这样无所事事地趴在窗台上，向外张望。

师：感觉到没有？其实他很希望——

生：能有个人玩。

生：能有个伙伴儿。

师：是啊。（读书）恰好，他看见楼下的院子里站着一个男孩子。

师：欸？你猜他会怎么想？

生：下去找他玩。

生：去和那男孩交个朋友。

师：嘿，弗朗兹和你们想的一样！那这个男孩在干什么呢？（读书并配以动作）这个男孩一边吹着口哨，一边在院子里四下转悠。他的脚正巧碰到了一个铁皮罐子，"哐当！"他就踢了一脚。他的力气可真大，罐子"嗖"的一声，飞过院子，落到了院子的另一头。男孩追过去，"哐当"他又补上一脚。

师：你感觉这是一个怎样的男孩？

生：这是一个很有力气的男孩。

生：很顽皮的男孩。

生：这也是一个无所事事的男孩。

师（读书）：弗朗兹打算去找男孩玩一会儿。于是，他往裤兜里塞了点东西就下去了。（师做塞裤兜的动作）

师：你估计，他往裤兜里塞了点什么东西？

生：塞了点糖果。

师：哦，交朋友用的，是吧！

生：塞了个玩具。

师：对，交上朋友，还得有东西玩呀。

生：是的！

师：弗朗兹想的还真和你们差不多。来，咱们看他带了点什么。（读书配以动作）于是，弗朗兹往裤兜里塞了四颗弹珠，三块口香糖，两个铁皮做的小青蛙和一张餐巾纸。

师：嘀，还是个讲卫生的小男孩呢！

（生笑）

师：于是，他就下了楼。你感觉他心情如何呀？

生：很开心。

生：兴奋。

生：快活。

生：兴冲冲地。

师（读书）：下楼之后，弗朗兹没有直接去院子，而是推出了他的自行车。

（大屏幕配乐动画：弗朗兹骑在自行车上无比神气地驶过来）

师（读书）：提起这辆车子，弗朗兹就自豪得不得了。嘀，这可是一辆崭新的自行车，刷着鲜红的油漆，漂亮极了！弗朗兹想：一定会让那个男孩美慕得合不上嘴巴！

师（指大屏幕图片边的旁白）：来，一起说出弗朗兹的心里话——

生（笑着念屏幕旁白）：这么帅的自行车他以前肯定没见过！

师（读书）：弗朗兹把自行车推进院子，没有和男孩打招呼，而是骑着车子绕啊，绕啊，绕啊，绕着那个男孩转圈圈。圈圈越转越小，他还不断地按喇叭。

师：他想干什么呀？

生：想引起别人的注意。

生：想让那个男孩发现他。

师：哦，想赶紧搭上话，对吧。（读书）弗朗兹不断地按喇叭。提醒那个男孩注意他有一辆多棒的自行车。

（生笑）

师（读书）：终于，终于，这一切引起了那个男孩的注意。他不再吹口哨了，喊道："嗨，喂！你叫什么？"弗朗兹刹住车闸，嗖地一下从车上跳下来，自豪地说："我叫弗朗兹！"

"噢？哈！哈哈哈——笑死人了！女孩子怎么能叫弗朗兹这个名字呢？"

弗朗兹有点激动，他说："女孩子当然不能叫这个名字，但是，请注意——我，不是女孩！"

然而，这个男孩完全是一副相信自己正面对着一个可笑的谎言的样子。

弗朗兹用不容置疑的口气说："我是一个男孩！真的！千真万确！"

"鬼才相信呢！"这个男孩把头摇得跟拨浪鼓似的。

师：唉，这可怎么办呢？弗朗兹心里——

生：可真着急呀！

师：正当弗朗兹满身是嘴也说不清的时候，咦？瞧，谁来了？

（大屏幕动画出示：弗朗兹邻居小女孩佳碧出来倒垃圾）

师（读书）：佳碧是弗朗兹最好的朋友，就住在他家隔壁。

师：啊，此时此刻，弗朗兹看到了好朋友佳碧，是什么心情呀？

生：哇，我有救了。

生：可以帮他向那个男孩解释一下了。

师：猜猜看，佳碧有没有帮弗朗兹呢？

生：帮了。

生：没帮。

师（读书）：他们俩平时十分要好，但是，佳碧今天很生弗朗兹的气，因为昨天他俩吵架了。让佳碧最无法接受的是，弗朗兹竟然向她吐口水！佳碧愤怒至极，发誓再也不理弗朗兹了。

师：你和你最要好的朋友闹过别扭吗？

生：闹过。有一次，我和好朋友沈小原吵嘴了，吵得可凶了，我们谁也不理谁。

师：心里感觉——

生：很生气很生气，永远永远也不想跟她说话了。

师：现在和好了吗？

生（不好意思）：第二天就和好了。

（众生笑）

师：谁是沈小原？是咱们班的吗？指给我看看。

（生指好朋友，俩人相视一笑）

师："永远永远也不想跟她说话了"——此时此刻，佳碧也许就是这样想弗朗兹的。（读书）那个男孩看见佳碧过来，指了指弗朗兹，问道："嗨，她说她是男孩。真的，假的？"佳碧看了一眼弗朗兹，弗朗兹挺起胸膛，对此很有把握，他早就忘记了昨天和佳碧吵架的事情了。佳碧微微一笑。不知为什么，弗朗兹觉得佳碧的笑显得别有用心。

师：什么叫"别有用心"？

生：就是有特别的意思。

师：你感觉到什么了吗？

生：可能……可能佳碧不会帮他。

师（读书）：佳碧幸灾乐祸地说："啊，什么！胡说八道！弗朗西斯卡，你又在撒谎了！"接着，她转向那个男孩，说："没办法，她总是爱说她是一个男孩！"然后佳碧飞也似的跑回楼里，咯咯笑个不停。

"你这个无赖！"弗朗兹气急败坏地大骂佳碧。

"嗨，"那个男孩说，"不能这么粗野地骂人！女孩子更不能这样！"

弗朗兹尖叫起来："她说的是谎话，真的！我们昨天吵架了，她在报复我！"

男孩摇摇头说："你可别把我当傻瓜！"

"你要相信我！"弗朗兹恳求说。

男孩叹了口气说："你简直太蠢了！"转身走开了。

弗朗兹愤怒地把两只手攥成拳头，狂怒地瞪着他。他尖叫着："你再不相信我，小心我揍你一顿！"

男孩不屑地说："我才不会和小姑娘打架呢！"

师：此时此刻，弗朗兹实在没话可说了，请大家自己读读这段话，感受一下弗朗兹的心情。

（大屏幕出示文字：闻听此言，弗朗兹无助地垂下了拳头，伤心地大哭起来。眼泪从他眼中喷涌而出，两行泪珠从他那粉红色的娇嫩的脸颊上滚落下来，就像断了线的珠子。）

师：说说你的感觉。

生：我感觉弗朗兹很委屈。

生：弗朗兹真伤心。

生：现在弗朗兹又急又气。

生：弗朗兹急得没办法，急哭了。

师：你有过这样不被理解，受委屈的心情吗？

生：有的。有一次，我爸爸一支笔找不到了，他非说是我拿走了，其实根本不是我拿的，怎么说他也不信，我也气哭了，可难受了。

生：上次拔河比赛，明明是对方偷偷多加了一个人，裁判却判我们班输，我们全班去争辩也不听。我急得头发都快烧起来了！我们班好多女孩都哭了。

师：这感觉可真难受啊！来，孩子们，我们一同读读这段，再感觉一下弗朗兹此刻的心情。（生齐读）

师（读书）：男孩惊讶地转过身来。"唉，老天，"他叫道，"为什么你们女孩子总是说哭就哭？"

（生笑）

师（读书）：现在，弗朗兹更加百口莫辩。看来，看开，只剩下最后一个办法证明自己是个男孩了。

师：可怜的弗朗兹会怎么做呢？

（学生们瞪大眼睛猜测）

师（读书）：他毅然决然地拉下裤子，把内裤也拉下来，拉到膝盖处。

（大屏幕出示：弗朗兹褪裤子的惨样）

师：真是悲壮啊！

（生惊讶，笑）

师（读书）：弗朗兹理直气壮地大喊起来："你现在终于相信我了吧！"男孩目瞪口呆。

就在这时，男孩的姑妈，弗朗兹的邻居贝尔格太太看到了这一切。她一阵风似的冲到院子里，冲着弗朗兹怒吼："你这个小野猪！你一点都不害臊吗？"她一把抓起弗朗兹的裤子，把弗朗兹拖进楼里，拖上楼梯，拖到了他家的门口，门铃按得震天响。妈妈急忙来开门，贝尔格太太愤怒地叫道："您再也不要让这只小野猪下去撒野了！这小子会把所有懂规矩的孩子带坏的！"最终，贝尔格太太在弗朗兹妈妈的道歉声中下了楼。

师：结尾我请个小朋友来帮我读，谁来？（把书递给学生）

生（读书）：从那以后，贝尔格太太再也不用正眼瞧弗朗兹，虽然弗朗兹还是每次都很有礼貌地向她问好，她却视若无睹。

师：什么叫"视若无睹"？

生：就是好像没看见他一样。

师：贝尔格太太为什么会对弗朗兹"视若无睹"呢？

生：因为贝尔格太太觉得弗朗兹是个不害臊的家伙。

生：因为弗朗兹竟然解开裤子，是个不怕羞的"小野猪"。

师：你觉得贝尔格太太说得对吗？

生：我觉得她说得不对，弗朗兹不是不害臊，是被逼得实在没办法了呀！

师：是啊，可怜的弗朗兹，可爱的弗朗兹。孩子们，第一个小故事结束了，故事好听吗？

生：好听！

师：来说说看，在故事里，我们都认识了谁？

生：弗朗兹，小小的弗朗兹。

生：弗朗兹的朋友佳碧。

生：小男孩。

生：还有很生气的贝尔格太太。

师：哈哈，看来，这些角色已经印在你们的小脑瓜里啦。弗朗兹的故事还想听吗？

生：（热烈）想听！

师：好，孩子们，休息一会，回来听弗朗兹的下一个故事！

第二课时

师：听故事前，咱们玩个游戏，好吧？

生：（兴奋）好！

师：玩个"我说你做"。咱们一起来！（全体学生随老师一起做动作）伸左手摸摸右手，伸右手摸摸左手。伸左手摸摸右耳，伸右手摸摸左耳。顺着耳朵，再摸摸小脸蛋，摸着摸着，你会突然发现，你现在摸着的不是自己的脸蛋，而是弗朗兹的脸蛋，是弗朗兹"红扑扑的小脸蛋"！继续摸，摸到了头发，摸啊摸啊，你发现，你现在摸着的也不是自己的头发，而是弗朗兹金黄金黄的满头卷儿。再摸摸自己的小嘴，啊，这是弗朗兹"樱桃般娇嫩的小嘴"！孩子们，大家都变成谁了？

生：弗朗兹！

师：来，像弗朗兹一样开心地笑一下！

（生开怀笑）

师：像弗朗兹一样发愁，唉！

（生愁眉苦脸地叹气）

师：像弗朗兹一样愤怒，哼！

（生气愤地攥着拳头）

师：啊，太难受了！还是变回来吧——像弗朗兹一样笑眯眯！

（生笑）

师：好玩吧？

生：（快活地）好玩！

师：弗朗兹的故事还想听吗？

生：想！

师：日子一天天地过去，弗朗兹也在一天天地长大，很快，他就长成了一个和你们差不多大的大男孩了，那么长大后的弗朗兹生活得怎么样呢？请听下一个故事：弗朗兹对什么不满。

（大屏幕出示题目）

师：猜猜看，弗朗兹可能对什么不满？

生：对自己长得像女孩不满。

师：那是小时候，现在的他长得可有男孩样了。

生：我猜可能对父母不满。

师：你有时候就对父母不满，是吧？

生：偶尔吧。

生：我猜也可能对朋友不满。

师（读书）：弗朗兹总是对妈妈说："我们班上几乎所有孩子的家里都有有线电视，他们能看到二十多套节目，我们家却没有，看来看去就那三个台！因为这个，我在班里总是显得很傻。"

（大屏幕出示图片：弗朗兹发傻的样子）

弗朗兹之所以觉得自己像一个傻瓜，是因为班里的孩子经常在一起谈论有线电视里的好片子，而他一无所知，所以，他不得不经常性地、长时间地闭上嘴巴，就像——

（师指屏幕）

生（全体读大屏幕上弗朗兹图片的旁白）：一个傻瓜！

师：当别人聊得起劲，你一点也插不上嘴的时候，什么感觉？

生：感觉自己很傻。

生：难受。

生：给人家瞧不起。

生：受冷落。

师：是啊，真够没劲的！（读书）这天，孩子们又聚在一起，热火朝天地讨论一部电视剧，弗朗兹仍然像往常一样，沉默地坐在旁边，就像——

（师指屏幕）

生（齐）：一个傻瓜！

师（读书）：他的同学亚历山大问他："嗨，弗朗兹，你觉得这个片子怎么样？"弗朗兹不想说自己根本看不到这个片子，于是说："哦……这个嘛……其实……我没看这个，我看了另一个电视剧。好看极了！""哦？另一部，什么片子？"女同学玛蒂娜凑过来问。

师：猜猜他会怎么说？

生：会瞎编一个名字。

（大屏幕出示：弗朗兹讲述的样子以及他说的话）

师：请一个孩子来替弗朗兹说给我们听。

生（看屏幕念）："一个……关于宇航员的……关于另外一个星球……这个外星球的宇航员降落到我们星球上……他的宇宙飞船坏了……"

师：发现弗朗兹的话里什么特别多？

生：省略号多。

师：这是为什么呀？

生：因为……我想，他是在瞎编。

生：他在撒谎，所以心里……有点……

师：心虚？

生：是的！

师：他为什么要撒这个谎呢？

生：不想被当成傻瓜。

生：不想被同学小瞧。

师（读书）：这下子，大伙都凑过来问他这个电视剧在哪个台。弗朗兹眼珠子一转，说在卫星六台，可大家马上说根本就没有卫星六台。弗朗兹嘴硬，就说他爸爸安装了一个天线，能收到卫星六台。可大家都说他完全是在"吹大牛"！这时候，埃博哈德过来帮忙了。

师：埃博哈德是谁呢？他是弗朗兹的铁哥们。知道什么是铁哥们吗？

生：就是特别好的朋友，像亲兄弟一样。

生：有福同享，有难同当。

师：这词用得好！你有铁哥们吗？

生：有。

师：是谁呀？

生（指朋友）：张琪。

师：你们俩"铁"到什么程度？

生：他的就是我的，我的就是他的。

师：你这句话很够味儿，老师听明白了，你俩不分你我，对吧！

生：还形影不离。

师：有个朋友真好，有个铁哥们真幸福。就在弗朗兹被嘲笑"吹大牛"的时候，他的铁哥们埃博哈德挺身而出。（读书）他喊道："喂，喂！弗朗兹才不会吹牛呢！他爸爸当然会做天线，我还见过这个天线呢，棒极了，呃……让我想想，有一个盆那么大，装在屋顶上。"这下子，孩子们全都信服了。他们当然想不到，埃默哈德会帮着弗朗兹撒谎。

师：埃博哈德为什么要撒谎呢？

生：为了帮弗朗兹呀！

师：你们有没有为了帮好朋友撒过谎？

生：有过。有一次，我好朋友的妈妈问我他在学校表现得怎么样，我说好。

师：其实——

生：有点不好。

师：你为什么要说好呢？

生：怕他挨骂。

师：朋友挨骂了，你也会——

生：很难受。不忍心。

师：看来，世界各地小朋友的心情都是一样的。（读书）从此以后，弗朗兹每天在学校里都要为大家讲卫星六台播放的这部电视剧里发生了什么。想不想知道他每天讲了些什么？

（大屏幕出示文字）

师：谁来替弗朗兹讲讲？记住，要眉飞色舞地讲。

生（看屏幕读）：第一天，他讲道——"这个宇航员啊，在森林里为自己建造了一栋木房子。天气特别地寒冷，因为在这部电视连续剧里的时间是十一月底。尽管很冷，宇航员却很喜欢下雪，因为在遥远的高莫星球，也就是他的家乡，是没有雪的，那里只会下一种紫色的、温热的雨。"

师：同学们显然是被弗朗兹的故事吸引住了。第二天，他讲得更起劲了。请你来读读吧！

生（看屏幕读）：第二天，他对大家讲——"嘿！有两个男孩发现了这个宇航员。但是，他们两个听不懂宇航员说的话。于是，宇航员从宇宙飞船中取出一个'宇宙语翻译器'。这个翻译器能把高莫星球宇航员说的话翻译成德语，又把两个男孩的话翻译成高莫语，你说神不神？他们两个想尽快帮这个高莫人修好宇宙飞船，因为这个可怜的宇航员已经饱受了思乡之苦。"

师：就这样，弗朗兹每天都给大家编故事，因为他讲得绘声绘色，来听他讲故事的人越来越多，连隔壁班级的同学都凑过来了。第三天，他讲道——谁愿意读读？

生（看屏幕读）：第三天，他讲道——"哎呀，哎呀呀，被修好的宇宙飞船还是没法起飞，因为缺少起飞的动力。唉……一天又一天过去了，这个可怜的宇航员变得越来越虚弱。因为，他带来的食物已经吃完了。他那些储存的食物是一些药丸和牙膏管里的软膏。可他要是吃这两个男孩拿给他的食物，就会拉肚子呢！唉，惨啊……"

师：弗朗兹讲故事的名声越来越大，他的故事也越来越惊险。第四天，他接着讲——谁想读？

生（看屏幕读）：第四天，他讲道——"这一天，一个男孩给奄奄一息的宇航员拿来了肉桂糕，是他妈妈烤制的一种很好吃的点心。哈哈！好极了！吃这种做成星星形状的肉桂糕，宇航员倒不拉肚子了！于是，这个男孩把家里所有的星星形状的肉桂糕全都偷出来了，送给宇航员吃。可谁知道啊，这些肉桂糕是他妈妈为圣诞节准备的，现在全丢了，他妈妈认为家里有小偷，哎呀，马上就报了警啊……"

师：哇，真够惊险的！（读书）每天想出一个关于宇航员的新故事，对于弗朗兹来说，倒不是什么难事，反而让他觉得愉快，因为编故事恰好是他的专长。

（大屏幕出示弗朗兹得意而陶醉的样子）

师：来，让我们读出他的心里话——

生（笑读屏幕上的旁白）：编故事，呵呵，小菜一碟！好有权威感哟！

师：什么叫"权威感"？

生：权威感就是……就是……

师：坐下。

（该生坐下）

师：起立！

（该生疑惑地起立）

师：坐下。

（该生再次疑惑地坐下）

师（手抚该生肩头）：让你站你就站，让你坐你就坐——我好有权威感哦！

（师走上讲台正中）

师（啪，一拍桌子）：都坐直喽！

（学生们全挺直身子）

师：说你呢，严肃点，谁跟你笑！

（学生们立刻全没了笑意，紧张地看着老师）

师（神气陶醉地）：啊——好有权威感哟！

（生笑）

师：权威感是什么？

生：别人都听你的。

生：权威感就是大家都尊重你，服从你。

生：别人还有点羡慕你。

师：弗朗兹为什么会有"权威感"呀？

生：同学们都想听他讲电视剧。

生：大家都盼着他讲呢。

生：人人都围着他转，他一下子成了明星。

师：你体验过"权威感"吗？

生：有一次，老师们要开会，让我在教室里管同学纪律，班里乱糟糟的，我大喝一声"安静"，立马没声了。我好有权威感哟！

师：这感觉牛吧！

生：很牛！

师（读书）：可是事情的发展有点不对头，孩子们对卫星六台变得越来越好奇。他们恳求弗朗兹："我们今天下午能不能去你家？"

师：他们为什么要去？

生：想亲眼看看这部精彩的电视剧。

师：那弗朗兹的心情——

生：紧张。

生：害怕。

师：怕什么？

生：怕露馅了。

师（读书）："那不行！"弗朗兹说，"我妈妈不喜欢陌生小孩到我家！""只看半小时！看完我们立刻就走！你妈妈不会发现我们去过你家！"这下子，弗朗兹又陷入了窘境，不知该如何是好。埃博哈德一看，又来帮忙了。

师：埃博哈德，还记得是谁吗？

生：他的铁哥们。

师（读书）："走开！走开！走开！"埃博哈德大手一挥，大吼道，"你们别烦他了！你们不认识他妈妈，他妈妈是个很凶很凶的母老虎！""哼！竟然这样说我妈妈。"弗朗兹心里很不舒服，但又没办法。

从弗朗兹开始在学校里讲宇航员的故事以来，时间已经过去整整一个星期了。

师：可谁知道，一件意想不到的事情发生了。

（众生好奇）

师（读书）：这天下午，弗朗兹在家里写作业。说明一下，奥地利的小学生只上半天课。（读书）只有佐克尔夫人在他家。佐克尔夫人是他家的钟点工，正在这里打扫卫生。弗朗兹不喜欢佐克尔夫人，因为她脾气暴躁，非常厉害，常指责弗朗兹把家里弄得乱七八糟。弗朗兹正写作业，忽然听到"叮当"门铃响，他想，准是哥哥忘了拿钥匙又回来了。弗朗兹跑过去打开门——啊！门外站着的，门外站着的不是哥哥，而是……而是……

师：是谁呀？

生：是同学们！

（大屏幕动画配乐出示：同学们一拥而入，弗朗兹惊恐万状）

师：来，让我们分角色演演这组对话。男孩子扮演弗朗兹，女孩子扮演同学们。各就各位，三，二，一，开拍！

女生（扮同学们念台词）：嗨，你家电视机在哪儿？

男生（扮弗朗兹念台词）：老天，你们……怎么来了？

师：演得真不错！这一大伙人，干什么来了呀？

生：看电视来了。

师：弗朗兹是什么心情呀？

生：急。

生：怕。

师：是啊，可怜的弗朗兹又急又怕，来，大家自己读读！

（大屏幕出示：弗朗兹呆若木鸡地站在那儿，一个字也说不出来了。他脑子里一些乱七八糟的主意急速地翻着跟头：就说保险丝断了，我家没电；要不就骗他们说我爸爸得了猩红热，因为怕传染，不允许任何人进这个房子；或者说要看卫星六台得有一个特别的密码，我妈妈拿走了；要么直接装作晕倒，大声地呻吟，让他们以为我得了重病，就会只顾着照顾我，而忘了高莫连续剧；或者干脆离家出走，躲到佳碧家去，等他们走了再回来……）

（生模拟表演读）

师：咱们班谁特别擅长表演，来，推荐一个！

生：沈卓尔。

师：好，请沈卓尔为我们表演，读一下这个精彩片段，掌声鼓励！

（生配动作，绘声绘色地朗读，读毕，全场掌声）

师：此时此刻，可以用一个什么词来形容？

生：火烧眉毛。

生：进退不得。

生：心惊肉跳！

生：他像热锅上的蚂蚁。

师：这个句子很形象。是啊，此时此刻的弗朗兹何止是进退不得，何止是心惊肉跳，如果有个地缝的话，他真愿意——

生（齐）：钻进去！

师（读书）：就在弗朗兹办法还没有最后想好的时候，呀！三个同学已经跑进了客厅。

师：他们要干什么？

生：找电视。

师（读书）：就在这时，就在这时——

（大屏幕动画配乐出示：钟点工佐克尔夫人怒叫着出现）

师：弗朗兹听到佐克尔夫人雷鸣般的吼声。来，一起来读——

生（演读大屏幕上佐克尔夫人的话）："滚出去！我打扫卫生的时候，不准你们这些捣蛋鬼待在这儿，都滚出去！我要铺地毯了，快点儿！快点儿！快！快！"

师：哎呀呀，这声音在别人听起来是粗暴的怒吼，可在弗朗兹听起来，真是美妙无比，那可是救命的绳子啊！（读书配以动作）一眨眼，几个同学跌跌撞撞地退了出来，一个一个惊慌失措。他们像一阵风似的边跑边说："对不起！弗朗兹！对不起！"同学亚历山大喊道："为什么你哥哥不承认你妈妈是个母老虎？"然后一溜烟地跑出去，"砰"的一声关上了门。弗朗兹浑身一软，靠在墙上，深深地吸了口气。

师：他心里是什么滋味呀？

生：好险啊！

生：吓死我了！

生：哎呀，魂都吓飞了！

生：上帝呀，总算躲过一劫！

师：不要说弗朗兹，连我们都跟着揪心啊！总算是——有惊无险！猜猜看，宇航员的故事还有下文吗？

生：没了。

师：为什么？

生：再来了可怎么办呀！

生：也许……还有吧。

师（读书）：第二天，在学校里，弗朗兹给同学们讲了这部连续剧的第八集。

师：也就是——（指屏幕）

生：大结局。

师：好，一起来念这个大结局吧！

生（齐）："最后啊，宇航员终于能够回家了。两个男孩约好和他一起走。他们计划好了，在午夜时分偷偷溜出家。哎呀，糟了！一个男孩晚上刚走到花园门口就遇上了警察，他们正在抓偷肉桂糕的小偷呢！结果，抓个正着，哎，给送到他的父母那儿去了。另一个男孩在碰面的地点等啊，等啊，没等到他的朋友，他也不愿意去宇宙旅行了。就这样，神秘的高莫宇航员独自起飞了，飞远了，飞远了，不见了……"

师：飞远了，不见了，不见了，想见也见不到了。故事就这样结束了。看大家这眼神啊，心好像也跟着宇航员飞向了远方。弗朗兹的第二个故事好听吗？

生：好听！

生：还想听！

师：听了半天故事，来，咱们身子扭一扭，动一动，做个游戏，好吧？

生：好呀！

师：听听看，我说的是真的还是假的，嘴要快！准备好了吗？

生：（兴奋地）准备好了！

师：今天我们认识了弗朗兹。

生：真的。

师：弗朗兹是个可爱的小女孩。

生：假的。

师：弗朗兹是个讨厌的捣蛋鬼。

生：假的。

师：为什么是假的？

生：因为我觉得弗朗兹非常可爱，他做的那些事情，并不是真的要做坏事或者骗人。

师：游戏继续。听好：弗朗兹连一个朋友都没有。

生：假的。

师：他的朋友是——

生：铁哥们埃博哈德。

生：邻居佳碧。

师：继续。弗朗兹很顽皮。

生：真的。

师：弗朗兹的妈妈很凶。

生：假的。

师：为什么？

生：那个很凶的不是他妈妈，是钟点工。

师：继续。弗朗兹很聪明。

生：真的。

师：怎么感觉他聪明？

生：他的故事虽然是编的，但是编得太精彩了。我喜欢他。

师：看得出，大家都很喜欢弗朗兹。其实，不只是我们喜欢弗朗兹，全世界的小读者都喜欢弗朗兹。有一位大名鼎鼎的导演知道有这么多小朋友喜欢弗朗兹，就决定了——把弗朗兹的故事拍成电影！可是，让谁来演可爱的弗朗兹呢？于是，全世界很多人都向大导演推荐小演员。瞧，各种各样的照片像雪片一样飞来。

（大屏幕出示各种各样、五花八门的儿童照片）

师：这么多小演员，赶紧帮导演挑挑看，哪个演弗朗兹最合适呀？

生：我觉得3号合适。

师：为什么？

生：我觉得3号最像弗朗兹小的时候，因为他有"红扑扑的小脸蛋"和"樱桃般娇嫩的小嘴"，像个漂亮的小姑娘。

师：了不起，你连故事里的句子都记熟了。厉害呀！你的选择很有道理。

生：我选8号。

师：说说你的理由。

生：8号男孩子边跑边跳的样子很天真，可以让他去演"骑车找朋友"那场戏。

师：哦，连场景都替他安排好了。

生：我选12号，因为12号的表情很得意，适合演"编故事"那一场戏。年龄也合适。

师：大家挑选了这么多，老师突然想，要是从咱们班里挑演员，你觉得谁最合适？

（生兴奋地四下张望，寻找）

生：我觉得，我们班的陈书翰最适合演弗朗兹。因为陈书翰个子小小的，性格非常温和。

生：我觉得，我就可以演铁哥们埃博哈德，因为我也爱打抱不平。

师：真的啊！

生：我们班的文艺委员林丹可以演佳碧，因为她又漂亮，又顽皮。

生：我觉得我自己可以演第一集里的小男孩，因为我很健壮，有力气。

师：主要演员差不多了嘛。不知道，故事的作者对大家的选择够不够满意。知道作者是谁吗？

生：是你。

师：我？可不是陈老师，是一位很著名的大作家呢！来看看作者的名字——（大屏幕出示：涅斯特林格）猜猜作家是男的女的？

生：男的。

师：因为弗朗兹是男的，是吧！其实啊，是位女作家。涅斯特林格，生于1936年，奥地利最负盛名的儿童文学作家，她创作了100多本书，被称为"一个人的字母工厂"，作品被翻译成十几种文字，不少小说被拍成电影、电视，其中一些作品还被选入德语国家的中小学课本。凭借在儿童文学方面的杰出成就，涅斯特林格在 1984 年获得素有"小诺贝尔文学奖"之称的世界儿童文学最高奖——"国际安徒生文学奖"。2006 年 9 月，其作品《人人都叫我捣蛋鬼》荣获中国"最受孩子们喜欢的十大童书"称号。涅斯特林格被称作——

生（看大屏幕念）：全世界孩子的朋友。

师：今天我们欣赏了这本书里的两个小故事，想看其他的故事吗？

（大屏幕出示目录）

师：你特别想看哪一篇？

生：我想看《弗朗兹的敌人是怎样消失的》。

生：我想看《弗朗兹度过了一个非同寻常的夜晚》。

生：我想看《弗朗兹怎样解决了一个真正的爱情难题》。

生：我想看《弗朗兹是怎样罢工的》。

师：有一个读者非常喜欢这本书，来看看她的话。

（大屏幕出示：读者书评）

师：一位读者说："啊，这是一本多么好玩的书！"这是一位忠实读者。另一位读者说："读吧，不止一遍地读吧。你会着迷！我肯定。"这是一位狂热读者。你们知道这读者是谁吗？

生：不知道。

师：认识她吗？

生：不认识。

师：告诉你们，其实你们认识她，她就在你们面前，这个忠实读者是我，这个狂热读者也是我。这本书带给了我数不清的快乐。大家想不想美美地读读这本书？

生：想！

师：那么，记住书的名字，一起念出来——

生：《人人都叫我捣蛋鬼》

生：老师，书先借我看吧。

生：借我！

师：送给你们班了，都能看到的！再见，孩子们！

生：老师再见！

抓牢孩子们的心，享受灿烂和灵感
——陈海燕老师班级读书会赏析
上海市特级教师　景洪春

　　读着小男孩弗朗兹的故事，你一定会喜欢上这个孩子。奥地利儿童文学作家克里斯蒂娜·涅斯特林格凭着对儿童内心深入的洞悉，以幽默的表达，创造了一连串处处洋溢着童真童趣的故事。特级教师陈海燕老师选择《人人都叫我捣蛋鬼》这本童书，确有其匠心之处。它非常适合6~9岁这个年龄段的孩子阅读，非常贴近学生的生活，使他们能轻易进入故事情节中，有感而发，发挥想象，练习表达。陈老师的课堂将阅读与生活体验有机结合，带给我们的是鲜活灵动、轻松愉悦，让人为之一振。在陈老师的引领下，孩子们情不自禁地走进了弗朗兹的生活，充满期待地去聆听，兴致盎然地做游戏，迫不及待地想表达……在他们心中播下一份永远的温暖与感动。

　　陈老师的课大体分这样几个板块：感知阶段——唤醒阅读期待；理解阶段——形成暂时的预期和判断；期待验证阶段——证实或拒绝预期；鉴赏评判阶段——文本意义的具体化、自我化，形成新的阅读期待。

　　课伊始，陈老师由猜故事内容引入。"猜猜看，这本书可能写了什么？"这是班级读书会的重要环节。谈谈对书的整体感受，这种感受对一本书的阅读极其关键，有助于学生更快进入文本视野。因为学生最先接触的是这本书的作者、题目、题材和体裁等，包括封面提供的文字、图像信息，这些刺激了视觉神经细胞，它们唤醒了学生的阅读期待，形成最初的有关这本书的期望和猜测。

　　随着阅读的深入，学生渐渐有了自己的判断。情节不断发展，弗朗兹的命运在孩子们的头脑中不断地产生预期和猜测，这种判断和预期只是暂时的、零星的，很快又被下文的内容代替，或被认同或被下文拒绝，从而产生新的预期。在这一阶段，陈老师有意识地设计了几个问题，"你感觉这是一个怎样的男孩？""你估计，他往裤兜里塞了点什么东西？""你感觉他心情如何呀？""弗朗兹看到了好朋友佳碧，是什么心情呀？"从而激发学生进行有依据的猜测。孩子们猜得五花八门，再听老师讲后面的故事，心中就有了对比，他们在比较中、在想象中阅读，想象力就在阅读期待中激活，理解力也在阅读过程中提升。

第三板块"期待验证阶段"是这节课的高潮所在。当读到弗朗兹和佳碧吵架时，陈老师不失时机地问道："你和你最要好的朋友闹过别扭吗？"当读到弗朗兹伤心地大哭起来时，陈老师抓住这些共鸣点，唤起学生的生活体验，"你有过这样不被理解、受委屈的心情吗？"当学生的体验与文本融合时，就进入一种理想的阅读状态，也是作家刻意追求的阅读效果。真正的童心读童心，才会有共鸣，也一定会有共鸣。产生共鸣，和书里的人一起紧张，一起兴奋，一起害怕，一起开心，孩子们的阅读没有比这更令人期待的事情了。

第四板块"鉴赏评判阶段"是一个完整阅读过程的终结。陈老师请同学们帮导演挑选演员，看看哪个演弗朗兹最合适。这一任务的设计极为巧妙，既使学生对文本意义、人物形象的理解更具体、更明确、更自我化，又创设了情境引导学生表达阅读中所积累到的优美语句。再从本班同学中挑选演员，这更加拉近了文本与孩子们的距离，原来，弗朗兹、埃博哈德和佳碧就在我们身边啊！孩子们愉悦地与文本对话，各抒己见，超越文本，不断地创新文本的意义。

整堂课有三大亮点：一是师生互动朗读恰到好处。这很有必要，只有让每个孩子都熟悉要进行的阅读内容，孩子们才能进入书中，才能展开深入讨论。二是陈老师始终强调孩子们的语言实践活动。我们知道，学校在听、说、读、写的教学中，不缺听、读、写的部分，但是"说"的部分较缺乏，正好借阅读课的讨论与发表来加强。"埃博哈德为什么要撒谎呢？""印象最深的是哪一处？"这样的语言实践活动是一个真正的内化和升华的过程。三是注重教给学生阅读策略。比如，阅读前精心设计的"我说你做"游戏，看似轻松，实则帮助孩子在游戏中积累写弗朗兹外貌的语句，也在为后面的挑选演员做铺垫；阅读中遇到"铁哥们"、"视若无睹"等生词，陈老师就教孩子们利用上下文线索推想生词的意思。再如，阅读后采用"真假游戏"引导学生回忆故事的角色、故事发生的地点、事件等，阅读后进一步激发学生阅读的兴趣——"想看其他的故事吗？""你特别想看哪一篇？"从而形成新的阅读期待。

陈老师的课堂中，既有低层次旧有期待的唤醒向较高层次新期待形成的转化过程，又有师生互动对话交流的过程。在这一过程里，教师和同伴的理解对学生的阅读效果以及阅读期待的变化至关重要。这是班级读书会的魅力所在。

梅子涵先生曾经说过："你听说过种植童话吗？就是把非常奇异的想象力、

非常美妙的心愿、非常善意的爱惜……搁入自己的脑里，搁进思维和精神。它们不像一棵树成长是让你看见的，可是只要你成长了，它们也就附入了你的生命，是一大片的绿荫，鸟儿站在枝上是快乐和歌唱，阳光洒下，就总有灿烂和灵感。"陈老师就如一大片绿荫，带着一群欢唱的鸟儿阅读着，沉醉着，享受着，迷恋着。"兴奋的感觉，心被抓牢的滋味，是有效阅读必需的状态。"让我们像陈老师那样，"大声读，美美地读，手舞足蹈忘乎所以地读"，读得你、我、他都欲罢不能，抓牢孩子们的心，去享受灿烂和灵感。

字里乾坤大
——《遨游汉字王国》教学谈

    《遨游汉字王国》是小学阶段首次以独立单元形式呈现的语文综合性学习活动，其主旨是引导学生通过丰富扎实的活动，感受祖国文字之妙，激扬起孩子们"中国人，中国字，中华魂"的情感，给予其心灵的荡涤。对于学生而言，"围绕主题、任务驱动、活动贯穿"是令他们欣喜和向往的一种学习形式，如何让此次"遨游"之旅满载而归呢？我和孩子们进行了一番愉快的尝试。

一、开一扇窗：却原来字字珠玑

    活动的开展好比一幕剧，我觉得引子是非常必要的。活动前夕，我进行了一番预热。

    师：同学们，喜欢看美术片吗？
    生：喜欢！
    师：老师小的时候，也像你们一样对美术片很着迷呢！记得我小学时看过一部片子至今难忘，片名叫《三十六个字》，可好看了！你们想看吗？
    生：想看！想看！
    （播放经典美术片《三十六个字》。这部创作于 20 世纪 80 年代的作品生动诙谐地呈现了"鸟"、"象"、"骑"、"花"、"鱼"等汉字的演变及韵味。与孩子们一同欣赏时，我关注着他们的反应。随着片子的播放，他们时而会心一笑，时而凝神思索，时而恍然大悟，时而议

右手粉笔左手书 ——陈海燕教育漫笔

论品评……片子结束时，个个都意犹未尽。我打算进一步和他们聊聊。）

师：老师看你们有很多话想说，谁先来？

生：太不可思议了，每个汉字的一笔一画里竟都包含着这么多意思！

生：我觉得吧，我们的老祖宗造字的时候还挺有幽默感呢！

生：我觉得这是一种智慧！

生：片子只介绍了36个字，我还想更多地了解汉字！

……

师：同学们，咱们汉字里藏着的"秘密"和"故事"可多啦，在接下来的两周时间里，我们就将开展一次大型的综合性学习活动——《遨游汉字王国》，感受汉字的有趣和神奇！

看到被"点燃"的孩子们，我对这次活动更有信心了，我想，在后续的活动中，我应该相机地扮演好"向导"、"助手"、"观众"的角色，将他们推向更广阔丰饶的语文学习天地。

反思：赫尔巴特说："兴趣意味着自我活动。"当学生的学习起始于一种浓烈的探索冲动，当学习的过程氤氲着一份沉醉与陶然，我想，这种体验本身也是一种可贵的成长，一种心灵的拔节，一种终身学习的奠基。

二、 给一支桨： 去遨游汉字王国

对于五年级的学生来说，尽管开展过多次综合性学习，但是，拿出整整一个单元的学习时间，围绕一个主题来自主活动，尚属首次。我想，活动必须分几步来走。

1．充分利用教材

"有趣的汉字"和"我爱你，汉字"是教材呈现的两个活动板块，既有导语，又有活动建议，还有丰富的阅读材料，我觉得这份学习资源一定要"物尽其用"。

在课堂上，我让学生做到一读、二记、三找。

读。充分阅读活动建议，浏览阅读材料，明晰每一部分的活动方向所在。

如：引导学生注意，第一个板块"有趣的汉字"中建议我们围绕"字谜"、"谐音"、"汉字来历"来展开研究；第二个板块"我爱你，汉字"则建议我们围绕"汉字字体"、"错别字"、"社会用字"、"书法艺术"来深入学习。与此同时，阅读材料可以为学生打开思路、拓宽视野，应该在教师的点拨下进行有侧重点的欣赏。

记。可以勾画和积累自己喜欢的句段，不论是贴切诙谐的歇后语，还是《我爱你，中国的汉字》等篇章中的华彩片段，都值得一再咀嚼，并熟读成诵，让学生养成随时积累的好习惯。如果兴奋之后脑子里什么也没有留存，即使再有激情，再令人回味，也是苍白而空虚的，知识是需要储存的。

找。找什么呢？我们重点找两个点，一是"兴趣点"，二是"疑点"。找"兴趣点"就是在阅读材料的时候，留意发现自己的兴趣所在，并深入思考，从而为后期开展研究活动做铺垫；找"疑点"就是看自己哪些地方还不甚明了，有疑问，有进一步探究的价值。

在"读、记、找"中，我们既最大限度地利用了教材，又较好地为后期活动做了准备。值得说明的是，教材中阅读材料的学习既可以一次性地连贯完成，也可以随机穿插于小组活动中，作为分散活动之后的某次集中学习，利用这样的机会，相机进行活动的阶段梳理也是不错的办法，一散到底的做法是不可取的，毕竟学生的自主探究是建立在教师的有效指导之上的。

2．分组确定主题

很快，活动就进入了分组阶段，犹如战斗打响前的队伍集结，学生分组往往争议很大，教师要注意"长善救失"，让班里的各类学生有机组合，扬长避短，最大限度地发挥每个人的能量，并借此机会进行一番生动的团队精神激励。

经过协调，我们形成了7个活动小组，每组6人，推选出组长一名，作为小组的负责人。

小组成立了，可是该确定一个怎样的活动主题呢？同学们有些犯难了。大家议论纷纷，莫衷一是。我告诉学生们，在"遨游汉字王国"这个大主题的引领下，我们还应该精心确定一批小的活动主题，使研究切口小，后期容易操作。大家一致赞同，并集思广益。我们师生共同讨论并拟订了一组小课题，供各小组选择。

小课题菜单

◆ 字谜万花筒

◆ 亦情亦趣——品读谐音里的智慧

◆ 汉字渊源长

◆ 神奇的字体演变

◆ 飓风行动——新城社区不规范用字调查研究

◆ 汉字快速记忆新法

◆ 小学生常见错别字研究

◆ 书法神韵

◆ 名字里的秘密

◆"炼"字——校书法班师生访谈录

……

有了这样的一份"菜单",各组的思路顿时明晰了,大家兴奋地比较、选择,最终确定了共同感兴趣的活动主题。

在综合性学习中,我们要注重凸显学生的自主性,但当学生感到迷茫或无从下手的时候,老师就应该当好"主心骨",出谋划策,并相机进行指导和引领,以激活学生思维,提升活动的效率。

3. 各组制订计划

为了便于小组活动的开展,各组应先拟订一份活动计划。计划应包括哪些内容呢?我为学生们出示了一份计划范例。

"遨游汉字王国"综合性学习活动计划表

团队名称	飓风行动组
活动主题	新城社区不规范用字调查研究
组长	蒋亦欣
组员	蒋亦欣　方寅驰　宋锦鹏　王笑涵　陈凯　姚瑶
活动内容	1. 在新城社区范围内查找街头各类不规范用字,并拍摄记录 2. 通过调查,分析不规范用字产生的原因及造成的不良影响 3. 提出改进建议

团队名称	飓风行动组	
预期成果	1. 完成调查报告，制作成果集 2. 撰写给社区领导的建议书 3. 创作快板书《字字有精神》并表演	
日程安排 （10月）	实施时间	具体分工
	12 日	准备工作： 1. 准备记录本（陈凯） 2. 准备照相机（姚瑶） 3. 设计调查路线（王笑涵） 4. 了解不规范用字的种类（全体） 5. 学习调查访谈的基本礼仪（全体）
	13—14 日	外出调查： 1. 按既定路线到新城社区进行调查（全体） 2. 拍摄错别字照片（宋锦鹏） 3. 拍摄小组活动照片（方寅驰） 4. 相机采访店主并记录（蒋亦欣） 5. 随机采访群众并记录（姚瑶）
	15—16 日	整理资料： 1. 将所有资料进行汇总（王笑涵） 2. 归类整理资料（全体）
	17—18 日	活动小结： 1. 撰写完整的调查报告（执笔：蒋亦欣） 2. 给社区领导写建议书（执笔：方寅驰） 3. 集体创作快板书《字字有精神》（执笔：蒋亦欣）
	19—22 日	准备展示： 1. 制作成果集（文字：王笑涵、陈凯、姚瑶；插图：蒋亦欣、方寅驰、宋锦鹏） 2. 写活动感受（全体） 3. 排练表演《字字有精神》（艺术指导：姚瑶妈妈）
	23—24 日	成果展示，快板表演，扩大宣传
行动宣言	横扫一切不规范用字，还我汉字风采！	

计划的制订可以让行动有纲可循，小组内人人有事做，事事有人做。学生们在参阅了上述计划范例后，很快通过讨论协商，拟订了各具特色的小组计划。与此同时，我告诉学生们，两周后我们将举行一个综合性学习成果展示评比会，只有拿出过硬的成果才可能拔得头筹，以此激励各组奋勇争先。

　　另一边，为了能落实计划，使活动顺利进行，我们还考虑到了寻求家长的支持。综合性学习是一种开放的新型学习方式，家长不一定了解，还可能存在顾虑，为此，我们通过《致家长书》，报告行动规划，寻求相应支持，让家长成为学生行动的知情者和协助者。

致家长书

尊敬的家长朋友：

　　您好！从下周起，您的孩子将投入"遨游汉字王国"这项非常有意义的语文综合性学习活动。根据教学计划，孩子们将围绕主题开展为期两周的学习活动，在这项活动中，孩子们将通过丰富多彩的主题活动初步了解汉字的特点和发展历史，加深学生对汉字和中华传统文化的感情，提高正确运用汉字的自觉性，在活动中培养学生策划和开展活动、查找和运用资料、采访和实地调查、记录素材和写报告等综合能力。

　　为使孩子们在本次综合性学习中学有所获，我们热切期待您的大力支持。

　　①鼓励孩子参与活动，热情肯定孩子的点滴成绩。

　　②为孩子的各项活动提供相应的物质帮助和精神支持。

　　③对孩子外出行动给予提示和指导，必要时欢迎您直接参与行动。

　　④相机引导孩子形成正确的情感、态度、价值观，指导孩子搜集和整理资料。

　　衷心感谢您的支持！您有什么意见和建议，欢迎回复我们。未尽事宜请随时与陈老师联系。谢谢！

实验小学 508 班

10 月 8 日

我们将《致家长书》印发给每位学生家长，很快也收到了热情的回复，家长们纷纷表示非常支持孩子参与这项有意义的学习，后期一定会积极配合班级活动。这样一来，我们各小组同学的干劲更足了，很快开始按计划一步步行动起来。

4. 搜集筛选资料

各小组在组长的带领下，按人员分工搜集资料，搜集资料的途径很多：上网、访谈、采风、查阅书籍、实地考察、录像摄影等，教师应该引导学生根据自己小组的研究主题来选择适当的搜集方法。

由于学生年龄小，还不完全具备搜集信息的能力，因此，一段时间以后，你会发现他们搜集来的资料鱼龙混杂，这就需要集中起来，上一节"资料整理课"。教师应指导学生根据自己的研究主题来筛选资料，教师可以先以一个小组的资料筛选为例进行演示说明，然后再放手让其他小组着手整理。下面的《资料整理表》可以帮助学生理清筛选思路。

资料整理表

团队名称	
活动主题	
已有资料	
应删资料	
精选后的 资料分类	
尚缺资料	
资料整理 中的发现	
后续行动	

经过查缺补漏，去粗存精，各小组的资料条理逐渐分明了，层次逐渐清晰了，大家下一步的努力方向也基本明确了，已有了什么，还缺少什么，做到了

心中有数。

5．汇总研究成果

这一步是要对资料进行全面汇总，对活动成果进行全盘梳理，形成有一定分量的研究成果。这个环节中，教师也要善于引导，拿出一个适合本班实际的大思路。

经过商议，我和学生们决定以成果册的形式来呈现作品。反复比较后，我们决定，成果册统一选用一种活页的、带有几十页透明文件袋的夹子，这样便于分工、整理和装饰，也利于展示和推广。对于制作一本精美的成果册，我给了学生们如下建议。

①成果册要有名称、目录、活动花絮和后记。

②成果册要图文并茂，要有一定的视觉冲击力。

③成果册的主体内容要人人参与。

④需要表演的内容以及自创作品，要在成果册中有一个简介。

有了老师的指导和建议，各小组开始了忙碌而又兴奋的最后攻坚，他们既有分头行动，又有协同作战，向着一个共同的目标冲刺。

反思：意大利教育家蒙台梭利认为，儿童对活动的需要几乎比对食物的需要更为强烈，对一个可能使他使出全部精力的活动，他将感到一种本能的冲动，因为这正是使他的能力得以完善的道路。此次综合性学习活动，我们也试图让学生通过自主活动来获取知识，形成能力，养成良好的品格。在此过程中，我们认识到，教师应起到画龙点睛的作用，把握好"放"与"收"的关系，必要时要给予学生具体的指导，给予他们一支得力的、把握方向的"桨"，让学生在汉字王国中畅通无阻地领略风光。

三、 搭一个台： 细端详字里乾坤

两周的综合性学习已经接近尾声，我和孩子们开始策划成果展示活动。对于这次期待已久的"亮相"，学生们有自己的想法。

1．我的舞台我做主

展示的时间，展示的方式，甚至是主持、现场布置等等，同学们都有自己的一番考虑。本着"让学生成为学习主人"的思路，我放手让他们自行商讨，我觉得，现在我的角色应该是一位会欣赏的好观众。

2. 共抒怀博采众长

展示活动在一番积极的筹划之后拉开了序幕，我感觉自己就像嘉宾，而整装待发的孩子们用他们眼里窃窃的笑意暗示我：好戏要开场了。

"字谜万花筒"组的展示成了开场锣鼓。

组长高智辉和组员李刘增、施翼、张雨春、鲁恒缘、徐心月六人笑眯眯地打着快板上场。

高智辉：说字谜，

李刘增：道字谜，

施　翼：说不完、道不尽是字谜！

鲁恒缘：字谜好玩可难猜，

张雨春：字字是谜尽显才！

徐心月：字谜大擂台开张啦，

六人齐（挥手招揽状）：猜中的有大奖喽——

（众人笑）

高智辉（高举一把纸条）：这些可都是高难度字谜！

李刘增：你想挑战一下吗？

徐心月：猜中有奖，加油哦！

（众人跃跃欲试）

高智辉：首先进行第一轮"字谜抢答"。听好了，第一个谜面是——一点一横长，一撇向西方，并排两棵树，栽在石头上。（打一字）

（众人七嘴八舌开始猜，最终一生猜出是"磨"字，答案正确，在热烈的掌声中她欢喜地领到一个小奖品。之后这个组又一连出了六个字谜，同学们纷纷开动脑筋，猜谜声、议论声、欢呼声此起彼伏，教室里气氛异常热烈。）

接下来，"字谜万花筒"的组员们又为大家呈现了三个精彩环节：

①画中谜。（通过大屏幕展示一幅幅藏有字谜的画作，开展竞猜）

②动作谜。（一人或者几人上台运用肢体动作形成谜面，悬念重重）

③揭谜攻略。(字谜大揭秘，发布猜谜的独家秘籍诀窍)

"字谜万花筒"组热烈诙谐的展示风格赢得了同学们的阵阵掌声。他们的成果册内容丰富、板块合理、装帧精美、图文并茂，经过多媒体展示台放大，使其他组员充分欣赏了他们搜集的字谜成果。他们的介绍，也使同学们更多地感受到了字谜之趣以及字谜里蕴藏着的文化内涵、民风民俗、历史知识等。

"字谜万花筒"组的展示非常成功。紧随其后，"亦情亦趣——品读谐音里的智慧"、"汉字渊源长"、"神奇的字体演变"、"汉字快速记忆新法"、"名字里的秘密"、"书法神韵"等另外六个小组也陆续进行了展示。他们有的演小品，有的说相声，有的进行配乐朗诵，有的进行现场书法表演，有的讲他们搜集到的小故事，有的宣读建议书，还有的组竟然做了一个演示片，生动地展现了汉字对于亚洲文化的影响，令人信服。

在各组的展示中，孩子们更深切地感受了"字之奇"、"字之趣"、"字之魂"，在一浪比一浪高的掌声中，孩子们意识到：汉字不仅是表情达意的工具，更是富含韵味和感情色彩的文化符号，有着足以令我们中国人自豪的深刻内涵。

3. 我是小小评论员

各组展示高潮迭起。看得出，孩子们有着极强的评论欲望，他们总是争相发言，不论是表达赞叹，还是指出不足，言语间都透出一份谦和、真诚和儒雅，这也是最令我刮目相看的一点。我惊喜地发现，经此一役，孩子们骨子里的"书卷味"更浓了。

经过评比，"最具实力奖"、"最佳创意奖"、"最佳合作奖"花落三家，另外四个小组，也获得了团结协作奖，每个小组有两名同学获得了优秀组员称号。最后，在全班朗声齐诵《赞汉字》的铿锵之声里，展示活动落下了帷幕。

反思：综合性学习的评价分为过程性评价和终结性评价，两者应灵活运用，以期最大限度地推进活动，肯定成绩，形成导向，特别应该注意到那些能力较弱的学生在活动中获得的发展并及时激励。

"遨游汉字王国"综合性学习活动历时两周，虽然时间不长，但其影响却是深远的。我们教师以"授人以渔"为己任，利用丰富多彩的活动，打开学生视野，牵引学生走向更为丰美的学习天地，这正是我们努力的方向。

和诗歌做玩伴　用心灵去吟咏
——《轻叩诗歌的大门》教学手记

10月12日　星期一　下午第二节课

预　热

　　《轻叩诗歌的大门》是人教版语文六年级上册安排的一次综合性学习。活动临近了，酷爱诗歌的我跃跃欲试，在心里盘算着，怎样带领孩子们"诗海拾贝"，"与诗同行"？怎样让他们在诗的王国里乐而忘返呢？

　　突然，有了一个想法。于是就有了活动前夕一次"不经意"的聊天。

　　　师：我想问问大家，在生活中，你特别珍爱的一样东西是什么？
　　　生：我最珍爱的是爸爸送我的一套邮票，一般不许别人摸。
　　　生：过生日时同学为我亲手制作的贺卡漂亮极了，我最喜欢了。
　　　师（出示几本厚厚的旧笔记本，讲述）：我这里有几本很普通的笔记本，看上去有些旧，你瞧，还有些破了。可对于它的主人来说，这些，却都是宝贝。这是些什么本呢？本子的主人当年和你们差不多大，是一个十来岁的小女孩，她把这些本叫作诗本，里面抄录着古今中外的几百首诗歌。那时候啊，这些诗，这些本子，曾无数次地被那个女孩书写、翻动和抚摸，那可真叫一个喜欢！
　　　（老师讲述着。学生们凝神细听着，注视着老师手里捧着的旧笔记本。）
　　　师：为什么陈老师对这些本子这么熟悉呢？因为，本子的主人就是我。这是我小学和初中阶段的诗抄本。大家有兴趣吗，想看看吗？

生：想！想看！

师：眼睛睁大了，这可是从未对外展示过的！

（老师翻动着自己少年时代的几大本诗抄，展示诗抄内容。本中工工整整地抄录着很多古今诗词，并配有美丽的插图、可爱的贴画和自制的书签等装饰）

师（举起夹在本中的一片银杏树叶，感慨地讲述着）：瞧，这片树叶上抄着的是我当年最喜欢的一阕词——苏东坡的《望江南》，二十年了，句子我仍记得很清楚——春未老，风细柳斜斜。试上超然台上望，半壕春水一城花，烟雨暗千家……

（学生们惊羡地看着、听着，之后，老师又朗诵了诗集中徐志摩的诗《雪花的快乐》、冰心的《纸船》等，有的学生伸手将本子和树叶要过去细细欣赏。）

师：看了刚才这些，你想说些什么？

生：老师抄的诗真多、真美啊！

生：老师是个热爱诗歌的人！热爱诗歌的人很浪漫啊！

生：老师，你从哪儿搜集到这么多诗啊？我好喜欢！我也想搜集。

（师生畅谈对于诗歌的感受，孩子们争相翻阅着老师少时的诗集本，不停地问着，感叹着。）

说明：活动的前期预热，为后续的自主学习做了必要铺垫。只有真正激发感染了学生，调动起他们的内在需求，才能达到潜移默化、润物无声的效果。"磨刀不误砍柴工"，活动前的气氛营造大有必要。榜样即导向，利用好这一特殊资源，将收到事半功倍的效果。

10月13日　星期二　上午第一节课

计　划

好的开端是成功的一半。本次综合性学习预计历时两周，第一课时的重头戏，不用说，就是激发兴趣，制订活动计划。

第一步：赏玩诗歌，感受诗趣

在亮出了本次活动的主题后，我打算和学生们先玩个关于诗歌的游戏。小诗《可不可以说》是香港诗人西西的作品，立意新巧，极富童趣。我出示了诗歌的第一小节，声情并茂地朗诵给学生听——

<blockquote>
可不可以说

一枚白菜

一块鸡蛋

一只葱

一个胡椒粉？
</blockquote>

多可爱的句子，多特别的诗！学生边听边欣喜地感受着诗歌的特点，显然被这首诗吸引住了。接着，来点悬念，课件出示以下诗歌片段——

可不可以说／一（　　）飞鸟／一（　　）椰子树／一（　　）太阳／一（　　）骤雨？／可不可以说／一（　　）雨／一（　　）雪花／一（　　）银河／一（　　）宇宙？／可不可以说／一（　　）蚂蚁／一（　　）甲虫／一（　　）猪猡／一（　　）英雄？／可不可以说……

我启发学生以游戏接龙的形式自由补词续诗，并鼓励他们大胆想象。

教室里热闹了。"一串蚂蚁！""一颗太阳！"同学们你一句，我一句，奇思妙想，越续越精彩。之后，我又出示了原诗的句子，引导学生在比较和品味中感受诗的灵气。我还告诉学生，诗歌是美好的，诗歌的世界是奇妙的，每一个人，都能在诗中找到属于自己的快乐！

的确，兴趣是最好的老师，只有拉近学生与诗的距离，让他们在游戏、欣赏中感受诗歌的特点，在探究尝试中找到读诗的乐趣，碰撞出思维的火花，此次综合性学习才能成为源头活水，富有长久的生命力。

第二步：明确目标，探究方法

有了兴趣，还得掌握方法。我让大家静下心来看书，并细读两个"活动建议"，明确活动方向。大家很快发现，本次活动分成"诗海拾贝"、"与诗同行"

两个板块，活动内容包括搜集诗歌、整理资料、写诗、诵诗、编诗集、诗歌知识竞赛等。

我们首先就如何搜集诗歌进行了交流，又展开了讨论：除了书中介绍的活动，围绕诗歌，我们还能开展哪些活动？同学们想到，还可以创作诗词歌曲、诗配画、表演叙事诗、诗歌故事等，但首先要编一本富有个性的诗集，这是后续活动的基础。

诗海无边，编一本怎样的诗集呢？首先得确定一个鲜明而又有特色的主题。我为同学们展示了一些个性鲜明的组名，如：大自然之约工作室、浓情四季诗画坊、哈哈镜幽默队等，让他们猜出活动主题，并强调，编诗集之前，一定要确定好主题，有了鲜明的主题，诗集才有个性。

反思：教师引导学生通过自主学习，提炼教材中的重要信息，把握活动重点，并采用游戏的方式激活学生思维，使之初步了解确定主题的方法。

活动需分组，活动小组通过自愿组合、教师调配很快形成，每组六人，全班共六个小组。接下来，我们开始探讨活动计划的制订。

我和学生一同回顾了以往开展综合性学习时计划制订的方法，同时，又引导学生探究——计划还可以如何制订呢？大家各抒己见。

接下来，我为学生们介绍了两种各具特色的计划方式，为各小组提供参考。

方法一：脑图式计划

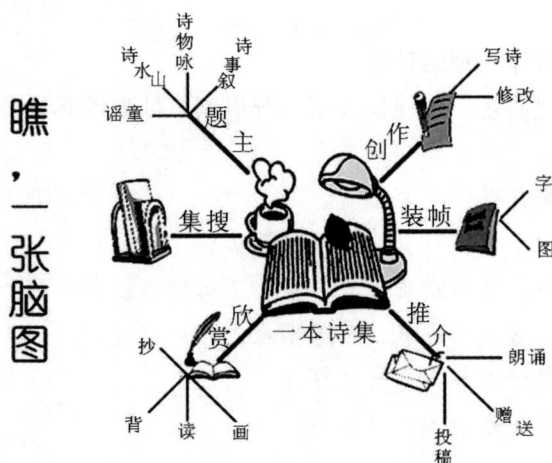

瞧，一张脑图

方法二：表格式计划

综合性学习"轻叩诗歌的大门"活动计划

团队名称	大自然之约工作室	
活动主题	收集描写大自然奇趣的诗篇，编辑制作一本诗集——《大自然之约》。	
组长	小雨点（笔名）	
组员	泉水　麦子　北风萧萧　太阳镜　红叶	
活动步骤	实施时间（10月）	具体分工
准备阶段	14—17 日	1. 收集相关诗歌（全体） 2. 资料汇总（泉水、红叶）
实施阶段	18—22 日	1. 诗歌分类（全体） 2. 设计诗集目录（小雨点、太阳镜） 3. 诗歌配画（北风萧萧、泉水） 4. 创作诗歌（全体）
展示阶段	22—23 日	1. 诗集包装（麦子、小雨点） 2. 现场推介：诗歌朗诵会（全体） 3. 评比拉票（全体）

第三步：小组合作，拟定计划

为保证合作学习质量，我建议大家在分组制订计划前具体分工——

　　组长：分配任务，全面负责。

　　记录员：记录重要意见，执笔计划稿。

　　音量控制员：调控组员发言音量，不对他组造成干扰。

　　联络员：了解别组进展，如遇困难，外派求援。

　　计时员：提示发言不超过 3 分钟。

　　发言人：代表本组讲解计划书。

各组讨论热烈，进展也很快。20分钟后，各组活动计划新鲜出炉，各小组发言人陆续登场，解说本组计划。以下是各小组确定的主题——

　　1组：《欢乐泡泡——儿童诗的世界》
　　2组：《家书抵万金——古今中外思乡诗歌荟萃》
　　3组：《李白粉丝团》
　　4组：《繁花似锦——咏花诗词集》
　　5组：《诗画江南——题咏江南风光的诗歌》
　　6组：《醉卧沙场——边塞诗集萃》

师生共同点评，各组着手修改计划稿。

说明： 合作的意识和能力是现代人所应具备的基本素质。建立在合作基础之上的学习方式，要求学生将自身的学习行为有机融入小组或团队的集体学习活动之中，在完成共同的学习任务时，展开有明确责任分工的互助性学习。这样的学习方式能有效转化和消除学生的学习压力，有助于引导学生在学习中进行积极的沟通，形成学习的责任感，培养合作的精神和相互支持、配合的良好品质。

10月14日　星期三

开始行动了

各小组在组长的带领下按计划开始行动，教师相机提供物质及精神支持。

说明： 在此过程中，教师扮演的角色是多元的，有时是出主意的大朋友，有时是欣赏者，有时又是后勤服务人员，总之，教师的参与和关注，使孩子们感到底气十足。

10月16日　星期五　上午第二节课

咱们来交流

不知不觉，一周过去了，各小组都搜集到大量资料和图片，但整理分类及制作仍存在一定困难，于是，我在课中引导学生集中开展讨论，对难点问题进行了梳理和指导。

第一步：进展交流

我首先肯定了各组前期活动的表现，然后请各组介绍自己的主题及活动进展，并简要说明资料来源。经交流，同学们的资料有的是在图书馆查阅到的，有的是向家长请教的，绝大多数资料来源于网络。

说明： 基于网络的学习是学生学习方式的一个重大革命，它有助于将丰富的知识信息及时传递到学生的学习中来，极大拓展了学生的学习视野，有助于构建丰富的学习情境，为学生的自由探索创造了更多的机会。

第二步：学习分类

资料堆在桌上，看上去是很丰富的，但是，如何筛选出真正需要的内容并合理分类呢？我请同学们认真通读教材中的"阅读材料"，看看有什么发现。

我组织大家交流：诗歌还可以如何分类？同学们自由交流，发现可以按内容、按题材、按形式、按国家和作者、按年代等分类。我告诉大家，其实，诗歌分类的方法很多，也很灵活，各小组可以按照自己的兴趣进行个性化分类，有自己的道理就行。

第三步：资料分享

我请各组分别展示了自己搜集到的资料，师生共同品评、达成共识，那些偏离主题、语言太过生涩、格调不高、内容不健康的诗歌不宜收入诗集，并在信息交流中，引导学生了解诗歌文化。

第四步：分类整理

掌握了一定的方法，各组开始动手分类。我开始巡视，发现问题并及时指导。在分类接近尾声的时候，我注意到，有几个小组的分类做得很好，思路清晰。我请这几个组向全班同学介绍了他们的分类情况，为其他组提供了一些借鉴。

第五步：编辑制作

资料分类结束了，但制作诗集的过程才刚刚完成了第一步。接下来，怎样才能制作出一本"真正"的诗集呢？我组织大家建言献策。最后，我将大家的点子汇总成以下几点——

①诗集必须有封面、目录、正文、封底，还可以有前言和后记。

②诗集中除了收录搜集到的诗歌外，还可适当编配一些诗歌赏析文字，表达自己读诗赏诗的独特感受，可以将自己创作的诗歌收录进来，成为一个富有个性的板块。

③文字可以打印，也可以手抄。插图可以手绘，可以粘贴，还可以配以摄影作品。

最后，我提出了一个特别建议——文件夹活页式的诗集便于整理和制作，大家不妨试试！

之后，各小组开始了新的行动，在组长的带领下策划起了诗集制作事宜，我也满怀信心地期待着，有时还参与到某个小组，干点"零活"。看着孩子们身上那股认真劲儿，脸上那种开心劲儿，我想，不管最后诗集编得怎样，这个过程其实就已经是一种收获和享受了！

说明：语文综合性学习必须注重实践。实践活动既是认识的源泉，又是思维发展的基础。学生学习知识的获取、学习技能的培养、学习素质的提高，无不是在实践中得以实现的。应该说，学生的学习是以实践为基础和生长点的。在实践中，学生开阔了眼界，体验了获取知识的过程，积累了学习经验。

10月22日 星期四 上午第二节课

瞧， 我们的小诗集

时间过得真快，我们的活动开展已近两个星期了。在这段日子里，我和孩子们都大有收获，很多精美的小诗集陆续亮相了。这节课就来个诗集展示吧！

"欢乐泡泡"组的介绍如下——

组长和副组长在同学们的掌声中走上了讲台。她们打开幻灯片，开始了汇报。

组长：我们组诗歌集的名称是《欢乐泡泡——儿童诗的世界》。为什么取名为"欢乐泡泡"呢？因为童年是欢乐的，儿童诗就是这童年记忆里五彩缤纷的小泡泡。这一个个小小的灵感，让人动心，更让人回味无穷。来吧，我们的欢乐泡泡就闪烁在每个热爱生活的人的心间！

话语刚落，课堂上就响起了热烈的掌声。细看 PPT 画面，只见背景是充满梦幻色彩的亮丽五彩泡泡，天空中有飞翔的小鸟，有翩翩的蒲公英，那么顽皮、那么可爱！

　　诗歌集的第二页，介绍了他们组的组员和指导老师，接着是他们组的活动过程、实地采风的一组照片，收集到的儿童诗有 30 多首，另外，还收集了著名儿童诗人的一些资料，如我们熟悉的著名诗人金波爷爷、美国著名的天才诗人谢尔·西弗斯汀等。

"活动过程"作为一个板块放入诗歌集是很有意思的。可以具体写写活动过程是怎样安排的、同学是怎样做的、曾遇到过什么困难、是如何克服的、有什么活动成果等等，这些内容可以用图表或文字的形式灵活呈现。此外，学生在活动过程中的工作和成果照片也可以纳入诗集，成为诗集中一个有趣的板块。

"欢乐泡泡"组的诗歌集内容丰富，从标题、活动计划、活动开展，到所收集的各类诗歌，以及自己创作的儿童诗等，都在诗歌集中进行了有序的编排与呈现。小诗集中还穿插了诗歌故事，有些地方还配上了插图，做到了图文并茂。

　　接着，其他的五组也分别作了展示。最后，让学生进行了评比。

说明：语文综合性学习不仅要重视静态成果的展示，更要关注活动的过程，关注到一切计划、方案以及遇到的困难和解决困难的方法等等，帮助学生在动态过程中感受学习的乐趣、获取相应的知识和能力。在这个过程中，放手让学生自行设计和组织，突出了学生的自主性，培养了学生主动、积极地参与精神。

10 月 23 日　星期五　上午第二、三节课

听，我们的诗歌朗诵会

　　教材建议我们举行一次"诗歌朗诵会"，那么，朗诵哪些诗歌呢？采用什么方式才能使本组的朗诵更精彩？穿插点什么活动使朗诵会更有趣呢？

　　朗诵会现场多精彩啊！有中外名诗配乐朗诵，有自己的原创诗歌朗诵，有诗歌故事表演，还有诗歌知识抢答。最让人意想不到的，竟然有个"活动感言串烧"。一群孩子手拉手，充满感情地接龙表达了自己本次活动的点滴感想。

◆ 是诗歌，让我的心更纯；是诗歌，让我的眼更亮；是诗歌，让我每一天的梦更甜美！

◆ 与诗同行，我的心不寂寞！

◆ 诗歌的大门已向我们开启，我听到了诗神的召唤！

◆ 语文综合性学习让我们开拓了眼界，增长了知识，得到了锻炼！

◆ 忙碌，但快乐着！

◆ 诗歌世界，其乐无穷！

说明：综合性学习重参与，重体验，重实践。学生们在人人参与、全程参与之中，享受学习的乐趣，逐渐形成各方面的能力。

历时两周的综合性学习结束了，但似乎又没有结束。因为，孩子们仍然在津津有味地谈诗、谈诗人、谈诗歌的故事、谈读诗的滋味。我想，"轻叩诗歌的大门"会让他们眼前风光无限！

让我们一起来倾听
——语文综合性学习活动案例

活动内容：听赏学生自主创意录制的录音作品

活动准备：在前一课时，教师对创编录音作品的目的、要求、方法、技巧进行说明和指导，并留一周时间自愿组合、协作行动。通过组合，全班形成了4个创编小组，以各自不同的形式展开了相关的活动。活动前期过程中，教师在物质、精神、技术等方面给予了学生相应的支持。

活动主持人：班长及各组中心发言人

活动过程如下。

一、 开场锣鼓

主持人：同学们，伙伴们！大家盼望已久的"录音作品听赏会"马上就要开始了。这一周来，各小组同学团结协作，干得热火朝天，今天一定会有不俗的表现！这次的听赏会实际上也就是一场友谊比赛，大家有没有信心一展风采呀？（生兴奋地：有！）课前我们进行了抽签，现在请老师宣布比赛顺序和比赛要求。（学生鼓掌）

老师宣布比赛顺序依次为：三小组，二小组，四小组，一小组。具体步骤如下：（1）组长介绍作品，语言要精练，富有感染力。（2）演播录音作品。（3）全班同学各抒己见，自由点评。（4）票选"最佳作品奖"。

最后教师郑重宣布："录音作品听赏会"现在开始！（学生兴奋地鼓掌）

二、 听赏录音

主持人：好，我们的比赛正式开始！

1. 三组参赛

作品：广告创意两则

组长：同学们，很高兴我们小组今天能打头阵！相信我们这个头阵会十分精彩！我们小组的录音作品是两则广告，到底是什么广告呢？请听——

播出一号广告作品：（轻柔的音乐渐起，穿插欢快的鸟鸣声）女声：除了脚印什么也别留下！男声：除了记忆什么也别带走！和声：保护环境，珍爱地球！珍爱我们的家园！（音乐渐弱）

播出二号广告作品：（古筝曲渐强再渐弱）女声：古典的旋律，古典的情怀！男声：远离了喧嚣，回归了宁静！和声：让我们沐浴书香，感受古典！男声：本书店新组织回一批古典文学书籍，欢迎惠顾！

（全班热情鼓掌）

听众点评：

甲：真想不到，他们小组居然做了两条广告，这个创意新颖极了！

乙：他们朗诵得真优美！我自愧不如。

丙：三小组不仅创意好，主题也有意义。

丁：书店的广告很有实用价值！说不定还能让书店增加收入呢！真绝！

……

主持人：大家点评得很好！让我们再来欣赏二组的作品吧！

2. 二组参赛

作品：小广播剧《田忌赛马》

组长简介作品：历史的长河大浪淘沙，多少智者仁人独领风骚！此刻，就让我们闭上眼睛——听一段传诵不衰的历史故事《田忌赛马》。

播出作品，学生倾听。（古琴曲渐起，随着旁白，剧情开始）

学生评价：

甲：好棒啊！这个作品并不死搬课文内容，而是增添了一些对白，很有想象力。他们的编剧很厉害呀！

乙：听说剧中的音乐是他们自己用乐器演奏的，马蹄的声音也是自己用口技配的。简直跟电台的广播剧差不多生动了。

丙：提点意见，我听见你们把刚愎自用的"愎"（bì）读成了"复"（fù），这有点影响作品质量了。

……

主持人：精彩的小广播剧之后，我们又会听到些什么呢？让我们洗耳恭听——

3. 四组参赛

作品：访谈录音《快乐学习，我的法宝——对市级三好生李玲的采访》

组长：谁不想出类拔萃？谁不想多才多艺？让我们走进我校市级三好生李玲同学的内心深处，向她讨教几招制胜法宝——

播出采访实录，学生倾听。（录音中，学生模拟记者，对李玲及其家人、朋友进行了采访）

听众点评：

甲：采访过程设计得很好，环节衔接紧凑，没有冷场。

乙：有些提问没多大意思，比如：你学习刻苦吗？

丙：他们的录制效果很好，没一点杂音。这个采访最精彩的是它对我们的启发，我们听到了一些对自己学习有用的好经验，这一点是很棒的！

丁：访谈后半部分，对家人和朋友的采访，很有意思。让我们看到了主人公李玲非常可爱、顽皮的一面，也活跃了采访气氛。

……

主持人：四组的小记者们还真有点临场经验，善于现场发挥，和被采访者在一起谈笑风生，应对自如，说不定将来真能当上中央台的新闻记者呢！

4. 一组参赛

作品："欢乐今宵"好友联欢会

组长：伙伴们！我们的作品"欢乐今宵——好友联欢会"可以说是个五彩的大拼盘，主要内容有：诗朗诵、萨克斯独奏、相声、卡拉 OK 演唱、成语接龙、厨艺展示并配解说、小合唱等等。真正的好戏连台，不容错过呦！

演播作品。（伴随着音乐和主持人的串场，一台小型联欢会呈现了出来。参与节目的除了小组成员，还邀请了家长客串）

学生评价：

甲：哇！内容这么丰富！主持人的串场词写得真是文采飞扬！

乙：联欢会的策划很周密，活而不乱。钟灵心爸爸朗诵的声音好深沉啊，很像著名配音演员乔榛的声音！

丙：温锐妈妈炒菜的节目有趣极了！一边炒，一边解说，都能听见油炸的声音，馋死人了！

丁：把小合唱放在最后很有气氛。主持人的语言也很幽默！

……

主持人：哇——好评如潮啊！大家静一静！想不到一组的压轴戏这么精彩！现在四个小组作品都已亮相，说实话，四件录音作品听起来可谓各有千秋，还真有点让人难以取舍，下面就让我们进行投票公决——

三、 票选公决

（1）全班投票选出最佳作品：《欢乐今宵——好友联欢会》，其余三组分获最佳音乐奖、最佳编剧奖和最佳录制奖。

（2）颁奖。（最佳奖品是一尊胡萝卜雕的奖杯）

四、 作品推广

师：同学们！今天的"录音作品听赏会"举行得非常成功！老师临时决定——将这几件录音作品送到校红领巾广播站播出，让全校同学都来分享我们创造的成果，大家说好不好？（生欢呼雀跃）希望同学们今后学活语文、用活语文，让我们的语文知识为生活增添更多靓丽的色彩！

聆听生活的交响　讲述别样的故事
—— "听音响编故事" 口语交际教学实录

　　"听音响编故事"是人教版十一册第一单元的口语交际内容。应该说，这个主题对于学生而言，是有一定吸引力的，但要真正打开思路，让思潮如泉涌，却也不易，尤其值得我们关注和思考的是，如何在教学中引导学生树立主题意识，并学习从生活中取材，懂得用故事表达情感和观点。基于上述考虑，我把本次教学定位为"开启—梳理—碰撞—点拨"。

一、　叫醒我们的耳朵

　　师：陈老师小的时候，曾经对一种职业特别感兴趣——"拟音师"。知道这种职业吗？

　　生：不知道。

　　生：好像是给电视电影配各种音响效果的！

　　师：对！模拟声音，是他们的最大本事。不知道你们有没有这样的本领？

　　生：我会学猫叫，喵——喵呜——喵呜——

　　（学生们笑）

　　师：看来这是只厉害的老猫！

　　生：我能学火车，呜——哧——哐、哐、哐……

　　（学生议论说学得还真像）

　　师：啊，走远了，看不见了，朋友，一路平安！

　　（学生们笑）

　　生：我给大家来阵狂风骤雨，电闪雷鸣，呼——呼——呜——咔！轰！哗啦啦啦——哗——

师：动静可不小哇！这要配在电影里，估计有什么大事要发生了。

生：可能主人公遭遇厄运了。

生：可能山洪就要爆发了。

生：可能罪犯要作案了！

师：一切皆有可能。瞧，短短的一串声音能带给我们这么多想象，看来咱们班同学感情特别丰富，想象力特别强。老师也为同学们带来了一段声音，请大家闭上眼睛，听听看，这是什么声音？你脑子里有着怎样的画面？

（用课件播放咕嘟咕嘟的冒泡声）

生：我感觉是济南著名的趵突泉在不停地冒，咕嘟咕嘟，咕嘟咕嘟，哇！中外游人赞叹不已，争相拍照留念。

师：听你这么一说，真有身临其境的感觉，不错！

生：很像是几条大鱼在池子里嬉戏，咕嘟咕嘟，吐着水泡呢！

生：小明是个"旱鸭子"，刚开始学游泳，可惨啦，一下水就腿抽筋，咕嘟咕嘟灌了一肚子的水。

（学生都笑了）

师：哟，可得当心啊！

生：我奶奶是个善于变废为宝的手工迷。这不，又在洗几个空饮料瓶子，准备做个小花篮，瓶子被一个一个按进了水里，咕嘟，咕嘟，直吐泡呢！

生：我一进家门，就听到咕嘟咕嘟的声音。哇，我妈正在煮饺子呢！饺子已经开锅了，咕嘟咕嘟，三鲜馅的，那叫一个香啊，馋得我口水都快流下来了！

师：听你这么一说，我们大家都快馋得受不了！

（学生们不由自主地纷纷议论起自己想象的画面）

师：同学们，一种声音，竟然能带给我们这么多不同的想象，看来，声音很奇妙，我们的耳朵和脑子也很奇妙！大家还想听吗？

生（兴致勃勃地）：想！

（用课件播放敲门声）

师：你听到了什么？想到了什么？接下来，请大家在小组内交流。注意：思路要开阔，想象要合理，讲得要生动，听得要仔细。一会儿每组推荐一位讲得最有意思的同学来汇报。好，开始！

（学生分组交流）

师：大家聊得很带劲，陈老师也很期待分享一下你们小脑瓜里的奇思妙想。来，每小组请一位同学说说！

（各组选派一位代表发言）

生（代表一组）：从敲门的节奏看，这个人很谨慎，甚至有些胆怯，所以，我认定他是一个心虚的人，我脑子里的场景是这样的。

　　《家有儿女》里的刘星最近又犯错了，他和同学在教室里大闹了一场，班长通知他，事闹大了，校长有请。他一听就蒙了，战战兢兢来到校长室门口，站了半天也没敢敲门。最后，一咬牙，一跺脚，算了，豁出去了，敲！咚，咚，咚，在等待开门的几秒钟里，他对自己说，刘星，你要挺住！

（学生笑）

师：这是如履薄冰的敲门声，后果难测呀！不错，属于校园剧的风格。下一组，有请。

生（代表二组）：我们的小标题是"黎明前的暗战"。

　　新中国成立前夕，敌我斗争还十分激烈，我地下党在上海建立了一个新的联络站，联络暗号为"月光"。这天，咚，咚，咚，有人敲门了，可敲门的频率并不是事先约好的"一慢两快"。咦？怎么回事呢？来者何人？——一段传奇，就此拉开序幕。欲知后事如何，且听下回分解！

（讲述很吸引人，大家听后纷纷鼓掌）

师：这是心惊肉跳的敲门声，暗藏刀光剑影啊！惊险！有点谍战剧的味道。掌声在期待着你们故事的后续呢！看来，跨越时空的想象也很精彩哦！欢迎第三组同学发言！

生（代表三组）：唐代的一天，苦吟诗人贾岛正为"推"、"敲"二字举棋不定。到底是"僧推月下门"，还是"僧敲月下门"呢？真是……真是……

（学生一时语塞，找不到合适的词语形容）

师：真是难以取舍呀！

生：真是难以取舍呀！后来，经过大诗人韩愈的点拨，终于选择了"敲"字——咚，咚，咚，清脆的敲门声，更衬出月夜的宁静。

师：是啊，这也成就了一段千古佳话！你这一段有历史剧的影子啊！不错，有积累，有内涵！好，下一组！

生（代表四组）：咚，咚，咚！一听这声音，我就知道，QQ里又有网友上线了，快瞧瞧，是不是我老家的表姐晓南。好久没联系了，真想她呀！仔细一瞧，嘿，还真是她呀！

师：你想的还真跟别人不一样啊！满有生活气息！请坐。同学们真棒，能在简单的敲门声里听出这么丰富的内容，看来，大家都有一颗敏感细腻的心！

教学说明： 从交流拟音到对冒泡声、敲门声的畅想，难度在一步步加大，即兴讲述、小组交流、推荐展示，形式也有所变化，老师关于"生活气息"的相机点评，为后面故事的正式创编埋下了一个导向性的伏笔。

二、 聚焦自己的沸点

师：生活就像一个大舞台，每时每刻都在上演着精彩的故事。在这大舞台上，你能听到各种各样的声音，这些声音又能串联组合出一个个无比生动的故事。来，让我们一同进入声音的缤纷世界，聆听生活的交响曲，听听看，哪几种声音让你印象深刻？

（播放各类音响）

> 开门声、玻璃杯摔碎声、婴儿哭叫声、咳嗽声、鸟鸣声、说话声、欢呼声、心跳声、上课铃声、哄笑声、滴水声、闹钟声、口哨声、打鼾声、风声、雷声、雨声、汽车刹车声、喘气声、哄笑声、打闹声、喊叫声、各种动物的叫声、锅碗瓢盆响声、警报声、歌声、工厂里的机器声、街道上的汽车声、闹市人群的嘈杂声、洪水的咆哮声、乒乓球声、喝彩声、古筝声、叹息声、刀剑搏击声、马蹄声、炒菜声、摇桨声……

（学生们仔细倾听）

师：我看大家听的时候很兴奋，好像都有很多话想说。那就请同桌赶紧交流一下，说说自己的感觉。

（同桌交流）

师：好，大家交流得很热烈，谁先来说说看，你最感兴趣的是什么声音？有着怎样的感觉？

生：我听到鸭子叫、羊叫，还有猪哼哼的声音，好像到了农场里似的。

师：你平时就很喜欢动物，是吗？（生笑着点头）是的，人总是对自己熟悉的事物感到特别亲切，选择自己熟悉的声音，也特别容易发挥，这个办法不错，大家可以借鉴。

生：叮咚叮咚的声音，很特别，感觉既像山涧里的泉水，很宁静，又像干旱的时候，人们饥渴的一种等待。

师：你的感觉很细腻，也很善于逆向思维，有意思！大家还可以把更多的声音串在一起，丰富自己的想象。

生：我可以把刚才所有的声音当作一个整体来想：一位神仙在天上住腻了，驾一朵祥云，准备看看人间景象。他俯身一瞧，侧耳一听，啊，好热闹——街市上人群的嘈杂声、道路上的车马声、各种动物的叫声、锅碗瓢盆响声、歌声、炒菜声、摇桨声……神仙说，啊，还是人间好啊！

（学生们笑）

师：连神仙也羡慕人间烟火啊！想得妙！同学们，大家还可以根据自己熟悉的某种声音来想象，不局限于刚才听到的。

生：我是个超级球迷，对我来说，最美妙的声音就是篮球"砰砰砰"弹跳的声音。一听到"砰砰砰"，我就兴奋，身上的每个细胞都在歌唱！

师：瞧，一想到感兴趣的声音，就有说不完的话！因为，这声音曾带给你太多美好的记忆！所以说，真情，才能动人。

教学说明：大量的音响刺激，目的在于迅速激活学生的思维，让学生能在短时间内盘活生活积累，对各种意象进行重组和再创作。不同音响的串联，也使创编更具挑战性。自由的交流，比较能激发学生潜在的灵感。小学生口语交际和习作都重在说真话，表真情，即便是想象类的表达，过于荒诞也是不妥的，因此，这个环节中教师的点评落脚在了"真情"上，潜移默化中增强了学生"真实、真切"的表达意识。

三、 找到故事的主线

师：听同学们说了这么多，陈老师也跃跃欲试，也想来根据声音编个小故事！这样吧，今天，我挑战一下自我，来个"脱口秀"，请同学们点几种声音，我试着即兴编一段，怎么样？

生：好！（兴奋地鼓掌）

师：谁来点？

生：我有个主意，把刚才录音里最开始的那一连串声音再放一下，请老师来编吧！

（学生纷纷点头同意）

师：好！我开始从头播放了，你们说停，我就停。

（课件播放：开门声、玻璃杯摔碎声、婴儿哭叫声、咳嗽声、鸟鸣声、说话声，大家说停，我略思片刻。）

师：有了！我的故事名字叫《老将出马》。

一天傍晚，小王下班回家，哎呀，真渴，他倒了杯橘子汁，刚想喝，不料一下没拿稳，杯子"哐当"一声掉在地上，摔了个粉碎。呀！这下可了不得，还没满周岁的儿子小宝一下子被惊醒，哇哇哇地哭闹起来。

家里人赶紧来哄孩子，有的摇铃铛，有的扮鬼脸，有的唱歌，可是怎么哄，孩子还是哭啊闹啊，一直不停。小王都急出了一头汗，要知道，邻居王奶奶可是心脏病人，最听不得吵闹。唉！怎么办呢？

这时候，小宝的爷爷咳嗽了两声说："闪开闪开，瞧我的！"只见爷爷从阳台上拎来了心爱的画眉鸟，啊，鸟儿婉转的鸣叫一下子吸引了小宝，他不再哭闹，目不转睛地瞅着鸟笼，不一会竟破涕为笑了。大家都夸爷爷说："真是老将出马，一个顶仨！"

（学生笑）

师：怎么样？大家给老师点评点评！

生：老师把一串声音连成了个生活小片段，而且合情合理。

生：还有点小波折，满有趣！

师：是的，"文似看山不喜平"，故事讲究的就是起承转合，这样才能吸引人啊！

生：故事有头有尾，结尾还扣住了主题《老将出马》。

师：对，我们的故事既要合理，能自圆其说，又要完整，有一条清晰的主线，不能东扯西拉。

教学说明：教师的示范成为学生创编的引领。在学生评价中，教师还相机渗透了故事创编的一些技巧，规避了可能出现的问题。

四、 碰撞音响的魅力

师：接下来就请同学们大显身手，自选一组声音，四人一组，编故事。要求：先自己默默地构思，创编，三分钟后，开始小组交流。注意，一人讲时，其余三人认真听，看对方讲得是否合理，并摆出自己的意见，进行交流讨论。

（学生开始静静地构思，随后分小组展开交流，我开始巡视，相机指导，并把比较有特色的故事名字汇总在一张纸上。）

师：同学们，各小组的故事都已经新鲜出炉。刚才，老师已经挑选了一些故事的名字汇总在这里。

（大屏幕出示）

①送信　②假如我们有了尾巴　③挨饿的滋味　④小溪流之歌
⑤叫我怎么对她说　⑥粗心的老张　⑦动物园的一夜　⑧放学路上
⑨鼓手学艺记　⑩锅碗瓢盆交响曲……

师：看了这些题目，你们是不是特别想听听题目背后的故事呢？

生（异口同声）：是！

右手粉笔左手书 ——陈海燕教育漫笔

师：那好，咱们还是来个"现场点播"吧。你想听哪个故事，可以用手势表示序号。来，先进行第一轮点播。

（学生纷纷用手势点播故事）

师：咦？好像点播5号故事的人特别多呀！为什么呢？

生：因为《叫我怎么对她说》这个名字很特别，很吸引人。

生：名字有点悬念，听众会好奇地猜：她是谁？我要对她说什么呢？为什么会难以开口呢？

师：看来，故事必须要有一个好的题目，这样才能抓住听众的心。那就请5号故事的作者上来，先说说自己选取了哪几种声音来创编，然后再为大家讲述这个故事。大家认真听，看他的故事是否合理、是否生动，一会儿请你评论一番。

（5号故事的作者兴冲冲地上台）

生：大家好，刚才老师播放的欢呼声、心跳声、上课铃声让我有了点灵感，我的故事名叫《叫我怎么对他说》。

师：咱们掌声鼓励一下，好吧！

（学生期待地鼓掌）

生：好，故事开始了。

"哦——解放喽！"一天晚上，王小明做完了老师布置的所有作业，不禁欢呼起来。一激动，他把书包碰翻在地上，哗啦啦，书啊，本啊，掉了一地，他赶紧收拾。忽然，他的目光落在《数学拓展训练》这本作业上。这本作业并不奇怪，王小明奇怪的是，自己刚刚做完一本《数学拓展训练》，怎么书包里又会掉出一本呢？他定睛一瞧，不禁吓出了一身冷汗。作业本上明明白白地写着一个名字"林倩"，看样子，是自己在放学时太激动，忙手忙脚把同学林倩的作业本也给抓进书包里了。

师：稍停，"忙手忙脚"是不是可以改一下？改成……谁来帮帮他？

生：老师，我建议他改成"手忙脚乱"，怎么样？

师（问讲故事者）：你同意吗？

生：同意！

师：继续！

生：好的。

看样子，是王小明在放学时太激动，手忙脚乱地把同学林倩的作业本也给抓进书包里了。

　　"完了，完了！"王小明暗自叫苦。要知道，在王小明眼里，林倩不仅是个厉害的班长，更是个不可思议的学习狂，爱学如命。王小明想：今晚林倩找不到作业本，还不知道有多着急呢！明天若是知道我拿了她的作业本，还不把我"吃"了！哎呀呀，闯祸了！想到这儿，他的心怦怦直跳。

　　这一夜，王小明在心惊肉跳中度过，想到第二天要迎接林倩的"电闪雷鸣"，他就不寒而栗。"叫我怎么对她说？叫我怎么对她说呢？"真是个难题呀！

　　第二天一早来到教室，王小明一眼就看见林倩在心急火燎地到处找作业本。他好几次硬着头皮想拿出作业本向林倩解释，但最终没敢开口。

　　"丁零零——丁零零——"啊，预备铃响了，老师马上就要来收作业了。豁出去了！王小明鼓足十二分勇气，掏出作业本，哆哆嗦嗦递到林倩面前，准备挨骂。"我的天哪！谢谢！太谢谢了！"只见林倩一把抓过作业本，两眼放光，感动得差点鼻涕眼泪一起流出来。

　　嗯？谢谢？王小明蒙了，可一下子又明白了——哦！她以为我捡到了她的本子来还给她呀！哦，天哪！

　　"哦……其实，我……"

　　林倩捧着作业本如获至宝，不住地说谢谢，不由分说一直把王小明谢回到了座位。王小明惊魂未定，心里说：哦，上帝呀，感谢你帮我逃过这一劫呀！

（学生们笑，热烈鼓掌）

师：来，听众朋友们发表一下评论！

生（对讲述者）：我特别想问你一下，王小明是不是就是你自己呀？这故事太精彩，就像真的一样！

生：有点我的影子吧，我本来也是个马大哈呀！

（学生笑）

师：这就叫艺术来源于生活，但高于生活。天马行空，不着边际地胡扯，肯定编不出好故事来。来，接着评论。

生：我感觉这个故事就像一场校园喜剧，扣人心弦！下次咱们班级搞新年联欢，可以排成个小品，我看不错！

师：主意不错！看来，大家兴致正浓，那咱们就继续点播！

（大家再次用手势点播故事）

师：这次点播2号故事的人特别多，好，有请《假如我们有了尾巴》的作者上场！

生（有点不自信）：我编的这个也不知道能不能叫故事，主要就是几句对话，我自己觉得很可笑。

师：哦？有哪几种声音？

生：有喘气声、哄笑声、打闹声等。

师：既然大家都有兴趣，那就讲来听听喽！

生：好的！我的故事叫《假如我们有了尾巴》。

体育课上，老师又是让我们蛙跳，又是让我们跑步，大家累得"呼呼"直喘气。

终于盼到了老师休息的命令，大家呼啦啦地坐下，聊起天来。

只听小刚说："假如我们有了一条尾巴……"

"我们下课就可以玩老鹰捉尾巴的游戏啦！"明明接嘴。

"真没想象力！"小红说。

"你们女生每天早上不但要梳头发，还要梳尾巴喽！"一个男生笑起来。

女生的头头小双不高兴了："你们男生也要梳尾巴呀！"

"可是，"另一个男生振振有词，"你们女生爱照镜子，那你们照尾巴是什么样呢？哈哈！"

这个男生带头一笑，其他男生都大笑起来。

女生们恼怒了，都冲过去追打这个男生。

小浩又说："如果人类有了尾巴，我两小时的作业只要一小时就完成了！尾巴也可以当手，拿笔写作业！"

"有创意！"大家叫道。

刚被女生痛扁一顿的那个男生嚷道："我才不要什么尾巴呢！如果有了尾巴，女生扁我的时候，她们揪住我的尾巴，我逃都逃不掉！"哈哈哈，大家都笑倒在地上。

如果我们有了尾巴，那可真是有喜又有忧啊！

（全场笑）

师：这么多人举手要评论，好，你先来。

生：实在太好笑了！

生：虽然没有很复杂的情节，只是操场上的几句对话，但是很有趣，很可爱！

生：这个校园生活小片段很精彩！

师：反响这么强烈，咱们再掌声鼓励一下作者。

（大家鼓掌，同时饶有兴味地望向作者）

师：看来听音响编故事虽然是虚构的，但不能虚假，有生活气息的内容，自然有它别具一格的魅力。你们看，老师编的《老将出马》有中年人的生活痕迹，你们编的故事有你们校园生活的印记，对吗？

生：对！

师：大家以后不管是创编故事，还是写作文，都要记住很重要的一点：生活，是一切灵感的源泉！要做生活的有心人。

（很多学生还在用手势表示要点播故事）

师：好，今天的课就要结束了，老师看你们很多人还意犹未尽，老师给大家两点建议：一是下课后可以再相互讲讲自己编的故事，看看谁的创意最精彩！我们可以把最精彩的故事向校园广播站推荐播出；二是把自己的故事写下来，编辑成一本《音响故事集》，大家说好吗？

生：好！

师：今天的课就到这里，下课！

教学说明：点播的方式，既用以活络交流氛围，又意在引出对如何拟定题目、如何构建故事的指导。对学生表达中遣词造句的斟酌，也是高年级口语交际所必要的。

赏文　赏画　赏魂
——《清明上河图》教学案例

　　阅读教学旨在引领学生品文字、会意韵、激情感、悟方法，最终成其语感。《清明上河图》一课的教学正是基于这一思路逐层展开的。

　　这是一篇充满美感并带给人无限想象的说明文。课文比较详尽地介绍了《清明上河图》这幅极其珍贵的古代绘画作品的内容、特点以及重要价值。全文结构紧凑，语言生动精练，应在引领学生品文赏画的基础上，培养学生阅读说明性文章的能力，同时点燃孩子们心中对于祖国古代优秀文化的景仰和热爱之情。

一、设悬念，引题赏画

　　师：同学们，先让我们听一则来自上海的消息——前不久，在气势恢宏的上海博物馆举行了一场名为《千年遗珍》的大型古代绘画作品展。展览吸引了数以万计的参观者，展出的每一幅画都可谓价值连城，但偌大的展厅中唯有一幅画前排起了长长的队伍，等待参观的人群环绕整个二层大厅后，又顺扶手楼梯延伸至三楼，警卫人员为了维持秩序，不得不提醒观众不要在画前过久滞留。与此相比，其他的名画不禁黯然失色。同学们，你们知道这是一幅什么画吗？这就是千古留名的《清明上河图》。

　　（板书课题）

　　师：课前，我请大家先对这幅名画进行一番了解，大家有收获吗？

　　生：老师，我在网上欣赏过。我把它下载下来，并配上了古筝曲，让我为大家演示一下这个PPT吧！

　　师：真是个有心人！好，让我们一起伴随美妙的音乐来欣赏欣赏吧！

　　（多媒体配乐展示长卷）

思考：阅读期待是一种探求未知的渴望，是培养学生阅读兴趣的基础，也是阅读教学得以有效开展的基础。因此，不论是开课时设置的悬念，还是紧接着的配乐欣赏画卷，都是在营造一种阅读期待，学生在这样的状态下阅读必然是兴致盎然的。

二、 小竞赛， 小试身手

为课前检查预习情况，教师特别设计了两个别开生面的小竞赛。

1. 听词意猜词

师说出"鳞次栉比、阡陌纵横、戛然而止、车水马龙"等本课重点词语的含义，学生竞猜相应词语。如：

师：田地间小路纵横交错。

生：阡陌纵横。

师：从高处俯视地面景物。

生：鸟瞰。

2. 听辨真假信息

师口述数条与课文相关的信息，学生抢答真假并纠错。如：

（1）《清明上河图》的作者是张择端。（真的）

（2）《清明上河图》作于唐代。（假的）

（3）《清明上河图》描绘的是秋季景色。（假的）

思考：小学生是好动的，学习活动也应富于动感。小竞赛的设计将学习演变成了游戏，既实现了师生互动，又活跃了课堂气氛。

三、 初读文， 理清脉络

1. 自由读文

想一想：这幅画都画了些什么？有什么特点？

2. 检查读文

在抽查学生朗诵课文的过程当中，相机正音。

3. 引导归纳

师生谈话，引导学生明确：课文重点介绍了画卷中"市郊晨景"、"汴河两

右手粉笔左手书 ——陈海燕教育漫笔

岸"、"繁华街市"三部分内容，这三部分内容也是画卷的主体。

4. 小小展示

交流展示课前搜集的实物资料。

一生展示家中收藏的绘有《清明上河图》局部画面的瓷器笔筒，学生指笔筒介绍：瓷器上绘出的恰好是"市郊晨景"这一部分画卷，画卷为笔筒平添了古色古香的韵味。

一生展示外出旅游时购买的《清明上河图》仿制画卷，并将画固定在黑板上，师生共同欣赏。请三名学生上台分别区分并板书标出"市郊晨景"、"汴河两岸"、"繁华街市"三部分。

思考：梳理文章脉络、明晰文章层次，为后面的学习奠定了基础；实物资料的展示与玩味，更激发了学生欣赏品评的热情。

四、 再读文， 自由品评

1. 默读文

以二、三、四自然段为重点进行默读，勾画出自己喜欢的句子并想象其画面。

2. 做批注

边读边想，在感触深的地方做上批注。

3. 品句段

带着自己的体会品读喜欢的段落，读一读，悟一悟。

思考：高年级阅读教学要注重培养学生的自读自悟能力，给学生充分的时间来消化文本是十分必要的。

五、 细交流， 共赏瑰宝

交流阅读体会，师生共赏美文。

1. 呼应之妙

引导学生欣赏开篇与结语的呼应之势，了解《清明上河图》的艺术成就与历史地位。适时拓展：说说你还曾读过哪些首尾呼应的文章？

2. 美文美读

教师与学生各自朗读喜欢的句段，并进行多种形式的竞赛：师生赛、个人赛、小组赛、男女赛、挑战赛，适时相互点评。

教师指导朗读文中的重点部分，如："市郊晨景"部分读出清新缥缈、生机无限的感觉；"汴河两岸"部分读出风光的旖旎与各行各业的忙碌之感；"繁华街市"部分满含赞美与骄傲地读出一派都市的大气和喧闹。

3. 各家之言

交流批注，畅谈品读体会。师生或生生之间可就感兴趣的问题相互质疑，相互释疑，充分发表个人见解。如："作坊"是什么意思？可以结合观察画面理解。"百家艺技向春售，千里农商喧日昼。"这句话是什么意思？展现了什么风貌？引导学生体会：美好的春日里，人们各种各样的巧手造出精致的产品在集市上出售，从很远的地方赶来的农人商贩日夜在这里交易买卖。诗句展现了汴梁城的盛世胜景，市场繁荣，人民丰衣足食，充分表达了作者的喜悦之情、赞美之意。

引导学生思考，作者运用了哪些说明方法，来为我们介绍这幅千古名画？学生各抒己见，教师相机梳理出本文主要的几种说明方法。

4. 大胆想象

师生又一次进行双向交流，谈一谈阅读时彼此脑海中浮现的画面，以及内心的感触。

生：读第三自然段，我仿佛看到了汴河水在阳光下波光粼粼，有很多客人坐在茶楼里悠闲地观赏风景，店小二麻利地边上茶边吆喝："来——啦！"

生：第二自然段似乎飘荡着泥土的清香，树上那嫩嫩的新叶绿得发亮，展现了一派无尽生机，是一曲美妙的田园之歌。

5. 尽情演绎

在品味"繁华街市"部分时，师生进行了一次有趣的"模拟拍摄"，充分感受市井"繁闹"与买卖"繁盛"。

全景拍摄

师：《清明上河图》剧组马上要开拍了。注意，此时，你就身处在画面中的大街上，发挥你想象的极限，可以把自己想象成画中的任何一个人物，要有语言、动作，还要有丰富的表情。好了，各就各位！预备——开机！

（学生们很快入境，快活地进行着表演）

右手粉笔左手书 ——陈海燕教育漫笔

局部特写

师：导演现在需要几个特写，谁来展示自己的表演？

生：老师，我来扮演一个卖枣的小贩吧！

师：好极了！

生：老师，我来配合扮演买主！

师：好啊！准备，开拍——

生（作招手吆喝状，兴奋地）：卖枣啦！卖枣啦！看一看，尝一尝，个大皮薄肉厚！

生（扮买主，挑剔地）：光个大有什么用？味儿怎么样啊？

生：嗨，这位官人，您尝尝，不甜不要钱，吃一个想两个呢！

（学生的表演赢得了一片掌声）

6．体味画魂

思考：你在读文赏画时能感受到画家怎样的创作情感？引导学生多角度思考。

梳理：你认为《清明上河图》在哪些方面为研究我国宋代社会各方面情况提供了有价值的形象资料？教师引导归纳。

涵泳：全班配乐朗读课文，进一步体会文之韵、画之魂。

思考：通过朗读、联想、表演、思考、交流等多种途径解读和欣赏文本，增强了学习的趣味性，同时为学生提供了展示自我的多元舞台。

六、 勤积累， 佳作入心

一分钟竞赛：在一分钟时间里，尽可能多地默写本课成语。

三分钟竞赛：从课文中挑三个成语串写出一小段话。

五分钟竞赛：选择课文中自己最喜欢的几个句子，背诵下来。

思考：积累，是语文学习之根本。教师应运用多种方式帮助学生积累，使学生在大量的积累中增强语文能力，提升语文素养。默写、摘抄、背诵都是积累的方式，重要的是要给"积累"插上快乐的翅膀，让学生在身心的愉悦中乐此不疲。

第四辑　此间相遇

别去时，我们
在山脚下仰望着，
找寻着，
与刚刚包容过我们的小巢
作别。
高高的林巅，小巢依然
灯火温暖，歌乐缠绵，
抚慰着
需要它的人们。
清风不语，明月不语，
它们只
俯瞰而微笑。

谢尔的树

第一次读谢尔·西弗斯汀的文章是在二十多年前，在父亲的一册书里。特别喜欢这个叫《施舍的树》的故事，读了又读，爱不释手——

> 从前有一棵树，她很爱一个男孩。每天，男孩都会到树下来，把树的落叶拾起来，做成一个树冠，装成森林之王。有时候，他爬上树去，抓住树枝荡秋千，或者吃树上结的果子。有时，他们还在一块玩捉迷藏。要是他累了，就在树荫里休息。所以，男孩也很爱这棵大树。
> 树感到很幸福。
> ……

那时我还在读师范，班里举行讲故事比赛，我一眼挑中这篇好故事，精心地演练了去讲，大放异彩，为我挣足了面子。就更喜欢这种风格的笔调了，散淡，深邃，绵长。

时常捧来读读，每一遍，都是感动。

有段时间，父亲的这册书不知所踪，家里的角角落落，遍寻无着。我感到自己可能与这故事失之交臂了，好后悔当时没有抄录下来。

越悔越想再读。

在那个没有电脑和网络的年月里，好东西丢了，就是丢了。无处寻。

令我高兴的是，后来这册书又从家里的一个角落冒了出来，只是，几乎成了垃圾，污损得不成了样子。我小心地撕下印着我心爱故事的那页，擦干，铺展，压平。虽然缺了一个角，但，一个字都不少啊！

就这样，它尊贵地住在我的剪贴本里，一住多年。并且再也不曾离开过我的视线，每每读来，初读时的感动分毫不减，而我惜它爱它的往事前缘也一一浮上心头，珍重不已。

多年后，才知道谢尔被称为"天才的艺术家"。他集诗人、画家、作曲家、歌手于一身，他的作品在全世界拥有数以万计的读者。

也是后来我才知道，这篇我爱了许多年的文章，竟是一个绘本的再现。

这绘本就是著名的《爱心树》。

与谢尔再续前缘是在今年秋天。不仅寻到了神往已久的绘本《爱心树》，还一口气买了他的另外两部作品《失落的一角》《失落的一角遇见大圆满》，自己看，给女儿看。

女儿还小，没看过纯线条的绘本，说，这个画家浪费纸，空白了这么多！

我说，这叫"留白天地宽"，韵味，艺术，懂不？

她不以为然，每次翻看都咕叨画家浪费纸。

看《失落的一角遇见大圆满》时，真的很触动。好几个画面让人鼻酸眼热，好像看到的不是那坎坷不断的"一角"，而是自己。在摸爬滚打中的每一处痛都又浮在眼前。

谁不是"一角"？随命运漂泊，跌倒爬起，再跌倒再爬起，在天地间游走，找寻自己的归宿。

可以想见，谢尔·西弗斯汀是一个内心多么丰富，情感多么细腻的人。

如果可能，我愿成为一个专业读者，读自己喜欢的书，写自己想说的话，过自己想过的日子，身心舒展，快意人生。沉醉在阅读中，生命才显出真正的滋味和风情。

翻阅中冥想谢尔，仿佛看见他的笑。

读黄蓓佳

找黄蓓佳的书来读，是受了周益民的蛊惑。

这位儿童阅读的醉心推广者，年轻的江苏名师，在他的很多文章里无限深情地描述了自己身为"黄迷"的种种感受，追忆少年时代对于作家及其作品的迷恋与痴爱，令人动容且动心。

买下《我要做好孩子》和《今天我是升旗手》，想验证一下周益民心仪的味道。

今天下午，终于读完。在忙乱的生活缝隙里断续地读完。不舍地读完。躺在床上读着的时候，我感觉日子很奢侈。

金铃，这个从黄蓓佳笔下蹦跳出来的胖嘟嘟的女孩，实在可爱！

成绩一般的她憨俏快活，天生乐天派加自来熟，是周围人的开心果。但因为从小贪玩、成绩中等，她并非老师心目中的"好孩子"。为了做个让爸爸妈妈和老师满意的"好孩子"，她可以说费尽心思，付出了种种"艰苦卓绝"的努力，同时，为保留心中那份天真、纯洁，她也向大人们作了许多"英勇抗争"……在《我要做好孩子》诸多让人忍俊不禁的情节里，我们认识了一个憨态可掬的女娃，一个机敏善良的胖妞，一个可爱又可笑的淘气包。小说人物的立体感，尤其是语言的鲜活感，真是让人读来痛快。

——周益民着迷的感觉，想必在此了。我不禁叹一个：的确鲜美！

书中的金铃同学一登场就让人乐。她常说傻话出洋相，但她又是有自尊、有情意、有困惑、有委屈的。故事里，金铃那个关于猫和老鼠的联想，实在是既好笑又让人心酸。在这个小女孩的感觉里，自己这样不出色的学生就像班级中的过街老鼠，而尖子生就像神气的猫，简直是冰火两重天。看啊，这种委屈终于在一个偶然的机会里爆发了——寒假里，妈妈卉紫照例给金铃买回一大堆复习题，谁知，家里闹鼠患，复习题全被老鼠咬碎了。金铃暗自庆幸，可卉紫又是买老鼠药，又是买灭鼠夹子，还从同事家里借来猫，想彻底消灭老鼠，并且一转眼妈妈的一堆习题又买了回来。就在这个晚上，金铃给妈妈出了一道智力测验——"猫和鼠，你喜欢哪个？""当然是猫，"卉紫想都没想说："总不会有人喜欢老鼠。"可金铃竟告诉她："我喜欢！猫除了抓老鼠还会干什么？老鼠并不比猫卑贱，人类为什么不允许它生存呢？老鼠太可怜了！……"金铃说着说着，竟忍不住朝着卉紫大声嚷道："我就是可怜的老鼠，而楼上的文峰，还有我们班上的好学生都是讨人喜欢的猫！"卉紫愣住了，她这时候才意识到自己的女儿内心有多委屈。原来多年不被看重、不被称赞的平淡无奇的生活，已经深深刺伤了她的心。

我想读到这里，每一个人都会心有戚戚。

然而，故事读完，我觉得这本小说最大的特点，却是它的轻喜剧风格。正是那些让人爱不释手的段子，让金玲的形象呼之欲出，让读者跟着她边玩边乐、边愁边叹。

有些情节，趣极傻极，读来令人喷饭。

昨晚，读到"爸爸的大鱼"那节，女儿凑来厮缠。她要我读给她听听，我正兴浓，乐得演绎一番，就读"大鱼"。她笑得岔气，满床滚，要求再读一遍，又读一遍后，她夺了书自己看起来，大声模拟书里的对话，很快活。

是的，黄蓓佳的叙述里透着一种憨憨的纯，一种悠悠的美，孩子感受到了，享受到了。

真好。黄蓓佳。

文字洁净，心必洁净。——我笃定地想。

可怜的 "胡萝卜须"

　　列纳尔的《胡萝卜须》就在枕边，孩子睡了，想必梦里会和这个叫"胡萝卜须"的小男孩碰面。我望着封面上那个丑丑的形象，心中升起无限的怜爱与疼惜。

　　周国平先生说，一本《胡萝卜须》看得又笑又流泪。而我，却怎么也笑不出来。

　　在儒勒·列纳尔的笔下，我和女儿认识了一个不同于以往任何一个的儿童形象——胡萝卜须。他弱小，丑陋，是家里最小的孩子。谁都不喜欢他，谁都可以任意拿他出气。他甚至连名字都没有，因为长了一脸雀斑和一头黄不黄红不红的乱头发，而被家人厌恶地叫作"胡萝卜须"。家人对他的态度和所作所为不仅冷酷而且残忍，"胡萝卜须"做任何事，说任何话，家中的父母哥姐都认定他有着极坏的动机，甚至为了证明他的坏而诬赖他，设圈套冤枉他，使他百口莫辩，逐渐麻木——这一切，都只因为，他丑，他生下来就长得特别丑。

　　我给女儿读，女儿听得心惊肉跳，时时面露惧色，仿佛书中呈现的痛苦与煎熬，于她是两个世界的事，听来惊心，想来太远，从未真正体验。我想，了解一下生命与生活的另一种形态，对她是有好处的。

　　其实，很多人的童年根本与快乐无缘，生命从一开始就是痛，这痛的滋味如同阴霾，遮蔽了人生好长好长的一段路途，回眸之际，犹觉惊心。

　　我希望女儿了解除"甜"之外的另一些滋味，了解困苦是人生的必经。

　　多年后，女儿再不是偎着我听故事的小毛头了，已是初中生的她，个头比我还高，常常塞着耳机"陶醉着"、"时尚着"。有一天，她兴奋地把耳机塞给我："妈妈，快听！"呀，原来，竟有一首新歌，就叫《胡萝卜须》——

胡萝卜须

词、曲：许嵩

先有鸡还是先有蛋

先有女还是先有男
成年人没空思考
小孩又想不出答案
聚光灯照在了头上
热量激活他的脑浆
观众一多他会紧张
观众一少他又会彷徨

青春舞台来来往往
很多人人模狗样
偏见与傲慢轮番拜访
方式不详
如果所有童年回想
只剩哭喊了几嗓
一个人散落天地
没人爱已绝望

哦，胡萝卜须抓住鼹鼠
抛向天空 然后盯住它
盯住它直到手脚折断
抽搐翻滚 脑袋也开花
哦，胡萝卜须不够残忍
颤抖了手，热泪也落下
他可以逃开吗
进退在哪儿
他从未有过家
……

哦，胡萝卜须。
我们的胡萝卜须。小小的胡萝卜须。

我家雪儿

千禧年的第一场雪和女儿同来报到。母亲捧着小襁褓里的娃娃，观之不足，说，就叫雪儿吧。我很同意。后来，孩子大起来，有人问，雪儿，你为什么叫雪儿呀？雪儿答：因为我白呗。孩子似乎是一夜之间就大起来。有时，简直会忘记了她曾经那么小那么小。

——题记

2005 年 10 月 3 日　星期一　天气：小雨

长　大

雪儿目睹她父亲正在试一条有点长了的新裤子。
其父自语：长了啊！要不要截一点儿？
雪儿说：爸爸，裤子长了，你长大还可以穿！

2006 年 3 月 18 日　星期六　天气：晴

雪儿语录

我长大了，想变成一个男孩。
否则，就要像妈妈一样，天天做饭，好累呀！

2007 年 8 月 5 日　星期日　天气：多云

欢迎新朋友

来，欢迎新朋友！

都来！都来！欢迎新朋友！

——女儿在咕叨什么？

我一边在厨房里烹炒油炸，一边纳闷地探头看向客厅，只见——

女儿手里拿着个新杯子（其实也不是新的，是她从杂物橱里翻检出来的一只好多年不用的花玻璃杯）。看来，刚被她洗过，湿湿的，直滴水。她正把新杯子往茶盘里安置，挪动着其他杯子，并指挥杯子们——

来，欢迎新朋友！

都来！都来！欢迎新朋友！

……

我很感动。

2007 年 8 月 6 日　星期一　天气：晴

蝴蝶　玻璃　我俩

蝴蝶很美。

玻璃很美。

蝴蝶碰上玻璃就不美了。

你看，偌大的玻璃幕墙后，一只蝴蝶拼命翻飞，奋力突围，眼见得花花世界，朗朗乾坤，怎么自己竟使不上劲，飞不出去呢？

傻啊，蝴蝶，你看得见咫尺美景，竟看不透眼前羁绊，玻璃和你开了个小小的玩笑啊。

蝴蝶一点也不觉得可笑。

蝴蝶屡败屡战，百折不挠，一刻不休地舞着翅，冲刺，冲刺，再冲刺。

我说，女儿，去救救蝴蝶吧。

女儿惊诧于蝴蝶疯狂而绝望的挣扎，说，你去，我不敢。

那，我来。

我说着快步走了过去。

捏，放——

蝴蝶冲了出去，说，

啊，真个是天宽地阔啊。

女儿说，

蝴蝶真笨。

2007 年 8 月 7 日　星期二　天气：多云

伴　儿

此刻，我在敲键盘，写博客，一墙之隔的客厅里，欢声不断，女儿和她的玩伴上天入地，在外面高兴得沸反盈天。

人是需要伴的。

每天，晚饭后的敲门声响起的瞬间，女儿的小脸就乐开了花，叫着："啊！一定是颖儿！"第一时间冲向门边，开门，叫嚷，笑闹，之后，对她来说，便是一段金不换的开心好时光。

如若无人赴约，她便如困兽，焦躁沮丧，出去找寻一圈，如再无踪影，那就不妙，轻则失魂落魄，重则哭天抹泪。

孤单啊。

歌里不是也唱，寂寞难耐……

昨晚，阿黄打电话约我去喝两杯，拒绝她的时候，我很是不忍，但别人先约了我，有饭局。我听着阿黄在电话里低低的、郁闷的声音，知道，她需要跟人聊聊。

她，一个人，这么多年，是怎么熬过来的，我自问没有尽到老友的情分，关心她太少，约吃个饭还不爽快，不够意思啊。

说实在，我心疼她，十几年的老伴了，她痛我也痛。

中午，电话打过去，她听到我说"明儿下午去找你"的时候，声音很欢喜，连说自己"有空，有空"。我心疼得想哭。

等着，我来。

红尘中，疲惫的我们还剩些什么，伤心的我们还想说些什么，还有谁能疼惜你薄醉后的啜泣，为你再斟上一杯？

我来。我会来。

2007 年 8 月 29 日　星期三　天气：晴

可爱鬼

家里，我和雪儿。

忘了是为什么事，我很是光火，火光熊熊中，我冲着女儿吼——看你那鬼样！

她气定神闲，语重心长地说：

你见过这么可爱的鬼吗？

2011 年 6 月 24 日　星期五　天气：多云

小少女

好快，雪儿是六年级毕业生了。瞧上去，有点窈窈窕窕少女的样貌了。我翻看她的周记本，发现一首诗——

时光·痕

时光停在春日中，
两句三行。
牵马走过堤岸，
柳絮苍苍，
桃花又呈去年兴旺。

来信中你的字迹，
正正方方。
总不忘一句——
来日方长。

老人含泪，
撒下慈祥。
离去的路上，
一阵马蹄叮当。

我问雪儿，这是哪里来的诗？

雪儿说：我写的，当作这周的周记。

我退出她的房间。迅速打开电脑，搜。

网上没有。

呦，还真是她写的。

我折返回来问：你这……写的……啥意思啊？妈妈看不太懂，给解释解释呗！

雪儿边埋头做手工边说：也没啥，就是昨天想爷爷了，想回老家了。

我默然。退出。

2013 年 3 月 19 日　星期二　天气：雨

雪妈爱雪

雪儿是天赐给我的礼物
老天派她来
教我
如何以父母之心从教
如何以稚拙之心爱人
如何以欢喜之心歌唱
如何
以
得意之心
成长

右手粉笔左手书——陈海燕教育漫笔

下了课，个个都可爱

老师们在办公室里说起学生厌学的事，大家都有同感，都说课难上，学生"刺头"，最后又一同感慨——唉，不过，下了课，个个都可爱！

为什么下了课，"刺头"就可爱了呢？

因为，下了课，不学习了。

反过来一想，哦，是学习"不可爱"，课堂"不可爱"，老师"不可爱"啊！

真的是这样吗？

是，又好像不是。

现如今，学生苦命，老师苦教，教育苦撑，家长苦熬。竞争太激烈，筛选太残酷，心情太紧张，人人都在考试这一口水里找活路。

既然是考，就一定有淘汰，你还乐得起来吗？你还"可爱"得起来吗？

那一天，看了个片子，说的是几个手艺人，一个刺绣的，一个缝布鞋的，一个做火锅的，个个神清气爽，快意人生。刺绣的每幅作品都是天价，做布鞋的也是人人求着，火锅店更是火爆已极。

怎么说呢，人生本来就不止一道风景，每个人都是天才。当然，这要找准方向。上学读书只是学习当中的一种而已啊。我们，尽量还孩子们一份开怀吧。

但愿可爱的孩子们将来都一路走好，找到自己生活的金钥匙。

低头想想，如果有来生，我，学点什么好呢？

新学期小记

开　课

开学的第一次课，我让孩子们说说新学期有哪些新变化。

"换教室了！"

"原来的教室有六个吊扇，这间教室有空调。"

"铅笔换钢笔了！"

……

"陈老师更温柔了！"

——话题突然转移到我身上，让人既羞且喜，快乐的感觉飘飘如飞。

"我发现陈老师的脸蛋红彤彤的，像两个漂亮的红苹果！"

众人作观察欣赏红苹果状，我又笑了。

是呀，我听见教室里自己的声音是那么轻柔，那声音里裹着笑，裹着调侃，裹着嬉闹，裹着我想传达给他们的一切情意，怎能不美！

新学期的第一堂课，我享受着教室里的一切——一双双晶晶亮的眼睛，眼波流转；一张张热切切的脸庞，写满信赖……置身于斯，徜徉于斯，流连于斯，奔忙于斯，平凡的我恍觉富甲天下……

双重身份

这个秋天，我女儿上学了，我不仅是教师，而且是家长了。

我会更加努力的好好教书，好好育人。我希望女儿的老师怎样对待她，我就怎样对待我的学生；我请我的学生家长怎样支持配合我的教学，我就怎样支持配合女儿老师的教学；我还要站在家长和教师的双重角度为学校提一些建议。

这感觉很新鲜，有时会角色混乱，但让人兴奋不已。以后会发生什么，谁知道呢，期待。

那节课

作文评讲前突然想到贾岛的诗句，兴之所至，在黑板上一书而就——

题诗后

两句三年得，

一吟双泪流。

知音如不赏，

归卧故山秋。

一吟起了诗，情绪便激昂，带着大家读了又读，赏了又赏，仍觉不过瘾，在诗下作一注"贾岛一生半僧半俗，苦吟诗人也"。在感叹了"两句三年得"的不易后，学生们似乎也被"一吟双泪流"所感染。趁热打铁，我们聊起了文章斟字酌句、反复揣摩的必要，聊起了本次习作中出现的一些佳篇佳句。

因为有了一首诗的铺垫，整节课大家都有些意兴飞扬，学生们对于诗文的见解也愈聊愈出彩，时有妙语，令人陶陶然，飘飘然，一时竟十分感叹人的思维的不可限量与唐诗的魔力。

临时决定，以后每周学一诗，就抄录在黑板的边侧，日日看，天天读，时时品。众人被我煽乎得热血沸腾，决心满满，一时间，全班豪气干云，下课之后还在集体诵诗。

我抱着书，捂着一颗要跳出来的心下楼回办公室去了。

夸夸其谈

这个学期，我做得最好的一件事是从开学的第一天起就逮谁夸谁，在他耳边轻轻地真切地真心地夸着被我逮到的人：和你聊天真有趣……你笑的样子真可爱……你写字进步了，加油啊……语气之温柔令我自己叹为观止。

听的人反应各异——泼辣的，立时欢喜；羞涩的，顿时红了脸；小甜嘴们，则会马上回一句同样令你受用的温存软语……总的来说，人人爱夸，夸多人不怪。

夸的结果同样可观，被夸的人总是竭力地让老师感到没夸错，没白夸，有的甚至变化惊人。

但，总还是有几个孩子被我漏夸了。细想来，是我有一点不想夸他们。我知道这样是不对的，我决定明天从最难夸的那一个孩子夸起，夸完一个我就表扬一下自己，我希望我的夸奖到它们最该去的地方，发挥最大的功用，夸夸人又不难，为什么不呢？

夜　读

　　这几日，读书，叶辛的《爱也无奈》，感觉很蹩脚，故事里的感情怪异而龌龊，让人难受，完全不像他当年的《蹉跎岁月》那般动人心魄。失望。又读王安忆，《桃之夭夭》，神清目爽，精神为之一振。

　　故事是老旧的，文字淡淡，冷冷的叙说，峰回路转处，却让人唏嘘不已。

　　这是我喜欢的味道。可见功力。

　　每天只读几章。就像小时候不舍得把一块糕饼那么快吃完。又似乎，内心里隐隐受用着那种同故事同人物一道抽枝展叶慢慢发展的进度，读得快了，贴不住她。这是个在作者眼里如树般朴茂的女子——郁晓秋。

　　目录就很养眼，每一章都以植物点题，五句摘自古典词曲的句子，似乎暗合了人物成长的印迹：

　　　　　　　　一、梨花一枝春带雨
　　　　　　　　二、新剥珍珠豆蔻仁
　　　　　　　　三、千朵万朵压枝低
　　　　　　　　四、豆棚篱落野花妖
　　　　　　　　五、插髻烨烨牵牛花

　　这样唯美的五个句子，也正是主人公生命成长的五个时期吧。在王安忆的铺陈里，我们听到她深深地叹惜，对人物，对流年。

　　故事里的郁晓秋是个寻常女孩，这个生于 1953 年的女子，没有父亲，境遇不佳。每个成长阶段都会遇到困境，但这些她都能化解，并一如既往地于混沌的快乐中成长。细细碎碎的日子，王安忆细细碎碎地描述着，不着急，不粗率，让我们和她一道定定打量人物，打量人物的每一个时期——

童年时的郁晓秋："……一群玩耍的孩子中，一眼就看见她。走过去、回过头，还是看见她。这孩子就像会摄人魂魄，她不经意的一笑，你却觉得她快乐无比。"就像一颗新鲜的青桃。

青春期的郁晓秋："……这小姑娘有了改变，活泼劲收起了，走路行动不再顾盼生辉的样子，而是低眉顺眼，表情沉寂。……显然在这时日中经历了大变故，而变故中，她依然走着从小孩子到少女的路程。……激烈的变故并没有完全涤荡好日子的积养，反因为情绪低沉而有了一种静谧的气质。"时光斜照在她肩上，隐约改变了行走的步态。当日青桃般的她在渐渐长成。

历经人世悲欢后的郁晓秋："……她这种健康丰满的体形，到这个年龄，又经过妊娠，就变得壮硕。她看上去，就像是一个农妇，在自然的、室外的体力劳作和粗鲁的爱中成长，生活的。"在王安忆看来，这种归于平淡的寂静中，有另外一种"肉眼不可见的"灿烂，于平静中灼灼其华。

郁晓秋的生活里全是"生活"，那种似乎应该起承转合的当口，也没有惊人的情节发生，她像桃树一样成长，慢慢发现并享受生活本身带给她的欢喜、失意。"她从小就没有目睹过什么幸福，但并不妨碍她欢欢喜喜地长大。……有些情节回想起来都会一阵激动。虽然没结果，但她也是满足的，已经觉得比她周遭的人都好了。"

这是生命的韧性，还是生活本身的光泽呢？

——这样的思量真是五味杂陈，抽拉牵缠出读者诸多的往事往景，一言难尽。

这部小说有着王安忆对生活、对美、对幸福的独特理解。那些个合情合理又让人惊讶的细节，使得这个并不传奇的故事多了几许复杂意味，在饱满的阅读快感之外，还有着让人不得安宁的感动。

今晚，就着一盏昏灯，我又将沉潜如烟岁月，去寻郁晓秋、笑明明、郁子涵，在他们起起伏伏的境遇里和他们一同悲喜，一同飘零，不知今夕何夕。

突然，看见地上的大纸箱，满满一大箱子书，还没拆封的邮包，父亲寄来的，我讲好了要读的书。这些一直立在父亲书橱里的伴着我长大的书啊，闻一闻，满是父亲的味道，家的味道，还有，当年的所有味道。

什么时候，再能依着父亲坐下，握一杯绿茶，开心地谈笑一本好书呢？

掩卷叹行知

——再读 《陶行知文集》

捧读行知，常掩卷唏嘘。

好一个"自勉勉人"，好一番"自化化人"！

忍不住再读。

每一篇都是立体的，极富画面感的，仿佛行知先生就在眼前——

读《给哥伦比亚大学师范学院院长罗素的一封信》，我看到的是一个求知若渴，贫贱不能移的陶行知；读《教学合一》，我看到的是一个目光如炬，一针见血的陶行知；读《第一流的教育家》，我看到的是一个痛定思痛，革故鼎新的陶行知；读《教育者之机会与责任》，我看到的是一个心怀家国天下，敢为人先的陶行知；读《预备钢头碰铁钉——给吴立邦小朋友》，我看到的又是一个俯下身子，与孩子快意言笑的陶行知……

热血行知，悲悯行知，诗意行知，智慧行知……令人怀想联翩。掩卷之际，感慨且感动。

更多的是追问。

——行知先生的魅力何在？先生毕生追寻的到底是什么？而今品读先生，在仰之弥高的感叹后，我们这些依然走在教育路上的后来者还能去做些什么呢？

热血行知——生活需要一份胆气

"形同草木之脆，名逾金石之坚。"刘勰在《文心雕龙》中如是说。我立刻想到行知先生。天不假年，这样一个有血性有胆气有担当的大家，55 岁英年早逝，他短暂人生中的串串印记留给世人太多的思索，他的热血赤胆令人景仰，他的教育主张令人震撼。

　　热忱求学。他在困顿中愈挫愈勇，习学不止，钻研不歇，直到最后一息。即使成为教育大家声名远播时，他依然说："在共同生活中，教师必须力求长进。好的学生在学问和修养上，每每欢喜和教师赛跑。后生可畏，正是此意。我们极愿意学生能有一天跑在我们前头，这是我们对于后辈应有之希望。学术的进化在此。但我们确不能懈怠，不能放松，一定要鞭策自己努力跑在学生前头引导学生，这是我们应有的责任。师道之可敬在此。所以我们要一面教，一面学。"他让身后的万千学子读懂了"山不厌高，海不厌深"的笃志高格，他展现了作为教育者的"以身垂范"的最大魅力。这种教师魅力所拥有的号召力和感染力是深远而无与伦比的。而这，的确是需要一份胆气的，一份放下架子的胆气，一份亦师亦友的胆气，一份"吾日三省吾身"反观自律的胆气。这样的"生活"给了学生们最生动的"教育"，这便是最深层意义的"生活教育"。仰望陶先生，我们感叹——教师，是最生动的教材。

　　热胆爱国。他于民族危难之时，奔走呼号，振奋民心。他挺身于斗争的最前沿，振臂一呼，学界沸腾，他为救亡运动做出了不可磨灭的贡献。战后的中国，依然是水深火热，哀鸿遍野，他立即投身到了"争民主，反内战，争和平"的更危险的斗争中。民主战士李公朴、闻一多遭国民党特务暗杀，陶先生说，"我等着第三枪"，他视死如归，始终站在民主运动的最前列。他用自己的生命为学生们上了一课，这一课叫"爱国"。

　　热心从教。他"捧着一颗心来，不带半根草去"，披肝沥胆，排除万难。"为一大事来，做一大事去"。在先生眼里心里，学生是大事，办学是天大的事——当家庭拮据，家人提出要求留下四分之一稿酬补贴家用时，陶先生说："我要去南京劳山脚下办晓庄师范，这钱要作为办学的经费。我们家虽穷，粗茶淡饭还能维持。中国 34000 万农民非但没有饭吃，更没有文化。用这钱去办学校，是为农民烧心香，是尽我们的绵薄之力去帮助他们。你们在家里省着点用，算是帮我去办大事吧！"此情此志，真是感天动地。我们看到了一个全心扑在教育上的人，一个心忧国家、心系大众的教育者，他的殚精竭虑，他的矢志不渝，铸就了"人民教育家"的不朽师魂。

　　热肠做人。他是朋友，是师长，是工友，是千万劳众的陶先生。

　　行知先生在用他的生命告诉每一位教育者——要做一个心中有热、胸中有胆的人，更要培养一批心中有热、胸中有胆的人。

这，应该就是行知先生作为教育者的魅力之源；这，也应该是最值得传承给孩子们的生活的财富。行知先生为"身教重于言教"这句话做了最好的注解。

俄国教育家乌申斯基说："只有人格才能影响人格的形成和发展，只有性格才能形成性格。"是的，在孩童的世界里，教师无疑是极具影响力的，孩子们看到的教师是什么样的人，他也学着做什么样的人，耳濡目染，潜移默化，感染于无形。因此，有魅力的教师应该是火种——以心点燃心，用情感染情。

正如陶先生说的那样，"生活教育就是让学生在生活中受教育，教育在种种生活中进行。"由此，我深刻领悟到：教师的魅力就是善于把一切细节变为契机。

1. 让学生看到生活的胆气

行知先生虽生逢乱世，但活得精彩——办教育、编刊物、做学问、救国难……剑胆琴心，爱憎分明。再苦再难，对于他热爱的孩子们，他永远是微笑着的"陶先生"，他永远有"说不完的小故事"。是的，这是生命的洒脱，这是精神的高度，这是生活的胆气。

他热情鼓励孩子们在生活中学习。做木工、学农桑、接水电，甚至练抓蛇，他要让学生们成为劳动的"能人"，生活的"真人"。

从事教育，只有真正"投入"，才会真正"收获"。而我也在教育实践中发现，只有自己"会生活"的老师才能慧眼发现"生活教育"的契机，让学生们直观地感受"生活"并向"生活"学习，久而久之，才会形成自己个性鲜明的教育特色和教师魅力。

2. 让学生看到学习的胆气

安徽省歙县西乡黄潭源村——行知先生的出生地。

南京晓庄劳山之麓——行知先生的长眠处。

探寻先生的生命轨迹，你会发现一个关键词"学而不厌"。农家子弟求学的寒苦没有压垮他，教育理想遭受的打击没有碾碎他，牢狱之灾也没有吓怕他……他独步生活的胆气是因为他从未停下学习的脚步和理想的奋争。

学，然后知不足。

孤灯独对地学，苦心孤诣地学，漂洋过海地学。

向大师学，向后生学，向做工的、种田的、卖艺的学。

"他是木匠，我是先生。先生学木匠，木匠学先生，哼哼哼，我哼成了先生木匠，哼哼哼，他哼成了木匠先生。"

杂糅百家，兼容并蓄，吐故纳新。

因为从不停歇，他成了大家。

现实生活中我们看到，教师多少有些"傲气"，"傲气"久了就质变为"暮气"，学习动机没了，学习动力消了，知识缩水了，头脑僵化了，脾气固执了。恶性循环。

一个学习的"领跑者"不爱学习、不想学习、不会学习，想想该有多么可怕和可悲。

比照之下，我们从行知先生身上能悟到些什么？——教师，应该是"导学"的师傅，是"善学"的范本，是"好学"的榜样。

学习生活是艰苦的，持之以恒是需要强大精神动力的。教师的魅力就在于"点化"、"激化"、"融化"，在不着痕迹中完成关键性的"导引"。

对于教师而言，打磨匠心，才有魅力。

3. 让学生看到改过的胆气

行知先生说："真教育是心心相印的活动，唯独从心里发出来，才能打动心灵的深处。"

读行知先生的故事，常常会发现他非常乐意接受别人，尤其是孩子们的意见，并且虚心就教，勇于自我修正，让人们看到了一个虚怀若谷的教育者的风范。

他为孩子们写过不少歌谣。在一次民众教育的演讲中，他自编自诵道："读了书，不教人，什么人？不是人！"演讲过后，一位孩子找去，向他提出说："'不是人'，很抽象，应该改成'木头人'。"陶行知觉得孩子的话在理，高兴地表示同意修改，并称赞孩子很有创造力！还有一次，在抗日战争时期，陶行知到一所小学参观，看见学校的孩子们自动维持着教学秩序，很受感动，便作诗赞扬："有个学校真奇怪，大孩自动教小孩，七十二行皆先生，先生不在学生在。"学生听了都说好，只有一个学生提出了意见："'大孩自动教小孩'，只知道大孩教小孩，难道小孩就没有教大孩吗？"陶行知忙说："对，对，应该改正，改一个字就行了，改成'小孩自动教小孩'怎么样？"孩子们齐声说好。

所谓不耻下问，所谓一字之师，所谓"非我而当者，吾师也"，在行知先生身上得到了最好的诠释。

一个力求完美的教育者，总是珍惜每一次磕碰。即使是伤痛。

《荀子·修身》中说"躬自厚而薄责于人"，教师应该严于律己，尤其是在自己的过失面前应该有一份正视错误、改正错误不留余地的胆气。

说说容易，做来却难。鲁迅就曾感叹"改造自己，总比禁止别人来得难"。

我们知道，任何一种学习，都重在态度，老师应以自己的言传身教影响学生，使他们养成认真严谨、一丝不苟的学习态度。

悲悯行知——生活需要一身正气

教育是情感事业，是精神活动，是饱含情愫的一种生活状态。"过什么生活便是受什么教育；过好的生活，便是受好的教育，过坏的生活，便是受坏的教育。"这是行知先生的肺腑之言。透过这句话，我们看到了什么？我们看到了一个为人师者的父母之心。

慈蔼、宽容、体恤以及一颗细腻的心，这些对于教育者究竟意味着什么？行知先生告诉我们，意味着教育的终极意义。

1. 悲悯生灵，做个有心的人

"陶行知将蜻蜓举在眼前，用商量的口吻说：'蜻蜓是吃害虫的，它是人类的朋友，放了它，让它为我们去消灭害虫，好不好？'"这是《蜻蜓的故事》中的感人一幕，故事说的是陶行知教育小朋友爱护蜻蜓的事情。

"一次，小学生捉了一串一串挂珠似的虾蟆子，……作孽罢！我现在回想到这回事，他在我脑筋中的印象是留得太深刻了。……我们有什么权利可以牺牲虾蟆的生命来给我们玩把戏？"在《注重养生而不杀生——致郑先文》的信中，行知先生告诫学生们要怜惜生灵，对待小生灵要"如抱着我们自己初生的孩子一样小心"。

行知先生言之切切，给予学生的是精神的母乳：做人要做有心的人。

当今的小学生，基本都是第二代独生子女，多有骄娇二气，很多孩子内心冷漠，缺乏基本的同情心。教师应该敏锐洞察，及时引导。由此，我联想到不久前发生在班里的一件事情——

　　小高是班级的学习尖子，近来写作文的兴致尤其高。有一天，他兴冲冲地推荐自己日记中的连载小说《蚂蚁迷宫》给我看，这显然是他的得意之作，他还特别交代我"期待老师评论"。不看不知道，啊，一看之下触目惊心！这与其说是篇"连载小说"，不如说是一篇虐待蚂蚁的"全记录"！在我看来，实在可怕：他捉来很多蚂蚁，用火烧、用水淹、用铅笔扎、用刀切、用手碾、用沙活埋、用反光镜烫……无所不用其极！他以轻松调侃的笔调，详尽地记述了蚂蚁及蚂蚁族群遭受酷刑时的种种反应，显得兴致勃勃，乐此不疲。文章结尾处，注明"未完待续"，他还为读者设计了一道选择题："猜猜看，32号蚂蚁明日的命运：A．死亡。B．逃亡。C．阵亡。"看到这里，真是无语，也充满困惑：为什么会这样呢？看上去很阳光的一个男孩，怎么会这么冷漠冷血！

他还等着我这个读者的"跟帖"呢，想到这里我找到了他，首先肯定了他主动练笔，文笔流畅，然后提出一个要求：老师很感兴趣，也想续写他的小说，想和他接龙完成整部作品。这个想法令小高热情高涨，兴奋不已。于是，我和他开始了不可思议的一次"合作"。

在后来的接龙续写中，我以32号蚂蚁的口吻，倾诉了对生的渴望、对死的恐惧和失去亲人的刻骨痛楚，表达了对小高的愤怒和控诉，并委婉道出了对他的劝诫……就这样，我续一章，他写一章，文章竟接出了十余章回，而32号蚂蚁也因此暂时得以存活。直到有一天，小高对我说："陈老师，我觉得小说该结束了，32号蚂蚁也该回家了。"我看着被小高放生的32号蚂蚁和小高依然稚气但若有所思的脸，如释重负。

故事的结局似乎还算完满，但我知道，心理疏导和情感教育依然是任重道远。

社会进步了，世界精彩了，生活也更纷杂了，我们有责任把孩子的心灵导向"正"途，帮他们涵养"正"气，帮他们驶入正确的情感航道。

在学生需要我们扶一把、牵一下的时候，如何扶、如何牵，就成了最大的命题。教师的魅力似乎就在于"随风潜入夜，润物细无声"。所谓"生活教育"，一定要富有浓厚的生活气息和无限的生活情趣。

2. 呵护心灵，做个有爱的人

"没有爱就没有教育。"在行知先生的教育思想里，"仁"与"爱"占很大的比重。平实不浮躁，才能成就"仁"；尊重与理解，才能分享"爱"。爱的教育是儿童教育的基本原则和方法。"给予爱"是师德的核心，"教会爱"则是更高意义的一个标杆。行知先生说："小孩子的体力与心理都需要适当的营养。有了适当的营养，才能发生高度的创造力。"

因为胸中有爱，行知先生倡导"小先生运动"，发展女子教育；因为胸中有爱，行知先生大办民众教育，促进国民素质提升。

作为教师，一颗教育的良心必不可少，这一颗心如明灯、如火炬，由教育者的心底燃起，烛照天地，光焰灿烂；作为教师，一颗教育的慧心更是必不可少，这一颗心如春风如春雨，会在最琐碎平淡的日子里，温暖滋润着师生彼此的心，成就一段心有灵犀的佳话。

教师如果能用孩子的眼光打量世界，这样的教育或许会平添一份情意和滋味。每个人都渴望被了解、被疼惜、被重视，尤其是这些年幼的小学生，多了一份体贴，就会多一份公平、多一份慰藉。一个有爱、有情味的教育者才会充满魅力，并且不断增长其魅力。

3. 体恤包容，做个有量的人

"爱满天下，有教无类"，行知先生的爱是广博而厚重的。先生还教诲我们，当遇到教育"钉子难题"时，要"把我们的热心架起火来，把钉子烧化掉。我们只怕心不热，不怕钉子厉害"。

陶行知先生当校长的时候，有一天看到一位男生用砖头砸同学，便将其制止，并叫他到校长办公室去。当陶校长回到办公室时，男孩已经等在那里了。陶行知掏出一颗糖给那位同学："这是奖励你的，因为你比我先到办公室。"接着他又掏出一颗糖，说："这也是给你的，我不让你打同学，你立即住手了，说明你尊重我。"男孩将信将疑地接过第二颗糖，陶先生又说道："据我了解，你打同学是因为他欺负女生，说明你很有正义感，我再奖励你一颗糖。"这时，男孩感动得哭了，说："校长，我错了，同学再不对，我也不能采取这种方式。"陶先生于是又掏出一颗糖："你已认错了，我再奖励你一块。我的糖发完了，我们的谈话也结束了。"

这个著名的《四颗糖的故事》，每次读来，我都感觉滋味万千，忍不住在心里深深叹服。

教育者每天所需要应对的"问题"实在是太多太杂，必须在不断的"解决问题"的过程中，用心并用情，有意识地完成自我修炼，修炼出一份能够时时微笑着注视学生的温暖心境，不焦不躁，不厌不恼，用最大程度的体恤和包容给学生的心灵一份最深沉的呵护和滋养。

诗趣行知——生活需要一段才气

"腹有诗书气自华"。行知先生一生作诗无数，他的诗最大的特点是"颇有白诗之风"，像白居易的诗篇那样朴直浑厚。《恋爱歌》《手脑相长歌》《自主歌》《小孩不小歌》……在这些或诙谐，或凝重的诗作中，我们看到的不仅是他内在的修为和才情，更看到了他作为人民教育家的良苦用心：为孩子写诗、为农民代言、为大众呼号。

的确，生活需要一段才气，教育需要一份才情。教育者的锦心绣口能为孩子们的生活提供更多的可能和更为广阔的精神空间，它是教师魅力的重要元素，也是"生活教育"的必要条件。

1. 沟通可以更诗趣

"平时得了小孩子的一封信，如获奇宝：看过了即刻就写回信；回了信就把它好好地收藏起来。每逢疲倦的时候，又把它打开一读，精神就立刻加增十倍。小朋友的信啊，你是我精神泉源！"陶先生的字里行间，充溢着无尽的欣喜，他的喜悦来自他对孩子的真爱。

心灵沟通的诗意在于双向的精神享受，和孩子共同生活的情味则需要教师躬下身子用心去拾取。

陶行知先生任育才学校校长时，有一次，两个学生为一件小事闹翻了脸，互不相让，便对骂起来。这件事刚好被陶校长碰上。第二天晨会上，陶校长说："昨天有两个学生发生了摩擦，骂了人，今天，我送一首诗《骂人》给他们，也给大家。"接着，陶校长就大声朗读了他写的诗：

你骂我，
我骂你。
骂来骂去，
只是借人的嘴巴骂自己。

话音刚落，一名聪明大胆的学生大声说，我来和一首小诗《打人》：

你打我，
我打你。
打来打去，
只是借人的手打自己。

大家一听，都笑了。这一生动有趣的"诗教"，在学生中传颂着。从此，育才学校学生之间就很少出现骂人打人的事了。

此外，行知先生还常用写信的方式和学生沟通。有一个时期，他听到学生敬称他为"指南针"，立刻引起警觉。他不搞个人崇拜，及时抓住"指南针"这个话题给学生们写了一封公开信《实际生活是我们的指南针——给全体同学的信》："真正的指南针只是实际生活。……你们能以实际生活为指南针，而不以我为指南针，方能有第一流的建树。我只是你们当中的一个同志，最多不过是一个年长的同志。"这就是先生的伟大之处，不浮夸、不自得，随时和学生沟通，在"问题"中找"办法"。最有趣的是信末几句——"我近来无大变化，不过脸上比前白些，前额的阴阳圈渐次退尽，身上多长了几斤肥肉，惭愧得很！"这样和学生聊天的校长古今罕有，这样的先生足可谓有情亦有趣！

"生活"是最好的教材，"教师"是最好的榜样，当我们能够更诗趣盎然地沟通，孩子们必能更诗趣盎然地回应。教师的魅力正在于"开启"和"引起"。

2. 引导可以更诗趣

"使卵石臻于完美的，并非锤的击打，而是水的且歌且舞。"泰翁的话提醒我们思考：孩子们需要怎样的学习生活和成长状态呢？陶先生响亮地提出了"六大解放"，倡导全面解放儿童的头脑、双手、眼睛、时间、空间、嘴。还孩子们一个童趣无限，生机淋漓的学习空间。

不仅如此，为解决农村普及教育难以推进的问题，行知先生还创造性地提出了"小先生制"，充分发挥孩童的作用，既解决了难题，也锻炼了学生。也因此产生了很多关于小先生送教的有趣故事——有一回，在杭州西湖翁家山茶场，一个刚满十二岁的小先生，拿着一本漂亮的书对他奶奶说："奶奶，你要是喜欢念这本书，我会很高兴地帮助你。"这位老太太回答说："我的好孩子，你奶奶太老了，学不进去了，我都快上西天了，学这个还有什么用呢？"对这小男孩来说，这倒是个难题，很使他伤脑筋。隔了一会，他回答奶奶说："上西天，那你打算怎样去呢？""是的，我是个好老太，我要升到天堂去。"男孩说："恭喜恭喜！但是假如天堂的门神，在你进门前叫你签个名字才让进，那你怎样办呢？"老奶奶终于信服了，马上要孙子教她写自己的名字。更有趣的是夜里的事，这个小先生是和奶奶睡在一块儿的，半夜，孙子腿痒醒了，他怀疑有些小虫爬到他的腿上。当他伸手一摸，不禁惊奇起来，不是小虫，是他奶奶的手指头，正在画十字，画圆圈，一笔一画地在画呢。他问奶奶干吗这样，老奶奶说："好孩子，我在练习写我的名字呢！"真是令人忍俊不禁。由此可见，富有创见的"小先生制"的确是成效卓著。

学生在锻炼活动中，生发了灵感，增长了智慧，教学实践活动充满诗趣和意义。

智慧行知——生活需要一腔豪气

孔子说："爱之能勿劳乎？忠焉能勿诲乎？"

因为爱，因为使命，教育者有了更多的责任，也萌生了更多的教育智慧。回望行知先生的教育革新创举，我们仍能受到启发。

"六大解放"——解放儿童的头脑，双手，眼睛，嘴，空间，时间。

"育才三方针"——迷，悟，爱。

"育才二十三常能"——初级常能 16 种，高级常能 7 种。

"四种集体生活"——劳动生活，健康生活，政治生活，文化生活。

……

咀嚼陶行知思想，总是常思常新，常思常得。行知先生在当年的时局下，大张旗鼓地推行这样富有远见卓识的教育思想，的确是需要一腔豪气的。

当今社会，信息爆炸，思潮纷涌，教育资源也空前丰富，但是，这些都不能取代教师自身的教育智慧，因为，教育细节是无法复制和粘贴的。我们必须着眼于孩子终身的发展，给他们以人生的导引和情智的熔铸。

1. 给童心一个智慧的召唤

品悟中我们看到，"六大解放"、"四种集体生活"等观点既包含有行知先生对于儿童人生的宏观引导，又有着眼于日常训练的具体思路，可谓既高远又切实。

教育者的影响力很大程度上取决于他对儿童世界的理解与判断，这种理解判断的前提是教师对儿童生活的洞悉和体认。观察儿童，了解儿童，才可能富有智慧地导引儿童。

班级既是一个团队，又是一个大家庭，作为"平等中的首席"，教师要成为一个既能"唤醒"，又能"指引"的人。以下是我在班级管理中的一些实践探索。

> 接手一个新的班级，我总是不急于上课，而是先要和学生们坐下来，花相当的时间一起"定调"：
> ——你希望自己的老师有着怎样的情调？
> ——你希望自己的班级有着怎样的色调？
> ——你希望自己的学习有着怎样的步调？
> ——你希望自己的未来有着怎样的格调？
> 大讨论，大争论，大交流……你会发现，在这样的"头脑风暴"中，孩子们的发言里涵盖了太多老师想要说的话——要提醒的、要强调的、要倡导的、要反对的，等等。最重要的是，同样的话从同伴、同学、同龄人嘴里说出来，和老师直接宣布命令或者提出要求味道完全不同：后者是降伏、是掌控、是驱赶，是被动执行，而前者是创意、是向往、是潮流、是自主探寻。
> 当学生行为准则以"舆论"的形式存在，以"时尚"的姿态领跑，生命的主动发展才成为可能，精神的自我提升才成为本能。

教师"眼高"了，学生才能"手高"，我们期待所有的教育细节都能以一种更智慧的形式出现，

我们也期待所有的教育者都能用慧眼看到——

学习的尊严，在于想学，而非必学。

教育的尊严，在于导学，而非劝学。

生命的尊严，在于博学，而非考学。

我们相信，智慧造就智慧，给孩子一个飞翔的理由，他才会有一股冲天的豪气。教师的魅力就在于"召唤"。

2．给童心一个智慧的舞台

陶先生有个著名的"每天四问"：

我的身体有没有进步？

我的学问有没有进步？

我的工作有没有进步？

我的道德有没有进步？

陶先生希望师生都能成为善于叩问的人，问出不足，问出目标，问出方向，以求得由内而外的身心发展。

善问的人，往往是善于举一反三的人。教师在教育活动中要格外珍视学生脑中的一个个"？"，并推波助澜，使"？"最终变成"！"。

为人师亦为人友，这就是教师的角色定位，给童心一个施展的舞台，才会涵养出生命的大气与奋飞的豪情。教师的魅力就在于"映衬"。

"你若把你的生命放在学生的生命里，把你和你的学生的生命放在大众的生命里，这才算是尽了教师的天职。"

——这是行知先生在为我们揭示一个教育者应有的精神高度。

"我们深信如果全国教师对于儿童教育都有'鞠躬尽瘁死而后已'的决心，必能为我们民族创造一个伟大的新生命。"

——这是行知先生深情凝望的教育愿景。

行知先生的魅力何在？

热血行知，催人奋发，让我们看到了他的一份胆气。

悲悯行知，导人向善，让我们看到了他的一身正气。

诗趣行知，育人自强，让我们看到了他的一段才气。

智慧行知，教人求真，让我们看到了他的一腔豪气。

掩卷叹行知！我们在多侧面的眺望与回味中，在多渠道的实践与摸索中，努力探寻着"生活教育"的真谛。

掩卷叹行知！我们在"行知行"的大旗引领下，在"为生命奠基"的使命召唤下，必将赋予"生活教育"更新的内涵，也必将在与学生与时代共同成长的过程中，走出一条属于自己的教育之路。

巢

你见过鸟巢吗？那种大树高处，于繁枝密叶间稳稳卧定的鸟儿的窝。

见过没什么，身临其中过吗？我指的是进去，还不仅仅是进去，在当中徜徉，游戏，甚至静坐着，拨开密叶张望巢外远处人间的阑珊灯火。你有过吗？你能吗？我能。

我感叹这个好所在。

离我住的地方不远，有湖名曰月弓池。湖状若弓，湖形如月。侧抱月弓池的是地母庙，一座小山是这图画的背景。山林葱茏，小径盘曲，沿途闻歌乐之声，催人捷足。拾级而上直达山巅，密林间竟辟有一片小小的舞场。幕天席地，草地、林子、清风、明月是它的最前卫的室内设计。灯影明灭，于林间场中闪烁摇曳，为舞者们助兴。舞于其间，山在旋，林在转，外面的世界仿佛只是歌乐之外的前尘往事。林子簇拥着人们，搂抱着人们，揽着人们，宠着人们。林子里的人与林子里的鸟儿都在各自找寻着最恣意的时刻。山在旋，林在转，这小小的巢儿高高挂近天边，赠予人们一宵的欢娱与一世的梦。一个童话般的梦。

别去时，我们在山脚下仰望着，找寻着，与刚刚包容过我们的小巢作别。高高的林巅，小巢依然灯火温暖，歌乐缠绵，抚慰着需要它的人们，眷顾着身心疲惫的芸芸众生，也搂着飞倦了的来自近处或者远方的鸟儿。清风不语，明月不语，它们只俯瞰而微笑。

那巢，小小的巢啊。

注：2006 至 2007 年竹溪支教的日子，离家太远，孤身住校，于是就有了太多的闲暇和独处时光。黄昏，午后，甚至清晨，常常可以游荡，或者冥想。

湖畔一日

这样的好日子，千年难遇。对于主妇。

孩子军训去了，不用接送；是个周日，不用上班；孩子爸在家，不会落单；天气可人，不冷不热；心情也有，正宜出行。

还有什么可说的呢，Let's go！

决定低碳一下，就不开车了。踩上自行车，风驰电掣五分钟就到了地铁站，掏出公交卡，刷好冲进去，嘿！运气真好，地铁正要进站，真是一分钟都不耽误啊。

一路摇晃，这就到了龙翔桥。下车的人真多，看样子都是和我们一样来"疯"的。孩子爸建议"骑游"，我热烈拥护。我想到，应该牢牢记住刚刚过去的 2012 年，在这一年里，我学会了驾车，更重要的是，我学会了几十年都学不会的骑车，真是大快人心。这一年里，由这两个新本事带来的好感觉真是说也说不完，尤其是骑客的滋味，真真太好了。说出来可能人家要笑掉大牙，但是我就是这么感觉的。由此我还悟出一个道理：你觉得你不行，你不一定不行。

如我们所料，公交自行车很抢手，我们四下探寻，终于抢到两辆即将退役的老爷车。凑合用吧。

一骑起来，人就像在飞了。凉凉的风在耳边如溪流滑过，抚过我的眼我的发我的丝巾我的舒活的筋骨，三分钟就看到了西湖水。

盈眼都是绿，新鲜干净的绿。我一边骑一边扬起脸望向头顶的巨大的樟树树冠，空隙里的天空清朗而素净，游着些微云，阳光不确定地忽隐忽现，远眺出去，烟水蒙蒙，西湖似乎半睡半醒，而如织的游人已忙不迭地扯碎了她的清梦，风也赶趟，殷勤地吹皱一湖春水，摇醒这水中的山光塔影。

我们骑行在湖畔，在人流中穿梭，在胜景前顾盼，在嫩柳枝的清香里深呼吸，感叹桃花的妖娆和情侣们的蜜意缱绻。老人，小孩，踩着轮滑的大学生，挎着单反的拍客，每一个人的脸上都有着春风拂过的痕迹，放松的步态和人群中随时爆发的笑闹，让所有人都心情大好，除了没生意的船老大和忙乱的保安。

很快，我们就顺着南山路骑行到了苏堤。啊，阳光终于大大方方地露脸了，湖面上波光粼粼，远望长堤如带，嫩柳如烟。在密集的人潮中骑行非常考验技术，我们且行且止，在人缝里哧溜，险象环生。

走在苏堤上的人都有一股说不出的惬意。姑娘们买来花环，美美地戴在头上；中年夫妇们缓步轻蹀，低语微笑；骑车的队伍呼啸而过，卖弄着潇洒；路边竟还有一群小学生，打着快板大声宣传着环保，引得人人回头……

穿花拂柳，我们一路飞驰，不一会就望见了保俶塔。白堤到了。

想起秋天里和朋友登临宝石山，保俶塔下，极目鸟瞰，那游走于苍茫烟水间的长堤，就是此刻我脚下的白堤啊。卞之琳的句子突然跳出来："你站在桥上看风景，看风景的人在楼上看你。明月装饰了你的窗，你装饰了别人的梦。"此时此刻，不知我们是谁画板上的一抹色彩呢。

白堤依然到处是人潮，到处是笑语，人们的欢喜如同飘飞在空气里的无处不在的柳絮，那般悠然，那般清晰。

不记得那是一个什么所在了，转过一片幽深的庭院，穿过一丛还没长好新叶的芭蕉，前行，再前行，一大片杉树笔挺葱茏，一棵棵透着绿意，透着凉意，望过去，竟是"帘幕无重数"。令人惊艳的是那杉林的空隙植满了盛放的薰衣草，好大好美的一片紫啊！像梦里的轻纱，又如画中的仙霞，刹那间令人目眩神迷。没膝高的柔嫩的薰衣草，大片大片的静静丛立在那儿，如同待人垂爱的小女子，清芬，夺魄。我看得呆了。

我们骑骑走走，走走骑骑，路过的景点数不清。柳浪闻莺过了，曲院风荷过了，涌金门过了，断桥过了，雷峰塔过了，三潭印月也过了。太阳斜斜地挂在天上，我伸出手，抓握了一把春日的阳光，递给他，他不接，笑说我也有。不错的，"幸福就像太阳一样看得见"——此刻我同意诗人瓦雷里的说法。

春天里，也许每一颗心都是崭新的。

一千多年前的老夫子程颢，春日聊发少年狂，尚不尽兴，诗心沸腾——

云淡风轻近午天，
傍花随柳过前川。
时人不识余心乐，
将谓偷闲学少年。

每一个或行或坐，或靠或卧的游人心里，都有一份想好好晒一晒的渴望吧。在太阳底下发发呆，让自己的心慢半拍，让春阳烘暖那些发霉的心事。

发个呆，愣个神。起身后的步子更轻快些。

已是午后。疲惫的游客们两腿灌铅举步维艰，马路上拥塞蜗行的车河令司机们扼腕，而潇洒的骑客们只消闪转避让，畅行无碍，清脆的铃儿一路抛洒，赚足路人艳羡。

我们会心一笑。加速，前行。

我会记得，这一个春天，这一个快乐的日子。

湖畔。我们。

嘱　咐

爸爸老了。我望着他那蹒跚的身形不放心地扯住说，以后上街过马路要当心，钱放好，尽量走天桥，不横穿。又冲他补了一句——走路的时候精神点，别恍恍惚惚的啊！

突然觉得这些话耳熟。

可不是？多少年前，年富力强的父亲就常常嘱咐他的糊涂女儿这么几句话——上街过马路要当心，钱放好，尽量走天桥，不横穿。走路的时候精神点，别恍恍惚惚的啊！

曾几何时，已经到了我来嘱咐父亲的时候了！我多么希望被嘱咐的人还是我，多么希望自己还是那个稀里糊涂无忧无虑仰仗着年轻父亲的幸福小女儿。但，时光不再了。

爸爸，岁月销蚀了您的棱角与英气，病痛掠走了您的容光与闲适，我，您的女儿，是这样心疼地目送您的背影走向为母亲买药的那条小路尽头，而我，又为您做了些什么？在熙来攘往的人世间埋头打拼，在打拼的间隙回去混顿饭吃，说几句"要吃好喝好睡好"的顺口溜或留些生硬的钞票，如此而已啊！

心头一酸，不由默念：爸爸康健爸爸康健爸爸康健……

老天有眼。

近些时日，爸爸身体调理了过来，健旺了许多。花又养起来，曲又哼起来，书法又写起来。这个从教三十余载的老教师，又开始戴起老花眼镜，兴致勃勃地读厚厚的小说，并开心地告诉我们，这是他哪届哪届学生写的，刚刚寄来给老师过目的，这个学生当年如何了得，譬如能背出《红楼梦》里所有诗词等等，如何如何。有时他心情好，还会给我们朗读他和远方学生们在手机短信里彼此唱和的诗句，那些五言或者七律，果然是字字饱满，词短情长。一聊起学生，爸爸就很乐和，是那种老农倚锄望苗的乐，真的乐。我笑他傻，他总是抿上一口浓茶，微笑着嘱咐一句：你教书也要好好待人家孩子！我听了，心下肃然。

去年暑假，我教会了爸爸上网和打字，他很开心，常常浏览教育网站和花卉欣赏网站，也学着 QQ 聊天和视频聊天，并开始了日日追剧。我听见他电话里跟老友侃："上网？上网我会呀！"真好。是的，没有什么比这更好的事情了。只是，我免不了常常嘱他——控制时间，保护颈椎！

爸爸待人平易，生活简朴，在我眼里风趣且风雅。他读书时认真读书，教书时认真教书，从不含糊，给了我诸多潜移默化的熏染和教诲。

好好待人家孩子。

我当永远记牢爸爸的话，勉力从教。

岁月无尽而人生促促，爸爸——

愿您快乐，愿您康健！

电话那头

是教师之家的儿女情长，也是天涯游子的魂梦相依。

——题记

傍晚，电话铃响起。这个时候，一定是妈妈。

"喂——"传来妈带着愉快尾音的一声。听到我叫了声妈，她先是一串呵呵呵，我熟悉的表示亲热和舒坦的笑声。我知道，她心情不错，想跟我唠唠嗑。

"在睡觉？"妈问。

"嗯，刚醒。"

"我也才睡醒起来。"

"双休日我总是一睡一下午。"

"我也是。我天天是双休日。"妈笑着自嘲道。从学校里退休多年了，她和爸也早已习惯，在相继帮我和弟弟带大了孩子后，她就没有什么具体"工作"了。如今，我远在他乡，他们的日子就更空荡了。

"哦，对了，妈，爸今天跟你说什么没有？"

"没有啊，没说什么啊。"

"那他人呢，在家里吗？"

"街上去了一趟刚回来。在家。"

"那你叫他过来一下，我有事情问他。"

"哦，好！老陈——老陈——"妈立刻开嗓大喊起来，"燕子叫你过来，燕子叫你！"声音喊得很大很愉快，急急地催促里带着点奉命调遣的神气。听到爸忙不迭地被叫到了电话边，接听。

"喂，你叫我？"

"爸，你这两天看短信了没？"

"短信？没看。"

"你咋不看短信啊。"

"嘻！垃圾短信多，我懒得看。"

"那我发给你的短信，你也没看？"

"哦，没看。"

"你手机拿出来看看呗，明天是母亲节，妈不大会收发短信，我发了一个祝福短信在你手机上，你帮我念给她听哦!"

"哦！好的。"

"别挂电话，我听着你念!"

"哦!"

听到爸踢踏踢踏去找手机，又听到他翻看短信的窸窣的声音。只听他对妈说："你别看！燕子让我念给你听!"妈说不看不看，你念。

"你听着哦。爸，明天是母亲节，请把下面的话念给我妈听——亲爱的好妈妈，节日快乐！您吃苦受累为儿女操碎了心，您把所有的爱都给了儿孙，自己却累得一身病痛，我们心疼您！您真诚待人的品德深深影响了我们，也让我们因此有了好的人望，感谢您对我们无声的教育影响！母亲节就要来了，祝最亲爱的妈妈节日快乐！笑颜常在！身体康健！我们永远爱您！热烈拥抱！爱您的女儿燕子。"

听到爸爸认真播报的声音，可以想见，妈妈一定笑着在听。

"哦——谢谢！都听到了!"妈捧起电话说。

"节日快乐哦!"

"快乐快乐！非常快乐！呵呵!"

"我一早就发给爸了，想让他给你来个惊喜，哎，他看也不看。"

"他就这样，没事没事。你也节日快乐!"

"节日快乐！抱歉我没给你买礼物哦!"

"不用不用。没少花你的。"

"暑假回来再给你买哦，回来补上!"

"哦——"妈开心地应。

我们又拉拉杂杂聊起了别的，我向她报告说，一会儿晚饭准备做豆角焖面，她大叫说，你怎么不用豌豆来焖啊，那才香呢!

我笑起来，妈还是那么喜欢吃豌豆，每年春天，她总是要买很多豌豆，吃得那个香啊！那时候，我还是小孩，妈妈还多么年轻啊！她是家长们信任的"王老师"，孩子们依恋的班主任，我常常等在她教室的角落里，埋怨她还在给学生补习，害得我等……一晃，多少年过去了。

汇报完我的晚饭计划，妈妈进行了远程指导后，电话挂了，大家拜拜。

我开始起身烧晚饭。我想，妈妈今天一定很高兴。我也高兴。

电话，感谢电话。

想起离开家乡这些年和爸妈通电话的一幕幕情景，心里突然非常感慨。

2007年我举家南迁，陌生的环境，陌生的人群，对我来说，一切从零开始。比再造一个新家更难的是对新环境的适应。没有朋友，孤独便成为常态。那段日子，我很少跟家里通话，因为不知道该说什么。

记得离家后的第一个中秋，爸爸一个短信过来，是首七律，大概的意思是说想念我，并鼓励我努力攀登。我一看，眼泪就下来了。

那首七律我存了好久，后来换手机给弄丢了。句子我仍记在心里。爸爸的嘱告我也永远记在了心里。我对自己说，加油。

女儿还小，她很快地交上了很多玩伴。她的欢喜鼓舞着我，牵引着我，感染着我。

当我离家两年多的时候，朋友问我，亲爱的，你总适应了吧！我说，不知是适应了还是麻木了，反正没感觉了。

也许我的心已结痂。硬硬的痂。一触会痛。

开始常常给家里打电话，聊聊东，聊聊西。有时还吹吹自己的某些成绩。父母听了很高兴。

前年春天，妈妈病了。我得到消息已是妈出院后了。老天，原来电话里所谓的"我们在河道散步"、"我们在逛街"都是她在医院病床上编给我听的呀！

心里一阵阵地难受。电话里我说，等着，我请假回来。妈说，不许回来，我已经好了。我说，好什么好，好到医院里去了。妈说，回来我就生气，真的没事了。我知道，妈是怕影响我工作，她也知道，我走了，孩子没人照看，我的小家也要乱了套，妈什么都顾念着我。而我，连自己妈妈生病了都无从知道。他们瞒得这样严实，是怕我忧心。只有父母会为孩子考虑这么多，这么细呀。

多亏爸爸精心伺候妈，因为这，爱遛鸟爱书法爱四处跑跑的爸爸也只能放弃自己的兴趣，专心照顾妈妈。也算老天眷顾，爸爸这几年身体比较好，他总充满活力地做着家务，陪妈妈聊天斗地主，给她讲笑话，陪她看电视，什么都尽着妈开心。妈在电话里说，老陈表现很好，你可以放心。我听了既欣慰又心酸。

不能常回去，我就打电话。从那次妈生病开始，我们就煲起了长达几年的电话粥。

我一天打一个，每天晚饭后。问问情况，聊聊杂事，问候问候。

每天一到那个时间，就想着打电话，打了，聊了，才能心安。

有时，我因为什么没按时打，电话就过来了。我知道，妈妈已经习惯了在黄昏时分接听我的电话。

我们似乎都在想：见不着面，聊聊也好的。

我们的电话越讲越长，一般是半小时起步，多数时间要讲 40 分钟甚至一个多小时。

这成了我们母女的固定节目。

这么长的电话粥到底在"煲"些什么呢？

我梳理了一下，我和妈妈的通话内容基本可分四大板块——天气描述、身体状况、一日汇报、往期回放。

天气描述。首先，双方用生动甚至有些夸张的语言描述各自地区的天气状态，以及相关情形，比如人们的反应、景象的变化，以及家人着装的调整，最后用一句话总结自己对此变化的好恶，骂一句或者赞一句。

身体状况。由我询问她当日的身体感觉，再问相关用药情形，饮食胃口如何，睡眠可好，有无新的不适感觉。开始，妈妈一一作答，有的地方详细解说一番。如果她说近来一直很好，我不大相信，她会说，不信你听我这声音啊，可以听出来我很精神的啊！我一听，声音中气蛮足的，相信了。

一日汇报。这个板块很长，内容很杂，大致可分为四大点：一日流程，来电来客综述，三餐概述，家族事务点评。内容很丰富。妈会说得很起劲，她说什么，我都积极回应，她说得更起劲了，家长里短，油盐酱醋，姑嫂妯娌，她想起什么讲什么，我追问什么，她也仔细作答。她还会问我近来教学情况，提醒我不要长时间伏案批改，上课也不要太大嗓门，预防颈椎病和咽喉炎。

往期回放。妈会把以往讲过的有滋味的事情再同我聊起，有时候，她会忘了这个事她跟我讲过的，我称之为"精彩回放"。这些事情多是好事趣事，我听着妈讲得那么开心，我就不停地追问，她就讲得更具体了。一讲再讲，无比回味。我也跟着妈再开心一回。

除此之外，我也常把自己工作和生活中的事情汇报给妈妈。有时爸爸接电话，就先跟爸爸聊。我会征求他的意见，述说我的困惑和难题。爸总是很仔细地听我细细描述完，沉沉地在电话那头想一想，然后发表自己的看法，给我一些建议和指导。我要是汇报说，近来连续发表了好多篇文章，爸爸总是会说，哦，是吧，好的好的，祝贺你，又小有成果啦！一会儿也跟你妈说一声，让她高兴高兴。

我很后悔，有时心情很差的时候，妈妈电话准时到来，我态度很不好地敷衍她说，我忙死了累死了，回头再说好吧。

可以想见，妈妈挂电话的时候多么担心和忧虑。

于是，我逐渐调整自己，再忙，也要好好和妈妈说话，再累，也要按时打个电话。

电话实在帮了我太多。其实煲电话粥的同时，我可以通过妈妈的声音、语速、语调听出很多我想知道的东西，她的心情，她的健康，她的好恶。这些，正是我这个游子最挂牵的事情。

当然，因为电话的往来絮叨，我也可以这样地同母亲无限亲近，无限悠游。想想那些未曾离家的日子，离妈妈那么近，却顶多一周回娘家一次，去了风风火火地吃了就走，傻乎乎地也没和父母说点什么，打电话嘛，更是看作不必要。一年到头，其实没和父母说过多少句心里话。这么想来，离家，电话，反而让我和妈妈多说了多少话呀！这每天几十分钟的开怀畅聊，在当年，真是不可想象的事情啊！苍天弄人，我们在失去的同时，才开始学会捡拾和把握。

一周前，我因为一场小病住院，开始没敢告诉妈妈，怕她担心。这个病症虽小，但却磨人。当我躺在空荡的病房，忍受着丝丝灼痛的时候，妈妈电话来了，我再也忍不住地喊了声："妈，我生病了！"眼泪开始泛滥。

妈妈一听，急了。

怎么了？住院了？怎么个毛病啊，要不我和你爸过来吧！

那火急火燎的声音让我几天来的痛苦有了倾诉处，真想让妈妈抱抱，抚抚我的伤痛，听听妈妈呵护的声音，感受母亲的柔软的关切。

我忍着眼泪跟妈妈讲了自己生病的过程以及手术的情形，妈妈似乎急得有些手足无措。我告诉她，已经过了最难受的时候了，妈妈才稍微放了心。我说，妈，不用着急，一个很小很小的手术而已呀。

　　我制止了妈妈要赶来的念头。连她都还在吃药，我怎么忍心让她舟车劳顿呢。即使要来，也要等我好了，让我接她来，伺候她，一同吃吃玩玩，好好服侍她几天才是道理呀。

　　自那天起，妈妈开始了"电话照料"。

　　一早，电话来，问早餐有着落没有？上午治疗怎么安排的。

　　中午，电话来，问上午感觉如何，中午吃什么，嘱咐午睡。

　　下午，问好些了没有，让我记得喝汤。

　　晚上，问麻药散了，疼得厉害吗？

　　第二天，一早，说，昨天夜里没敢打，怕吵你睡，感觉还好吧。

　　……

　　这就是妈妈，我住院了一周时间，直现在，她一天给我打三个以上电话。我除了温暖，还有深深的惭愧。妈妈生病最难受的时候，我也只是一天打一个电话呀。

　　想起那句人们嘴边的老话，"只有瓜连子，没有子连瓜"。深深汗颜。

　　流光容易把人抛……何日归家洗客袍。

　　岁月匆匆，时光如流。我在心底里深深祈念：赐我的父母安康吧！如果，我们没可能改变人生的长度，那么，就让我们借着这电话的听筒，延展和亲人的一段挚爱情怀吧——

　　相爱，不要等明天。

　　表达，不要等明天。

　　倾诉，我想就在此刻。

我从来处来

　　出门在外，总有人问我：君自何方来？每一次，我都感觉没法说清我心里想说清的那些话。有时是时间不允许，有时是心情不允许。此刻，我尽量放缓思绪的长线，话说从头。

我从十堰来

　　我的家乡在十堰，我是十堰人。

　　十堰是个热络时尚，而又非常书卷气的城市。提起这座位于湖北西北部、建市于1969年的地级市，人们总会说，汽车城嘛，还有世界文化遗产武当山。

　　其实，如果只是这样勾勒十堰，我想，太"草"了些。

　　在我看来，十堰之韵，全在"斯文"二字。

　　民风斯文。十堰是移民城，十堰人以普通话自傲。走在街上，不要说学者干部，连馄饨摊和卖冰棍的大妈，都能讲一口很耐听的普通话。那种字正腔圆的京腔和东北话，在公交车或广场上，也是随时能灌进耳朵。一句句纯正的"大爷，您慢点儿！""抱小孩儿的，这边儿来坐！""谢谢您哪！""好嘞，明儿见！"听着就让人舒坦，透着谦和，透着礼义，透着大方和生活的喜悦。如果你初来乍到，十堰人绝不会将你屏蔽在方言之外，令你混乱抓狂。他们纯熟畅快的标准普通话，会让你感觉整座城市都那么精神、大气和开放。

　　学风斯文。十堰高等学府多，三甲医院多，大型专业厂更多。走在街上，迎面过来一位捧着资料的忙人，你大约会猜：哦，不是太和医院的博士，怕就是汽院和师专的教授，再不然会是哪个厂的总工吧！在公交车上，在沿河公园，在图书超市，你总能看到特别内敛敦厚的读书人，那种只有学子才有的宁和气质，总让擦肩而过的人心存敬慕，也感叹城市的美好。十堰人尚学，孩子的学业，是每个家庭的关键词和家族寄望所在，这也使得十堰的教育者拥有了特别的尊崇和礼遇，家长们发自内心的感激，令每一座学园都人气蒸腾。

山风斯文。十堰山多，北望秦岭，南临大巴山，故有"山城"别号。这里四季分明，气候温润。说山风斯文，是较之沿海而言（这里不像江浙诸城，台风过境日，便是天地变色时）。一年四季，山风悠游，总感觉，这风是水墨画卷里行者衣袂翻卷的风，力度正好，增一分太狂，减一分太面。即使登临武当之巅，云海听风，你也不会感觉风声乖戾，总还是那么从容，总还是那么可人。或许，这风里也糅合了十堰人的敦厚与散淡吧。

十堰为啥叫"十堰"呢？外地朋友都弄不明白。我想，听不明白，写在纸上，应该就一目了然了——堰，堤坝也。昔时农人灌溉，曾拦河筑坝，成堰有十，故称"十堰"。

暖暖远人村，依依墟里烟。群山环裹中，怎么会冒出个移民城、汽车城呢？说来话长。我想，看一串数据，你就懂了——

1964 年，毛泽东主席提出："加快'三线建设'，备战备荒为人民。"周恩来总理写报告建议在第 3 个五年计划期间，在内地建设一个能生产 1—8 吨各种载重汽车的汽车厂。几经勘察比较，厂址确定在十堰方圆 150 平方公里范围内，厂名为"中国第二汽车制造厂"（简称"二汽"，以著名汽车品牌"东风"闻名）。

1969 年到 1971 年间，全国 30 多家工厂、设计院和建筑单位 5500余建设者陆续进入十堰，开始了大规模施工建设。建设者们在极端艰苦的自然环境和物质匮乏的条件下，架桥铺路、引水送电、安装设备。他们远离家人、远离大城市的喧嚣，在这荒芜的大山沟里，撑起了巨人的臂膀，为我国汽车产业发展打牢了基础。

为了支援建设，1966 年，500 余名国家部属大中型企业部分干部职工来到了十堰；1967 年从十堰本地六县城镇、农村招收社会青年 800余人；1968 年从上海招初、高中毕业生 2000 名；1970—1971 年在河南、孝感、黄冈等地招复转军人、农村、城镇青年 18763 人；1970 年国家从武汉市、上海市分配给二汽 3500 余名中专毕业生；1965—1969

年间，国家分配给二汽 1000 余名大中专毕业生；湖北省委抽调东湖养老院 53 名干部及医务人员共计 604 人支援"二汽"。

在建设"二汽"的整个过程中，从全国 16 个省、市 100 多个企业中调入"二汽"的技术工人达 8449 人，其中"一汽"2437 人。从 1967 年至 1990 年间，建设大军从祖国的四面八方来到山大人稀的十堰，使十堰的人口由 1966 年的 94794 人增加到 389845 人，外来人口占当时十堰总人口的四分之三。

新移民的到来把全国各地不同的文化带了进来，并发生融汇和整合，不仅从地域上、生活习俗上根本改变了十堰面貌，还从方言上改变了十堰原有居民的方言语系。现在十堰人讲话基本以普通话为主，更重要的是提高了十堰人口的整体结构和素质。（该资料援引自《十堰晚报》2009 年 5 月 11 日新闻稿件《家谱，揭开十堰 4000 年移民史》一文，有部分改动。）

这就是十堰，一个汽车城的前世今生。

我在这里出生、成长、工作，见证了一个城市从草创到飞跃的历程。其变化之大，发展之速，常常让人有"隔年如隔世"之感。

从出生到 6 岁之间这段时光，我家正处在"双城生活"阶段。父亲大学毕业一直工作在邻城襄阳（孟浩然故里），而母亲，则在十堰教书。我和弟弟，一个随爸，一个随妈，天涯相望，聚少离多。

我随爸生活。他工作忙，把我"存放"在一家寄宿制的全托幼儿园。一托，三年。等父亲调回十堰，一家人终于团聚的时候，我已是个即将入学的小学生啦。六岁。

寄宿制幼儿园在我身上打下了深深的烙印。以至于后来到了杭州，我在学校担任寄宿班老师的时候，总是尽可能对孩子们好一些，因为，我知道他们的凄清与无助，我懂他们的眼泪。

我在十堰读完了小学、中学和师范。在百二河边撒欢，在柳林沟里游荡，在大川山里吃肉，在黄龙滩上冲浪，更在武当之巅听风，在神农架中探幽，在总装厂里数汽车，在郧县城里寻恐龙蛋，好不痛快。十堰，我的家乡，也在不断发展中更加丰美起来，我师范毕业的时候，十堰已成为了全国有名的小康城。

富裕，是那个时代关于十堰的全部传说。

如同一个长成的青年，会杂念陡增。在九十年代中期，十堰更名之议群起，主要的说法是：这名太土，叫不响。一时竟从者如云，似乎还曾有过更名为武当市、东风市的动议，后皆不了了之。如我一心腹朋友所云：纯粹瞎折腾。当下想来，十堰，这地名是无比优美的，让人想到田野阡陌，清流淙淙，农桑晚照，炊烟耕樵……古拙沉静，情意浪漫。

想想都很美。

我从附小来

如今的十堰，不再有个学校叫附小。但是，不知道附小的十堰人，真的很少很少。

八十年代初，她叫十堰市教师进修学院附小。

八十年代末，她叫十堰市师范附小。

九十年代，她叫十堰大学附小。

世纪翻篇后，她转身一笑，说，叫我人小吧。

这就是如今的十堰市人民小学。

——我小学的母校。

——我的第一个工作单位。

关于她，有我十七年的经历和一辈子的记忆。

十七年真不算短。此间，读书一年，教书十六年。

读书为什么只一年呢？因为，我是学校首届毕业生。在别的学校读到四年级，附小成立了，赶来读毕业班，就成了光荣的首届毕业生。那一年，是我与附小共同的1983。

初时学校很破，连个操场都没有，两层楼的五六间教室，是全部的装备。极目校园，唯一的装点，便是一楼教师办公室门前那几盆可怜的月季。

然而，我们毕业班的同学愣还是在语文老师的启发下，壮怀激烈地写出了《美丽的校园》《附小清晨》等鸿篇巨制，传看吟赏之际，颇觉天地美好。

时光如行舟，顺风疾驶，不愿驻步。很快到了九十年代，十堰市教师进修学院经兼并扩容，改造升格成地方高校十堰大学。我们的学校也就随之更名为十堰大学附小。

辉煌就此起步。学校在历届前辈的和衷共济和戮力拼搏中，成绩斐然，声誉日隆，可以说在九十年代，曾一时独步，成为业内的航标。这是附小人永远引以为傲的校史。

世纪之交后，学校更是以领军之势迅猛发展。2000年前后，在校人数已近四千，教职员工达一百五十余，成为一所超级大校。

犹记当年的课间操，啊，站在教学楼俯瞰下去，壮观啊，每一个班都在老师的带领下英姿勃勃，歌声嘹亮。那是多么美好的时光啊。

学校于2002年前后开始了一场大规模"自我熔铸"——省级示范学校创建。

应该说，繁复的创建过程非常磨人，也非常磨炼团队。办学特色、教学科研、校园文化等诸多方面，都必须做到"理念清晰，成果丰实"。毕竟，省级示范，那是一项高等级的认定和崇高的荣誉。

浴火飞升，破茧成蝶。众志成城的氛围，恐怕是当年每一个亲历者的不灭记忆。

全校师生抱定"校荣我荣"之念，教的认真教，学的努力学，从师到生，学习之风空前高涨，形成了附小那个时段的一种令人感动的精神基调。

创建的筹备过程相当琐碎，几乎每一个人都有任务在身。

全面介绍学校的专题片由市电视台承担拍摄，学校给我的任务是，设计拍摄脚本并撰写解说词。

在没有任何经验的情况下，我开始了一段艰难的构思。怎样才能展现附小的教育精神？怎样才能彰显附小的办学理念？怎样才能使片子体现附小教育者们的"情绪、情怀、情态"呢？……

毕其功于一役。整整一个月的时间里，我连头发丝都在构思和琢磨。在不停地设计和否定中，字字推敲。

脚本和解说词九易其稿，终于在和领导、电视台编辑的反复研究下定稿。

而我，也终于放下了一颗忐忑多日的心，和亲爱的同事们一道向着目标冲刺，对学校的未来信心满满。

完美收官。就像我们在付出时所期待的那样，最终，我们的表现获得了极大的肯定，我们的学校赢得了更高的荣誉——十堰市小学中唯一的一所"省级

右手粉笔左手书 ——陈海燕教育漫笔

示范学校"。

时隔多年，虽经常听业内朋友说到风行各地的各类创建之举，于学校而言，不堪重荷，形式大于内容。我不否认有的学校的确是在把创建当作一场戏来演，但我觉得，当创建的愿景最大程度地点燃起集体荣誉感、当创建的实施最大幅度地调动起成员使命感、当创建的成果最大效力地激荡起职业幸福感的时候，创建，便成了一场最成功最切肤的师德教育。它使置身其中的每一个人都深深感动，为自己、为学生、为学校。

这份感动，如能持续，学校必将走向卓越。

我庆幸，我曾经历。

……

学校发展了，最直接的感觉是，附小老师越发脸上有光了。同时，大家也更加地为了这份口碑，加油，加油，再加油。这种动力，不是来自领导大会小会的强调，而是每一个人内心里，对于历历过往的一种无比深沉的珍爱。

我在这样的情绪中教书，常常感叹老天待我不薄。

那时的十堰，艺术氛围很浓，音乐家协会、舞蹈家协会、戏剧家协会、作家协会等等团体，经常性地举办大型活动，吸引高校和中小学师生热情参与。

记得有一年，文联举办全市女子诗歌大赛，学校选送了包括我在内的几个同伴去参赛，我们很兴奋，摩拳擦掌，踌躇满志。可笑的是，我们团队的比赛成绩乏善可陈，几乎全军覆没，只我获得了一个尾巴奖项，三等奖。这个结果，弄得我灰头土脸，志气消沉。谁知情绪的转机发生在几天后。我从报纸上看到了自己的作品，那首参赛的小诗《旧事》，再一看公布出的获奖名单，心里顿时好受了许多，甚至有些高兴起来，我发现，原来，获得一等奖的竟是我们市里早就才名远扬的女诗人金虹！我立刻想到：尾随金虹其后，不丑啊，能和她的诗刊登在一个版面上，光荣啊。

无比青涩，但一心向贤，这便是那个时期的我。看到身边的能人和学校里那些专业上特别有建树的老师，我总是心存敬慕，虽羞于接近，但总默默神往，暗暗希望能跟他们打个招呼或者被他们多看两眼。很多念头都有些冒傻气，但如今想来，这冒的也是青春的傻气，傻却不丑。

音协和舞协的活动就更有气场了，武当艺术节的盛况，当时可谓声势动天。我们这些爱慕艺术的愣头青们，常常在东风剧场被某某高校和单位的节目震撼得身心沸腾，常为一个舞姿、一段鼓点、一个亮相大大惊艳。这份无形的熏陶，在后来的教学中，带给了我最明显的艺术品位的拔升，使我对美永远地保有了一份向往。

和同学去看豫剧《千鸟袍》是我最心动的记忆。老十堰人没有不知道《千鸟袍》的，这是一出豫剧大戏，是根据十堰民间故事集《千鸟袍》中的若干故事整合改编而成的一台剧，当年由十堰市豫剧团隆重推出，曾斩获奖项无数。我同学的爸爸是这出戏的编剧，那天，同学带着我大摇大摆地免票入场，但也不是白看，我俩的任务是，守在大剧院二楼左角的黑暗处，帮着放映字幕。啊，这感觉真是太刺激了。我们既要用心听，确保字幕与唱腔同步，又要配合默契，不出乱子。事实证明我们根本干不了这活，因为舞台上角儿们的扮相、念白和唱腔让我俩一直处于心旌摇曳的沉醉状态，根本顾不上手里的活。还好，有同学老爸在旁，我们便安心看戏。全场满座的盛况，如今真不多见了。当演员们在雷动的掌声中谢幕的时候，我激动得都要流泪了。为演员，为大戏，也为这份入心入骨的艺术享受。也就是从那时起，我对戏剧、话剧等一切舞台剧，抱有了一份深入灵魂的钟爱。此刻回味，仍想再给当年的艺术家们喝上一句彩：好！

因为整个城市艺术氛围浓，我们的学校也深受其影响，打造了以"艺术节"为主的多个大型学生活动。就连运动会的开幕式，也极具艺术气息，成为当年很多学校模仿的范本。

1994—2006年间，我陆续主持了多届学校的艺术节大型会演、运动会开幕式和市里的一些文化活动，极大地锻炼了自己。2003年春，我开始负责学校的共青团工作，算是附小历史上第一个海选产生的中层干部，团干的工作经历充满青春气息，让我在历练中增长了才干。同时，因为在十堰人民广播电台的兼职主播，使我有机会采访了一些应邀来十堰演出的明星和艺术家，开拓了眼界，更逐渐学会了沟通的技巧。

学校越来越好，走在外面，说起自己是附小的老师，别人总会高看一眼。我们既幸福又得意。与此同时，不停地吸收，是那个时期很多青年教师的常态，大家比着阅读，比着磨课，比着写文章，既竞争又团结，学校充满了生气。还有一个特殊原因，使附小老师常常会自我施压，那就是附小生源好，家长学历高。说来心慌，有一年我班家长中有三个博士、五个硕士，还有很多专家和本科生，说句实话，家长会上，你这个班主任的发言要是没点含金量，自己都觉得不好意思上台讲。在这无形的压力中，老师们学风日炽是必然的。

时至今日，我仍然要说，附小，真是一个很能锻炼人的大熔炉，不仅仅因为它开明、大气的校风，更因为它严谨、向贤的学风、教风。

我从组里来

在附小的十六年，远不只是关于大型活动、关于读书学习之类的记忆，我脑海中最鲜活的，要数那无比温情而又高潮迭出的一段段团队逸事。

从哪里说起呢？就从我们年级组说起吧。

由于我执教年段纵贯低中高各年级，因此，哪个年级组我都待过。总的来说，每一个年级组，都带有附小团队特色——亲密，协作，共荣。

亲密。我一时找不出合适的词来形容这种亲热劲儿。如果一定要形容一下，我觉得很像兄弟姐妹。无论是走廊擦肩时的一个眼神，还是放学后的一句再见，都透着自在、舒坦和奔放，更有时畅快到放肆，坦率到粗鲁，让你混迹其间，快意朝夕。

协作。最能体现团队魅力的，大概就是协作了。齐心办成点事，是很有成就感的。任务来了，有时只需年级组长一个招呼，大家便都迅速会意，行动开来。那种默契感成就了无数次的攻无不克和所向披靡，带给大家的是与日俱增的自信。

共荣。心齐了，好办事；事成了，好光荣。大家以团队业绩为荣，以出力奉献为荣，以被大家需要为荣。不让一个组员掉队，以共同发展为终极目标，不保守，求共赢。

年级组长是年级的首脑，其受尊重程度，如今的教师恐怕难以想象。组长往往都是由很有魄力的资深教师担任，是我们通常说的"德艺双馨"式人物，因此，在年级组里很叫得响，是大家日常工作的主心骨。很重要。这些能干的年级组长，是那个时期我最佩服的人。他们既要管班级，又要抓年级组，说实在的，没有两把刷子，还真玩不转。

此外，比较重要的是教研组长，这是大伙业务工作的总调度，是个对专业要求很高的职务。教研组长往往是年级组长的左膀右臂，得力干将。我就曾担任过光荣的教研组长，说句不谦虚的话，我感觉自己是一个非常适合做教研组长的人。自我表扬完后，我不由想起了和我同时期的几位很棒的教研组长，他们有的专业过硬，有的亲和力强，有的点子颇多，有的说写俱佳，还有的和我一样，把这个芝麻点大的职务看得比国家总理还重要，天天筹划，日日琢磨，创意不断，把组里老师都煽乎得跟自己一样热血沸腾，以课为荣。说实在话，到如今我仍然认为，目测一个学校的教学高度，看看教研组长就差不多了。

往事历历，一连串亲切的名字浮上脑海，在这些熟悉的名字后，则是一张张熟悉的笑脸，一个个匆忙的身影，仿佛正微笑着对我说：燕子，下午开教研组长会，别忘了！

此刻，我好想应一声：知道了，忘不了的！

声音哽在喉咙里，既想笑又想哭。

附小忆，最忆是春晚。

年级组活动最牛、最具代表性的，当数每年的"附小春晚"——元旦大联欢。

学校要求：每个年级组出两个以上节目，其中一个必须全体参与。

你很难想象那个时候大伙的热情、干劲和艺术狂热。演出是在元旦前，节目的策划最早可追溯到九月初或八月底，甚至年级组长在选聘老师的时候，也会把个人表现力和才艺纳入考虑。

这种热度的缘起，我想，和我似乎有着半毛钱的关系。

学校的首次元旦联欢，各组都散淡地准备了一下。我们组长要求我稍微"创意"一下。我这一稍微，人就有点偏执。我花了几天时间，写了一个三幕轻喜剧（以传统小戏《五福临门》剧情为蓝本改编），剧本用复写纸拷贝了若干。等组长问我想好了没有的时候，我将剧本呈给组长大人，并讲解了此举的可行性以及可能带来的轰动程度。组长一听，立即批准，并授权给我，全盘操控。我将令在手，开始了一场长达月余的制片人生活。好就好在，当初我们组的队伍非常齐整，很能拉得出去，而且每一个人都听我指挥，我说前进，没人后退。这就好办。古装没有，我们就到高校美术系借他们素描教室里布置背景用的各色大布，拿回来改造；道具没有，我们东找西借，兼动手制作；古装脸谱难画，我们巧妙地用面具代替……就这样，在同伴们的合力排演下，我们的小戏成型了。最后一次彩排结束的时候，我们趁着月色摸下漆黑的教学楼，窃喜地说，不错不错，总算不笑场了。

不用说，这一次的演出大获成功。在那些唱唱跳跳的节目当中，我们的三幕剧既新颖，又颇具艺术水准，造型到位，台词诙谐，赢得了观众们的阵阵笑声和如雷掌声。自此，我们年级组声名鹊起，形象一新。组长对我的此番贡献进行了若干次口头表扬和精神鼓励。我颇觉脸上有光。

从此，附小的元旦联欢迈向了"走向专业，走向卓越"的全新历史阶段。每个组的节目，都是打磨了又打磨，竞争日趋白热化。而我们的年级组，总能在集思广益和通力协作中出新出彩，一路领跑。套用今天的话说，叫"一直被模仿，从未被超越"。

如今常常有人在讨论教师职业倦怠和职业幸福感的话题，我想，学校氛围的营造、人际关系的调和、从业人员精神内核的改善，都应该被纳入考虑的范畴。说到底，情绪，是一切效率的起点，而水准，则决定了最终的高度和力度。

我从组里来——之所以这么说，是因为，我对我曾待过的各年级组、教研组，葆有一份至深至诚的谢意。谢谢组长给我机会。

——1991 年，我有幸被分配到附小这个响当当的名校，内心三分庆幸，七分惴惴。我清楚地知道，我能分来这里，不是因为我成绩优秀得"舍我其谁"，也不是因为我有什么学校特别看重的才艺，无非是因为我父亲是十堰大学老师，我母亲是附小老师，出于对内部子女的照顾。我深知，如果我松松垮垮，既对不起学校，更给父母丢脸。我要做的事情就是，不让学校后悔招了我。学校让我教数学，我的第一个教研组长是邹红云老师。我永远也忘不了，她曾对我说过的三句话。第一句是我生平第一次公开课《退位减法》上完后，她对我的评语："非常不错，很有童趣！你好好干，一定行！"第二句是几年后，我写了若干小文章，她肯定我说："你的文笔相当不错！加油哦！"她的第三句良言，是十几年后，我在生活和工作的某些沟坎中郁闷的时候，她的淡淡告诫："燕子，沉下心在专业上发展，才是最最适合你的一条路。"真的感到幸运，在我耳边常常会有这样饱含温度和厚度的话语，提醒我、指正我、慰藉我，更使我得以窥见智者之智和仁者之仁。几年后，我转行教了语文，对教学的兴趣一度如日中天，内心总燃烧着一把尝试的火苗。我带着学生背古诗、搞朗诵、演小戏、赛成语……用一个词来形容，我的每一天都是"生龙活虎"。我的诸位教研组长也对我肯定有加。我就像上足了劲儿的发条，对教学技艺的提升充满渴望。附小是个注重教师素质提升的学校，历届校领导都把教师培养当作大事来抓。记得那时，每年有两次最为重要的业务竞赛，一是每年春天的校级优质课竞赛，二是每年秋天的课题汇报课比赛。应该说，哪个老师能被组里选送参赛，是莫大的光荣，也是对业务的最大肯定。因此，"大选"之际，我总心怀企图，不时地在教研组长面前晃悠，甚至斗胆去请求给个机会参赛。如若获准，则大喜过望，全力开拔；一旦被拒，伤心数秒后，很快恢复斗志，枕戈待旦中，静候天时。这样疯狂了几年后，我基本也过够了参赛瘾，参赛成绩大致稳定下来，连续多年夺冠后，同事宛睿告诉我："他们说只要你参赛，比赛基本就没啥悬念了。"说实话，我听了挺美，同时，想想自己深夜里一遍一遍磨教案的滋味，又有些心酸。每一堂课，都是我数易其稿，字字推敲来的呀，个中艰辛与纠结，难以尽述。真的感谢我的教研组长，在后来的日子里，又给了我诸多的指导和鼓励，使我在后来得以参加更高层次的业务竞技，为个人专业发展奠定了坚实的基础。

谢谢组员给我启示。

——附小的老师，个个都是一本书。仔细回味，收获颇丰。我待过的教研组、年级组，很多老师都给了我极大的震撼。这震撼，有的是业务技能方面的，有的是生活情趣方面的，有的是处世态度方面的，还有的是个人学养方面的。总之，我从他们的身上，观察到了很多可叹的细节，学到了很多可贵的品质。其中，最大的一点感受是，组里没有混日子的人，大家无论水平如何，都一心扑在班级里，以带好班级为荣，以误人子弟为耻。后来我常想，从教的人，是该有一种可以称之为"心劲"的自我期许和自我寄望，如果什么都需要纪律和奖惩来保障，教育一词本身就斯文扫地了。

在附小的十六年，我结识了太多可爱的同事，并和他们成为推心置腹的密友，成为患难与共的兄弟，成为亲如一家的芳邻。附小给了我最纯美的友情，给了我对于事业的最厚重的理解，给了我作为一个教师的全部幸福。那些日子，我曾多么满足，说出来真的没人信。有一天，我在操场傻傻仰望教学楼第二层东边第一间教室——我的班级，在心里问着自己：陈海燕，如果国家不给你发工资了，明天你还来上班吗？我听见自己回答道：还来。

那一刻，我觉得自己一点都不滑稽。

时光匆匆，如白驹过隙。诸多往事，一经忆起，便再添感慨。如今想来，更如点检家珍，爱不忍释。

离开十堰来杭整整六年了，我在不断的教学交流活动和生活游走中，又结识了很多奇妙而又可爱的朋友，他们每每与我喝茶叙聊，总好奇我的出处，会问起我的过往，而我也总是笑说：哦，一盏茶的工夫怎么说得清呢。

是啊，这千丝百缕的种种滋味，又怎么能全都说得清呢。李太白的句子浮上心头——

> 问余何意栖碧山，
> 笑而不答心自闲。
> 桃花流水窅然去，
> 别有天地非人间。

后　记

　　这个春天特别长。节气虽已入夏，但依然风清雨润，坐坐走走，都很惬意，如果想起写点什么，下笔亦能称心。真好。

　　这样的好日子里，我忙完了工作，总会定定地愣愣神，看着桌上绿意盈盈的合果芋在玻璃皿中自在舒展，一种特别幸福的感觉就溢上了心头。

　　多好看的绿呀。那么细弱，却又那么葱茏，窈窈窕窕地立在水里，在我无数次停笔的时刻，与我对视，令我心动。它伴着我写下了《春天，快递里的习作》《记我的学生皮聪聪》和《我曾那样注视过你》等一组文字，见证了我今春的欣喜、思索与感动。

　　结集的念头就是在这一片翠绿里萌动的。翻翻检检，读读念念，自己那些久未回看的老文章，竟有些陌生了，当情节一一展开，那人那事才又忽地现于眼前，清晰如昨。

　　陪你温故。这大约就是文字的体贴吧。时日再久，只消三言两行，你便能悄然入境，再续前缘。

　　甜的，再甜一次；酸的，再酸一回；苦的，再苦一遭；辣的，再辣一场！

　　而我们那依稀的过往，不就是这百般滋味的遇合吗。

　　这甜里，有爱；这酸里，有愁；这苦里，有恨；这辣里，有痛。

　　这所有的滋味里，有我爱的人，有我乐的事，有我追的梦，有我说得清和说不清的千千万万的感觉、念头和情意。

　　好在，它们就安坐在文字里，门环一响，必来应声。

　　敝帚自珍。想起父亲笑我的话。

　　怎么能不自珍呢？甜里都混着汗，酸里都混着痛，所有的目录里，都混着我朝霞般绚烂的青春年华。

　　即使世上没一个人能懂，我亦将自爱自惜，自得其苦或自得其乐。

右手粉笔左手书——陈海燕教育漫笔

感谢朋友们，给了我最热烈的应和。是你们的鼓励，让我感到了共鸣；是你们的褒奖，让我又多了一分信心。

这个集子里，有故事，有心绪，有课堂，有学生，还有些零碎的生活断想，因此，可谓之"散"，但氤氲在我内心的那份温暖的爱的情绪，是一以贯之、愈写愈浓的。至于思想的深度、广度，囿于自身见识和笔力，颇多不足，正借此就教方家，望朋友们不吝赐教。

在这里，要特别感谢杭州市余杭区教师进修学校诸位领导和同仁的鼎力支持，是你们，给了我最热忱的帮助，给了我最难忘的鼓励。

感谢我非常尊敬的上海市写作学会副会长、著名特级教师徐鹄老师给予我书稿的悉心指点和热情肯定。徐老以七十高龄仍关心后学，并欣然为本书作序，真是荣幸之至。

感谢北京师范大学教育学部培训学院副院长、文学博士李霆鸣先生，百忙之际，为我的书稿提供了很及时、很中肯、很具体的指导，令我感动不已。

还要感谢杭州师范大学刘堤仿教授、上海青浦教育学院关景双副院长等师友对我的热心指点与无私帮助。

感谢教育科学出版社和代周阳编辑的全程指导和热情支持，使得本书出版一路顺畅。

最后，对我的父母和家人深鞠一躬：谢谢你们多年来给予我的全方位的呵护和最无私的爱。

谢谢大家！

陈海燕

2013 年 6 月 18 日于杭州

出版人　所广一
责任编辑　代周阳
版式设计　刘　莹
责任校对　贾静芳
责任印制　曲凤玲

图书在版编目（CIP）数据

右手粉笔左手书：陈海燕教育漫笔/陈海燕著．——
北京：教育科学出版社，2014.3（2014.4 重印）
　　ISBN 978－7－5041－8283－8

　　Ⅰ.①右…　Ⅱ.①陈…　Ⅲ.①小学语文课—教学研究
Ⅳ.①G623.202

　　中国版本图书馆 CIP 数据核字（2014）第 018251 号

右手粉笔左手书——陈海燕教育漫笔
YOUSHOU FENBI ZUOSHOU SHU ——CHEN HAIYAN JIAOYU MANBI

出版发行	**教育科学出版社**			
社　　址	北京·朝阳区安慧北里安园甲 9 号	市场部电话	010－64989009	
邮　　编	100101	编辑部电话	010－64989422	
传　　真	010－64891796	网　　址	http://www.esph.com.cn	
经　　销	各地新华书店			
制　　作	北京博祥图文设计中心			
印　　刷	北京中科印刷有限公司	版　　次	2014 年 3 月第 1 版	
开　　本	169 毫米×239 毫米　16 开	印　　次	2014 年 4 月第 2 次印刷	
印　　张	20.5	印　　数	3001—6000 册	
字　　数	320 千	定　　价	39.80 元	